MAGG

Gemeindeordnung · Landkreisordnung
Verwaltungsgemeinschaftsordnung
für den Freistaat Bayern

Gemeindeordnung
Landkreisordnung
Verwaltungsgemeinschaftsordnung
für den Freistaat Bayern

Textausgabe mit Einführung, ergänzenden Rechtsvorschriften
und Mustergeschäftsordnung des Bayer. Landkreistages
mit Rechtsprechungshinweisen, Aufgabengliederungsplan

von
Wolfgang Magg
Geschäftsführendes Präsidialmitglied
des Bayerischen Landkreistages

begründet von
Hans von Koch und Dr. Oskar Tschira

13. Auflage, 2000

RICHARD BOORBERG VERLAG MÜNCHEN

Die Deutsche Bibliothek – CIP-Einheitsaufnahme

Gemeindeordnung, Landkreisordnung, Verwaltungsgemeinschaftsordnung für den Freistaat Bayern : Textausgabe mit Einführung, ergänzenden Rechtsvorschriften und Mustergeschäftsordnung des Bayer. Landkreistages mit Rechtsprechungshinweisen, Aufgabengliederungsplan / von Wolfgang Magg. Begr. von Hans von Koch und Oskar Tschira. – 13. Aufl. – München: Boorberg, 2000.
  ISBN 3-415-02715-5

Satz und Druck: C. Maurer, Geislingen (Steige)
Einband: Dollinger GmbH, Metzingen
© Richard Boorberg Verlag & Co, 1966

Inhalt

	Seite
Einführung in das Gemeinde- und Landkreisrecht	7
I. Wesen und Aufgaben der Gemeinde und des Landkreises	7
II. Die Organe der Gemeinde und des Landkreises	12
III. Über das Rechtssetzungsrecht der Gemeinde und des Landkreises	19
IV. Über die Finanzen und den Haushalt der Gemeinde und des Landkreises	21
V. Die staatliche Aufsicht über die Gemeinde und den Landkreis	24
VI. Die Verwaltungsgemeinschaft	26
Gemeindeordnung für den Freistaat Bayern	31
Landkreisordnung für den Freistaat Bayern	119
Verwaltungsgemeinschaftsordnung für den Freistaat Bayern	189
Verordnung über Aufgaben der Mitgliedsgemeinden von Verwaltungsgemeinschaften	192
Verordnung über Aufgaben der Großen Kreisstädte	199
Mustergeschäftsordnung des Bayerischen Landkreistages (Geschäftsordnung für den Kreistag, den Kreisausschuß und weitere Ausschüsse – zugleich Richtlinien gemäß Art. 34 Abs. 1 LKrO mit Rechtsprechungshinweisen)	203
Aufgabengliederungsplan für die Landratsämter	239
Grundgesetz – Auszug	257
Verfassung des Freistaates Bayern – Auszug	263
Stichwortverzeichnis	267

Anmerkung: Die unterschiedliche Schreibweise der Gesetzestexte (alte bzw. neue Rechtschreibung) resultiert daraus, dass die Zitate sich an der Veröffentlichung des Gesetzgebers orientieren.

Einführung in das Gemeinde- und Landkreisrecht

I. Wesen und Aufgaben der Gemeinde und des Landkreises

1. Begriff

Die Gemeindeordnung für den Freistaat Bayern in der Fassung der Bekanntmachung vom 22. August 1998 (GO) bezeichnet in ihrem Art. 1 die Gemeinde als eine ursprüngliche Gebietskörperschaft mit dem Recht, die örtlichen Angelegenheiten im Rahmen der Gesetze zu ordnen und zu verwalten.

Der Landkreis ist nach Art. 1 der Landkreisordnung für den Freistaat Bayern, ebenfalls in der Fassung der Bekanntmachung vom 22. August 1998 (LKrO), eine Gebietskörperschaft mit dem Recht, überörtliche Angelegenheiten, deren Bedeutung über das Kreisgebiet nicht hinausgeht, im Rahmen der Gesetze zu ordnen und zu verwalten.

Damit ist festgelegt, dass die Gemeinden bzw. Landkreise

a) Körperschaften und damit mitgliedschaftlich organisiert sind,
b) ein bestimmtes Gebiet aufweisen, in dem sie ihre Aufgaben erfüllen,
c) die örtlichen Angelegenheiten (Gemeinde) bzw. die überörtlichen Angelegenheiten (beschränkt auf das Kreisgebiet) zu erfüllen haben und
d) Selbstverwaltungsrecht besitzen.

Nach Art. 1 GO ist die Gemeinde eine „ursprüngliche" Gebietskörperschaft, d. h., die Gemeindehoheit wurzelt unmittelbar in der Volkssouveränität. Die Gemeinde leitet ihr Selbstverwaltungsrecht also nicht vom Staat ab; der Staat erkennt es lediglich an.

Der Landkreis ist dagegen keine „ursprüngliche" Gebietskörperschaft, sondern ein vom staatlichen Gesetzgeber geschaffener Verwaltungsträger. Immerhin weisen die bayerischen Landkreise eine über 140jährige Tradition auf.

2. Gemeindeeinwohner und Gemeindebürger – Kreiseinwohner und Kreisbürger

Gemeindeeinwohner ist derjenige, der im Gebiet der Gemeinde wohnt. Diejenigen Gemeindeeinwohner, die in ihrer Gemeinde das Recht haben, an den Gemeindewahlen teilzunehmen, heißen Gemeindebürger. Hierzu zählt jeder Gemeindeeinwohner, der das 18. Lebensjahr vollendet hat, seit mindestens 3 Monaten in der Gemeinde seinen Aufenthalt mit dem Schwerpunkt seiner Lebensbeziehung hat und bei dem kein Ausschließungsgrund für das Wahlrecht vorliegt (Art. 15 GO, Art. 1 GLKrWG). Entsprechend ist Kreiseinwohner der Landkreisangehörige, der im Landkreis wohnt, und Kreisbürger der Kreiseinwohner, der bei den Landkreiswahlen wahlberechtigt ist (Art. 11 LKrO, Art. 1 GLKrWG).

Alle Gemeinde- und Kreiseinwohner haben das Recht, die öffentlichen Einrichtungen, die die Gemeinde oder der Landkreis zur Verfügung stellen, zu benützen (Art. 21 GO, Art. 15 LKrO).

Den Rechten stehen Pflichten gegenüber. So hat der Gemeindeeinwohner die Lasten seiner Gemeinde, der Kreiseinwohner die Lasten des Landkreises zu tragen, entweder unmittelbar durch die Entrichtung von Steuern und Abgaben, oder mittelbar: z. B. bringen die Kreisumlage, die ein wesentliches Finanzierungsmittel des Landkreises ist, die kreisangehörigen Gemeinden auf (Art. 18 FAG); diese Kreisumlage aber geht auf die Steuerkraft der Gemeinden zurück, die wiederum von der finanziellen Leistungsfähigkeit der Gemeindeeinwohner abhängt.

Gemeindeordnung und Landkreisordnung verpflichten jeden Bürger, Ehrenämter zu übernehmen und dadurch an der Verwaltung der Gemeinde und des Landkreises mitzuwirken. Gemeinde und Landkreis sind auf die Aktivität und Mitarbeit ihrer Bürger angewiesen. Die Ablehnung eines kommunalen Ehrenamtes ist nur aus wichtigem Grund zulässig, wenn der Betroffene z. B. durch sein Alter, seine Berufs- oder Familienverhältnisse oder seinen Gesundheitszustand an der Übernahme des Amtes verhindert ist (Art. 19 GO, Art. 13 LKrO).

3. Gemeindegebiet – Kreisgebiet

Als Gebietskörperschaften umfassen Gemeinden und Landkreise jeweils ein bestimmtes Gebiet. Die Gesamtheit der zu einer Gemeinde gehörenden Grundstücke bildet das Gemeindegebiet (Art. 10 Abs. 1 GO). Das Kreisgebiet dagegen besteht aus der Gesamtfläche der dem Landkreis zugeteilten Gemeinden und der gemeindefreien Gebiete (Art. 7 LKrO). Innerhalb ihres Gebietes erfüllen Gemeinde und Landkreis ihre öffentlichen Aufgaben; sie können dazu auch hoheitliche Befugnisse – Befehle und Zwang – ausüben. Die Hoheitsgewalt einer Gemeinde bzw. eines Landkreises umfasst einerseits alle innerhalb des Gemeinde- bzw. Landkreisgebietes gelegenen Grundstücke und sich aufhaltenden Personen, andererseits kann die Hoheitsgewalt, z. B. der Erlass von Verordnungen oder Satzungen, nicht in das Gebiet einer anderen Gemeinde bzw. eines anderen Landkreises hineinwirken (Art. 22 GO, Art. 16 LKrO).

4. Gemeindeaufgaben – Kreisaufgaben

Art. 6 GO bestimmt, dass den Gemeinden in ihrem Gebiet die Erfüllung aller öffentlichen Aufgaben zusteht. Art. 4 LKrO sieht vor, dass den Landkreisen die Erfüllung der auf das Kreisgebiet beschränkten überörtlichen und aller sonstigen, das Leistungsvermögen der kreisangehörigen Gemeinden übersteigenden öffentlichen Aufgaben zusteht, soweit es sich nicht um Staatsaufgaben handelt.

In ihrem Gebiet erfüllt die Gemeinde für die örtliche Gemeinschaft alle öffentlichen Aufgaben, die ihre Leistungskraft nicht übersteigen. Z. B. muss sie die Gemeindestraßen und die erforderlichen Einrichtungen zur Versorgung mit Trinkwasser herstellen und unterhalten, Volksschulen bauen und die bauliche Planung durchführen. Bei der Erfüllung ihrer Aufgaben des eigenen Wirkungskreises muss die Gemeinde die Belange des Natur- und Umweltschutzes berücksichtigen. Alle Aufgaben der Gemeinde wurzeln in der örtlichen Gemeinschaft (Art. 6, 7, 57 GO, Art. 83 Abs. 1 BV).

Die überörtlichen oder sonstigen, die Leistungsfähigkeit der kreisangehörigen Gemeinden übersteigenden Aufgaben hat der Landkreis zu erfüllen, soweit es sich hierbei nicht um Aufgaben des Bezirks (dritte Stufe der kommunalen Gebietskörperschaften) oder um reine Staatsaufgaben handelt. So sind die Landkreise beispielsweise zuständig für den Bau und die Unterhaltung der Kreisstraßen, für den Großteil der Krankenversorgung, für den Bau von Berufsschulen, Gymnasien und Realschulen, für die Sozialhilfe, Jugendhilfe und Altenbetreuung, insbesondere den Bau von Pflegeeinrichtungen und den öffentlichen Personennahverkehr.

Während die Gemeindeverwaltung nur für den Vollzug der Gemeindeaufgaben zuständig ist, hat das Landratsamt eine Doppelstellung: Es ist sowohl Verwaltungsbehörde des Landkreises als auch untere staatliche Verwaltungsbehörde und somit sowohl für den Vollzug von Kreisaufgaben als auch von Staatsaufgaben zuständig (Art. 37 Abs. 1 LKrO).

Eine Sonderstellung im Verwaltungsgefüge nehmen die kreisfreien Gemeinden ein (Städte). Neben ihren eigenen Gemeindeaufgaben erfüllen sie in ihrem Gebiet alle sonst vom Landratsamt als der unteren staatlichen Verwaltungsbehörde wahrzunehmenden Aufgaben und außerdem alle den Landkreisen obliegenden Aufgaben.

Die Großen Kreisstädte erfüllen in ihrem Gebiet neben ihren eigenen Gemeindeaufgaben auch noch einzelne Aufgaben, die sonst vom staatlichen Landratsamt wahrzunehmen sind.

5. Eigener und übertragener Wirkungskreis

Die Aufgaben der Gemeinde oder des Landkreises sind eigene oder übertragene Angelegenheiten. Der eigene Wirkungskreis der Gemeinde umfasst die Angelegenheiten der örtlichen Gemeinschaft, der eigene Wirkungskreis des Landkreises die Angelegenheiten der auf das Kreisgebiet begrenzten überörtlichen Gemeinschaft. Im eigenen Wirkungskreis handeln die Kommunen – soweit nicht gesetzliche Vorschriften es ausdrücklich anders bestimmen – nach eigenem Ermessen.

Der übertragene Wirkungskreis umfasst an sich staatliche Aufgaben, die das Gesetz den Kommunen zur Besorgung im Auftrag des Staates zuweist, so z.B. den Erlass von Verordnungen für die öffentliche Sicherheit und Ordnung. Hier hat sich der Staat eine strengere Aufsicht über den kommunalen Selbstverwaltungsträger vorbehalten. Während sich nämlich der Staat gegenüber dem eigenen Wirkungskreis auf die bloße Kontrolle der Gesetzmäßigkeit der Verwaltungstätigkeit beschränkt, also nur feststellen kann, ob die Gemeinde oder der Landkreis sich in ihrem Handeln oder Unterlassen an das Gesetz gehalten haben, besitzt der Staat gegenüber dem übertragenen Wirkungskreis größere Befugnisse. Er kann auch das Ermessen überprüfen und sogar durch Weisungen beeinflussen (Art. 8, 9, 58 GO, Art. 6, 53 LKrO).

6. Selbstverwaltungsrecht

Die Selbstverwaltung kann einmal politisch gesehen werden. Sie bedeutet dann Verwaltung durch von den Bürgern demokratisch gewählte Verwaltungsorgane. Die Selbstverwaltung im politischen Sinn kommt durch die Wahl der Gemeinderats- und Kreistagsmitglieder, des ersten Bürgermeisters und des Landrats durch die Bürger zum Ausdruck.

Selbstverwaltung im rechtlichen Sinn bedeutet die selbständige, vom Staat weitgehend unabhängige Verwaltung der eigenen Aufgaben im eigenen Namen, nach eigenem Ermessen und mit eigenen

Verwaltungs-, Finanz- und Wirtschaftsmitteln. Dieses Selbstverwaltungsrecht drückt sich sehr deutlich aus:

a) Im Ermessen, das die Kommune bei der Verwaltung der Angelegenheiten des eigenen Wirkungskreises besitzt.
b) In der Selbstorganisation der Kommune, d. h. der Befugnis, die innere Verfassung selbst zu bestimmen; etwa den Geschäftsgang des Gemeinderats bzw. des Kreistags und der Ausschüsse durch eine Geschäftsordnung zu regeln, die Bildung der Ausschüsse frei zu gestalten.
c) Im Schutz gegen staatliche Eingriffe. Die staatlichen Eingriffsmöglichkeiten müssen auf ein Mindestmaß beschränkt und gesetzlich klar dargelegt sein; dies ist durch die Ausprägung der Rechts- und Fachaufsicht in der Gemeinde- und Landkreisordnung geschehen (Art. 108 ff. GO, Art. 94 ff. LKrO).
d) Durch die Garantie der finanziellen Unabhängigkeit. Echte Selbstverwaltung setzt sie als Kernbestandteil voraus (vgl. Art. 106 GG, Art. 1 ff. FAG).

II. Die Organe der Gemeinde und des Landkreises

1. Organe

Gemeinde und Landkreis sind als Gebietskörperschaften wie jede andere juristische Person des öffentlichen und des privaten Rechts nicht handlungsfähig. Eine juristische Person handelt durch ihre Organe.

Die Organe der Gemeinde sind in den Art. 29 - 39 GO, die Organe des Landkreises in den Art. 22 - 37 LKrO genannt. Bei den Gemeinden sind es Gemeinderat, beschließende Ausschüsse des Gemeinderats und erster Bürgermeister, bei den Landkreisen Kreistag, Kreisausschuss und etwaige andere beschließende Ausschüsse des Kreistags sowie der Landrat.

Gemeinderat und beschließende Ausschüsse des Gemeindrats, Kreistag, Kreisausschuss und weitere beschließende Ausschüsse des Kreistags sind kollegial zusammengesetzt. Die Beschlüsse dieser Gremien werden vom ersten Bürgermeister oder Landrat vollzogen; erster Bürgermeister und Landrat vertreten die Gemeinde bzw. den Landkreis auch nach außen.

Tragen erster Bürgermeister oder Landrat Bedenken, ob die Entscheidung eines Kollegialorgans rechtmäßig ist, dürfen sie diesen Beschluss nicht vollziehen, sondern müssen ihn im Vollzug aussetzen und die Entscheidung der Rechtsaufsichtsbehörde herbeiführen (Art. 59 Abs. 2 GO, 54 Abs. 2 LKrO).

2. Abgrenzung der Zuständigkeiten der Organe

Immer dann, wenn eine Gemeinde oder ein Landkreis durch eines seiner Organe auftritt, stellt sich die Frage, ob dieses Organ im konkreten Fall zuständig ist. Wann muss im gemeindlichen Bereich der Gemeinderat handeln? Wann kann ein beschließender Ausschuss tätig werden? Wann ist der erste Bürgermeister aus eigener Machtvollkommenheit berechtigt, für die Gemeinde tätig zu werden?

Nach Art. 29 GO wird die Gemeinde durch den Gemeinderat verwaltet. Er ist das Hauptverwaltungsorgan der Gemeinde. Für ihn spricht die Vermutung seiner Kompetenz. Bestehen also Zweifel, welches Organ der Gemeinde zuständig ist, dann sind sie zu Gunsten des Gemeinderats zu lösen.

Art. 37 GO gibt dem ersten Bürgermeister einen Rahmen, in dem er selbständig als Organ für die Gemeinde handeln kann und muss. Der erste Bürgermeister vollzieht in diesem Bereich nicht nur die Beschlüsse der Kollegialorgane; er handelt vielmehr aus eigener Organzuständigkeit. Art. 37 Abs. 1 GO nennt vor allem „die laufenden Angelegenheiten, die für die Gemeinde keine grundsätzliche Bedeutung haben und keine erheblichen Verpflichtungen erwarten lassen" und die „Angelegenheiten, die im Interesse der Sicherheit der Bundesrepublik oder eines ihrer Länder geheimzuhalten sind".

Was eine laufende Angelegenheit der Gemeinde ist, das kann man nicht abstrakt bestimmen; denn dies richtet sich nach der Größe, der Struktur, der Wirtschafts- und Finanzkraft und anderen Merkmalen der jeweiligen Gemeinde. Der Gemeinderat kann Richtlinien aufstellen, die diese Geschäfte abgrenzen. Er kann z. B. in der Geschäftsordnung bestimmen, dass der erste Bürgermeister im Rahmen der laufenden Angelegenheiten die Gemeinde bis zu einer bestimmten Summe verpflichten kann.

Wenn eine laufende Angelegenheit vorliegt, kann ein Kollegialorgan der Gemeinde nicht in die Zuständigkeit des ersten Bürgermeisters einwirken. Es ist z. B. nicht zulässig, dass der Gemeinderat – etwa aus politischen Gründen – eine Angelegenheit an sich zieht, die in den Bereich gehört, den der erste Bürgermeister selbständig wahrnehmen muss. Die Zuständigkeit des ersten Bürgermeisters ist durch das Gesetz gegeben; sie kann nicht durch Beschluss eines Kollegialorgans beschnitten werden.

Art. 37 Abs. 3 GO stellt fest, dass der erste Bürgermeister auch dann selbständig handeln darf, wenn ein „unaufschiebbares Geschäft" oder eine „dringliche Anordnung" vorzunehmen ist. Der erste Bürgermeister wird dann an Stelle des Gemeinderats oder eines etwaigen beschließenden Ausschusses tätig. Unaufschiebbarkeit oder Dringlichkeit liegen immer dann vor, wenn so schnell gehandelt werden muss, dass keine Zeit mehr besteht, das an sich zuständige Kollegialorgan mit der Angelegenheit zu befassen, ohne dass die Interessen der Gemeinde geschädigt würden.

Selbstverständlich kann der erste Bürgermeister – besonders wenn es sich um eine größere Gemeinde handelt – die Funktionen, die ihm zustehen, vor allem die vielen täglichen Geschäfte der laufenden Verwaltung, nicht selbst wahrnehmen. Art. 39 Abs. 2 GO gibt ihm daher die Möglichkeit, einzelne seiner Befugnisse z. B. den weiteren Bürgermeistern und in den Angelegenheiten der laufenden Verwaltung einem Gemeindebediensteten zu übertragen.

Vor allem in größeren Gemeinden ist der Gemeinderat in der Regel zu schwerfällig, die Summe der Verwaltungsaufgaben, die nicht

Organe der Gemeinde und des Landkreises

vom ersten Bürgermeister selbständig wahrgenommen werden können, zu bewältigen. Der Gemeinderat kann daher beschließende Ausschüsse errichten und diesen für einen bestimmten Geschäftszweig oder zur Erledigung einzelner Angelegenheiten Beschlussfunktion übertragen. Ein solcher beschließender Ausschuss tritt an die Stelle des Gemeinderats. Seine Beschlüsse sind genau so rechtswirksam, wie wenn sie der Gemeinderat getroffen hätte.

Neben den beschließenden Ausschüssen können vorberatende Ausschüsse des Gemeinderats gebildet werden, die – wie der Name schon sagt – die Beratungsgegenstände des Gemeinderats nur vorberaten. Beschlussfunktion kommt diesen Ausschüssen nicht zu (Art. 32 Abs. 1 GO).

Verschiedene Angelegenheiten, die Art. 32 Abs. 2 GO aufzählt, sind der Beschlussfassung durch beschließende Ausschüsse entzogen; in diesen Angelegenheiten muss der Gemeinderat selbst tätig werden.

Nachdem der beschließende Ausschuss des Gemeinderats seine Funktionen vom Gemeinderat herleitet, sieht die Gemeindeordnung vor, dass der Gemeinderat die Beschlüsse seiner Ausschüsse auch korrigieren kann. Die Beschlüsse beschließender Ausschüsse, die Rechte Dritter berühren, werden erst nach Ablauf einer Woche rechtswirksam.

Die Organe des Landkreises sind entsprechend denen der Gemeinde konstruiert. Dem Gemeinderat entspricht dabei der Kreistag. Mit den beschließenden Ausschüssen des Gemeinderats sind der Kreisausschuss und etwaige weitere beschließende Ausschüsse des Kreistags zu vergleichen. Die Rechtsstellung des ersten Bürgermeisters – wie sie Art. 37 GO ausprägt – findet ihre Parallele beim Landrat in Art. 34 LKrO. Ein wichtiger Unterschied besteht allerdings: Während die Gemeinde ein Ermessen hat, ob sie vorberatende und beschließende Ausschüsse errichten will, ist der Kreistag gezwungen, den Kreisausschuss zu bestellen. Der Kreisausschuss hat neben einer gesetzlich verankerten vorberatenden Funktion auch nach Maßgabe seiner Ermächtigung durch den Kreistag eine Beschlusszuständigkeit. Beim Landkreis ist der Kreisausschuss praktisch das Hauptverwaltungsorgan.

Den Organen des Landkreises steht es nicht zu, auf das Landratsamt als Staatsbehörde Einfluss zu nehmen. Der Kreisausschuss kann z. B. das Landratsamt nicht „anweisen", ein Baugesuch o. ä. positiv zu entscheiden. Die Bauaufsicht u. v. m. sind Aufgaben des Landratsamtes als unterer Verwaltungsbehörde des Staates (Art. 1, 37 Abs. 1 LKrO).

3. Zusammensetzung der Kollegialorgane der Gemeinde und des Landkreises

Der Gemeinderat ist die politische Vertretung (Repräsentation) der Gemeindebürger, also nicht die rechtliche Vertretung der Gemeinde selbst als Körperschaft des öffentlichen Rechts. Er ist auch nicht eine Vertretung in dem Sinn, dass der Gemeinderat bei seinen Beschlüssen abhängig von dem mutmaßlichen Willen der Bevölkerung wäre. Mit der Einführung des Bürgerbegehrens und des Bürgerentscheids in Bayern (Art. 18 a GO) kann aber der Mehrheitswille der Bürger an die Stelle von Gemeinderatsbeschlüssen treten. Damit sind die Bürger nicht mehr darauf angewiesen, ihren Unwillen über die Arbeit eines Gemeinderats in unverbindlichen Bürgerinitiativen oder anlässlich der Gemeinderatswahlen kundzutun. Eine schwächere Form der Mitwirkung des Bürgers stellt der in Art. 18 b GO geregelte Bürgerantrag dar.

Der Gemeinderat setzt sich aus dem ersten Bürgermeister und den ehrenamtlichen Gemeinderatsmitgliedern zusammen. In Gemeinden über 10 000 Einwohnern besteht außerdem die Möglichkeit, berufsmäßige Gemeinderatsmitglieder zu wählen, die aber im Gemeinderat nur in Gegenständen ihres Geschäftsbereiches mitberaten, nicht mitbeschließen können. Die berufsmäßigen Gemeinderatsmitglieder sind kommunale Wahlbeamte und werden vom Gemeinderat gewählt. Die Zahl der Gemeinderatsmitglieder, die in eh-

Organe der Gemeinde und des Landkreises

renamtlicher Eigenschaft auf die Dauer von 6 Jahren gewählt werden und in die der oder die weiteren Bürgermeister bereits eingerechnet sind, richtet sich nach der Einwohnerzahl. Sie beträgt in der kleinsten Gemeinde 8 und in der größten 80 Personen, wobei etwaige berufsmäßige Gemeinderatsmiglieder nicht mitzuzählen sind. Die Einzelheiten ergeben sich aus Art. 31 Abs. 2 GO.

Der Kreistag ist die Repräsentation der Kreisbürger. Auch er wird für 6 Jahre gewählt. Er besteht neben dem Landrat aus den Kreisräten. Die Zahl der Kreisräte beträgt in Landkreisen

mit bis zu 75 000 Einwohnern 50,

mit mehr als 75 000 bis zu 150 000 Einwohnern 60,

mit mehr als 150 000 Einwohnern 70.

Die Zusammensetzung der beschließenden Ausschüsse der Gemeinde ist dem Art. 33 GO zu entnehmen. Der Gemeinderat hat durch die Geschäftsordnung zu bestimmen, wie viele Mitglieder die einzelnen beschließenden Ausschüsse aufweisen sollen. Wenn die Zahl der Mitglieder feststeht, müssen die den Gemeinderat bildenden Fraktionen und Gruppen gemäß ihren Vorschlägen nach dem Verhältnis ihrer Stärke in einem beschließenden Ausschuss vertreten sein („verkleinertes Spiegelbild der Zusammensetzung des Gemeinderats").

Entsprechend der Zusammensetzung der beschließenden Ausschüsse des Gemeinderats ist die Zusammensetzung des Kreisausschusses und etwaiger weiterer beschließender Ausschüsse des Kreistags geregelt (Art. 27 LKrO). Ein Unterschied besteht nur insofern, als die Zahl der Kreisräte, die in den Kreisausschuss bestellt werden, durch das Gesetz selbst festgelegt ist und nicht wie im Falle des beschließenden Ausschusses des Gemeinderats durch die Geschäftsordnung. Art. 27 Abs. 1 LKrO sagt nämlich, dass der Kreisausschuss aus dem Landrat und 10, 12 oder 14 Kreisräten besteht. Bei den weiteren Ausschüssen kann dagegen der Kreistag die Zahl der Sitze bestimmen.

Bürgerbegehren und Bürgerantrag gibt es nach Art. 25 a und 12 b LKrO auch auf Kreisebene.

4. Geschäftsgang der Kollegialorgane

Der Geschäftsgang des Gemeinderats und der Ausschüsse ist in einer Geschäftsordnung des Gemeinderats unter Beachtung der Art. 45 ff. GO näher zu regeln.

Die Einberufung der Sitzungen des Gemeinderats erfolgt durch den ersten Bürgermeister oder seinen Vertreter. Die näheren Vorschriften über die Ladung hat die Geschäftsordnung aufzustellen. Der erste Bürgermeister bereitet auch die Beratungsgegenstände vor.

Der erste Bürgermeister unterrichtet über Zeitpunkt und Ort der Sitzung des Gemeinderats unter Angabe der Tagesordnung spätestens am 3. Tag vor der Sitzung auch die Öffentlichkeit. Grundsätzlich tagt der Gemeinderat nämlich öffentlich. Die Öffentlichkeit muss also auch wissen, wann Gemeinderatssitzungen stattfinden. Allerdings bewirkt ein Verstoß gegen diese Öffentlichkeitsbestimmungen keine Unwirksamkeit der vom Gemeinderat gefassten Beschlüsse. Es handelt sich um Ordnungsvorschriften (Art. 52 GO).

Der Gemeinderat ist beschlussfähig, wenn

a) alle Mitglieder ordnungsgemäß geladen sind,

b) die Mehrheit der Mitglieder anwesend ist und

c) die Mehrheit der Mitglieder stimmberechtigt ist, d. h. nicht wegen persönlicher Beteiligung im Sinne von Art. 49 GO ausgeschlossen (Art. 47 Abs. 2 GO) ist. Wirkt ein Mitglied trotz persönlicher Beteiligung bei der Beschlussfassung mit, so macht dies den Beschluss aber nur dann ungültig, wenn die Mitwirkung für das Abstimmungsergebnis ausschlaggebend war.

Art. 48 Abs. 1 GO macht es den Gemeinderatsmitgliedern zur Pflicht, nicht nur zu den Gemeinderatssitzungen zu kommen, sondern auch an den Abstimmungen teilzunehmen.

Die Verhandlungen des Gemeinderats sind niederzuschreiben. Jedes Gemeinderatsmitglied kann jederzeit die Niederschrift einsehen und sich Abschriften der in öffentlicher Sitzung gefassten Beschlüsse erteilen lassen. Alle übrigen Gemeindebürger können Einsicht in die Niederschriften über öffentliche Sitzungen nehmen (Art. 54 GO).

Die Vorschriften über den Geschäftsgang des Gemeinderats finden entsprechende Anwendung für den Geschäftsgang der beschließenden Ausschüsse des Gemeinderats.

Die Regelung des Geschäftsgangs des Kreistags, des Kreisausschusses und der weiteren beschließenden Ausschüsse des Landkreises entspricht den Bestimmungen, die erläutert wurden. Der Geschäftsgang dieser Kollegialorgane des Landkreises ist in den Art. 40 ff. LKrO näher behandelt. Diese Vorschriften decken sich z. T. wörtlich mit denen der Gemeindeordnung.

III. Über das Rechtssetzungsrecht der Gemeinde und des Landkreises

1. Satzung und Verordnung

Gemeinde und Landkreis können in zweierlei Formen Recht setzen. Sie können Satzungen und sie können Verordnungen erlassen.

Die Satzung basiert auf einer den Kommunen generell übertragenen Rechtssetzungsbefugnis – einer Rechtssetzungsautonomie. Die Rechtssetzungsautonomie ergibt sich aus dem Selbstverwaltungsrecht der Gemeinde und des Landkreises. Mit einer Satzung regelt die Kommune im allgemeinen die Benutzung ihrer öffentlichen Einrichtungen und ihres Eigentums.

Die Verordnung ist auf delegierte staatliche Rechtssetzungsgewalt zurückzuführen. Sie findet im allgemeinen eine sicherheitsrechtliche Motivierung. Weil es sich um „an sich" staatliche Rechtssetzungsbefugnis handelt, die auf die Kommune übertragen ist, kann eine Kommune nur dann Verordnungen erlassen, wenn sich eine spezielle Ermächtigung in einem Gesetz findet. Diese Ermächtigung muss nach Inhalt, Zweck und Ausmaß bestimmt sein. Die wichtigsten Ermächtigungen zum Erlass von Verordnungen sind heute im Landesstraf- und Verordnungsgesetz enthalten.

Für die Rechtmäßigkeit eines Rechtssetzungsaktes einer Kommune ist es von entscheidender Bedeutung, ob es sich um eine Satzung oder eine Verordnung handelt. Die Rechtsgrundlage und das Verfahren sind unterschiedlich gestaltet.

2. Rechtsgrundlagen für den Erlass von Satzungen

Das gemeindliche Satzungsrecht ist in seinen Rechtsgrundlagen in den Art. 23 ff. GO, das des Landkreises in den Art. 17 ff. LKrO, näher behandelt. Es lässt sich auf folgende Grundsätze zurückführen:

a) Satzungen des eigenen Wirkungskreises bedürfen grundsätzlich keiner besonderen Ermächtigung, soweit sie nicht in Rechte Dritter eingreifen bzw. Verpflichtungen Dritter begründen.

b) Satzungen im übertragenen Wirkungskreis bedürfen einer besonderen, einer speziellen gesetzlichen Ermächtigung. Sie sind insoweit den Verordnungen vergleichbar.

c) Unter den Satzungen des eigenen Wirkungskreises treten die bewehrten Satzungen besonders heraus. Bewehrte Satzungen sind solche, bei denen Zuwiderhandlungen gegen die Satzungsbestimmungen als Ordnungswidrigkeiten mit Geldbußen bedroht sind. Diese Satzungen bedürfen ebenfalls einer besonderen gesetzlichen Ermächtigung. Das ergibt sich aus Art. 24 Abs. 2 GO, Art. 18 Abs. 2 LKrO.

d) Eine besondere gesetzliche Ausprägung haben einzelne Satzungstypen gefunden, bei denen die Interessen des einzelnen und der Allgemeinheit einer gründlichen Abwägung bedürfen. Für diese Satzungen sind besondere Tatbestandsmerkmale im Gesetz aufgestellt; sie finden sich in Art. 24 Abs. 1 GO und Art. 18 Abs. 1 LKrO. Es handelt sich z. B. um Satzungen, die den Anschluss- und Benutzungszwang an öffentliche Einrichtungen der Kommunen festlegen.

3. In-Kraft-Treten und Bekanntmachung von Satzungen

Satzungen treten eine Woche nach ihrer Bekanntmachung in Kraft. In der Satzung kann ein anderer Zeitpunkt bestimmt werden, in bewehrten Satzungen und anderen Satzungen, die nicht mit rückwirkender Kraft erlassen werden dürfen, jedoch frühestens der auf die

Bekanntmachung folgende Tag. Die Bekanntmachung gemeindlicher Satzungen ist näher in Art. 26 GO, die Bekanntmachung der Satzungen des Landkreises in Art. 20 LKrO behandelt.

IV. Über die Finanzen und den Haushalt der Gemeinde und des Landkreises

1. Finanzwesen

Die Ordnung des gemeindlichen Finanzwesens ist wesentlicher Bestandteil des Selbstverwaltungsrechts der Gemeinde. Der jährliche Haushaltsausgleich und ein verantwortliches finanzpolitisches Planen auf weite Sicht ist nur möglich, wenn der Gemeinde zur Erfüllung ihrer Aufgaben und zur Deckung der ihr dabei entstehenden Ausgaben die erforderlichen Einnahmen zur Verfügung stehen. Echte Selbstverwaltung setzt möglichst weitgehende finanzielle Selbständigkeit voraus.

Die Gemeinden haben folgende wesentliche Einnahmequellen:

a) Erträgnisse des Gemeindevermögens (z. B. aus Waldbesitz);

b) Steuern (insbesondere die Realsteuern und örtliche Abgaben);

c) Gebühren (Amtshandlungsgebühren und Benutzungsgebühren – vgl. das Kostengesetz);

d) Beiträge (vgl. insbesondere Art. 5 KAG);

e) Leistungen aus dem Finanzausgleich.

Den Gemeinden sind ein Anteil an dem Aufkommen der Einkommen- und Umsatzsteuer und die Realsteuern – die Grund- und Gewerbesteuer – durch Art. 106 GG garantiert. Nach dem Grundgesetz stehen sie mit dem Freistaat Bayern auch im Steuerverbund hinsichtlich der Einnahmen des Landes aus der Einkommen- und Körperschaftsteuer, der Umsatzsteuer und der Gewerbesteuerumlage sowie des Länderfinanzausgleichs. Wie sich dieser Steuerverbund konkretisiert, ist dem Finanzausgleichsgesetz zu entnehmen. Die aus dem Finanzausgleich fließenden „Schlüsselzuweisungen" sind „Ersatz fehlender eigener Steuerkraft" der Gemeinde.

2. Gemeindewirtschaft

Die Gemeindewirtschaft gehört gemäß Art. 83 Abs. 1 BV zu den wesentlichen Aufgaben des eigenen Wirkungskreises der Gemeinde. Sie ist vor allem unter folgende Grundsätze gestellt:

a) Die Gemeinde hat ihre Haushaltswirtschaft so zu planen und zu führen, dass die stetige Erfüllung ihrer Aufgaben gesichert ist. Dabei ist den Erfordernissen des gesamtwirtschaftlichen Gleichgewichts Rechnung zu tragen (Art. 61 Abs. 1 GO).

b) Die Haushaltswirtschaft ist sparsam und wirtschaftlich zu planen und zu führen (Art. 61 Abs. 2 GO).

c) Die Gemeinde soll Vermögensgegenstände nur erwerben, wenn das zur Erfüllung ihrer Aufgaben erforderlich ist. Die Verschenkung und die unentgeltliche Überlassung von Gemeindevermögen sind unzulässig (Art. 74 Abs. 1, Art. 75 Abs. 3 GO).

Ausnahmsweise kann insbesondere die Vermietung kommunaler Gebäude zur Sicherung preiswerten Wohnens unter Wert erfolgen (Art. 75 Abs. 2 GO).

3. Gemeindehaushalt

Voraussetzung für einen ordnungsgemäßen Gemeindehaushalt ist die Haushaltssatzung. Sie ist für jedes Haushaltsjahr aufzustellen und bietet die Grundlage der gemeindlichen Finanzwirtschaft. Die Haushaltssatzung kann Festsetzungen für zwei Haushaltsjahre, nach Jahren getrennt, enthalten.

Die Haushaltssatzung enthält die Festsetzung

a) des Haushaltsplans unter Angabe des Gesamtbetrags der Einnahmen und der Ausgaben des Haushaltsjahres,

b) des Gesamtbetrags der vorgesehenen Kreditaufnahmen für Investitionen und Investitionsförderungsmaßnahmen (Kreditermächtigung),

c) des Gesamtbetrags der vorgesehenen Ermächtigungen zum Eingehen von Verpflichtungen, die künftige Haushaltsjahre mit Ausgaben für Investitionen und Investitionsförderungsmaßnahmen belasten (Verpflichtungsermächtigungen),

d) der Abgabesätze, die für jedes Haushaltsjahr neu festzusetzen sind,

e) des Höchstbetrags der Kassenkredite.

Der Haushaltsplan enthält alle im Haushaltsjahr für die Erfüllung der Aufgaben der Gemeinde

a) zu erwartenden Einnahmen,

b) voraussichtlich zu leistenden Ausgaben und

c) voraussichtlich benötigten Verpflichtungsermächtigungen.

Der Haushaltsplan ist in einen Verwaltungshaushalt und einen Vermögenshaushalt zu gliedern.

4. Landkreisfinanzen

Die Finanzen und der Haushalt des Landkreises wickeln sich nach gleichen Grundsätzen ab. Es ist jedoch herauszustellen, dass der Landkreis über keine ergiebige eigene Steuerquelle verfügt. Er ist daher verstärkt auf den Finanzausgleich angewiesen.

Ein wesentliches Finanzierungsmittel des Landkreises ist die Kreisumlage. Der Landkreis erhebt sie von den kreisangehörigen Gemeinden (Art. 18 FAG). Umlagegrundlagen sind die Steuerkraftzahlen und derzeit 80 % der Schlüsselzuweisungen der kreisangehörigen Gemeinden (Art. 18 FAG). Geschichtlich gesehen ist die Kreisumlage ein Anteil des Landkreises am Steueraufkommen der kreisangehörigen Gemeinden.

5. Gemeindliche Unternehmen und Unternehmen des Landkreises

Seit 1. 9. 1998 gibt es für Gemeinden und Landkreise die Möglichkeit, die Rechtsform für die Erfüllung ihrer öffentlichen Aufgaben grundsätzlich frei zu wählen und auch die Möglichkeit des rechtlich selbständigen Kommunalunternehmens. Insbesondere gibt es keine Unterscheidung mehr zwischen wirtschaftlichen und nichtwirtschaftlichen Unternehmen.

Früher waren die Gemeinden und Landkreise bei der Wahl der Rechtsform, in der sie ihre Aufgaben erfüllen wollen, vorrangig auf den sog. Regiebetrieb und auf den Eigenbetrieb angewiesen, weil die Wahl der Rechtsform des Privatrechts starken Einschränkungen unterworfen war. Nunmehr unterliegen die Gemeinden und Landkreise nicht mehr den bisherigen Einschränkungen, insbesondere ist die Genehmigungspflicht für die Gründung eines Unternehmens in einer Rechtsform des privaten Rechts oder die Beteiligung an einem solchen entfallen.

Das in die Gemeindeordnung und Landkreisordnung eingeführte „selbständige Kommunalunternehmen" ist eine Anstalt des öffentlichen Rechts und als Alternative zur Wahl von Privatrechtsformen vorgesehen. Es ist im Vergleich zu den herkömmlichen Regie- und Eigenbetrieben des öffentlichen Rechts mit größerer Flexibilität ausgestattet, bleibt aber trotz seiner rechtlichen Selbständigkeit im öffentlichen Recht verankert und unterliegt damit auch der staatlichen Rechtsaufsicht, im Gegensatz zu den Unternehmen in einer Rechtsform des privaten Rechts (Art. 89 ff. GO, Art. 77 ff. LKrO).

V. Die staatliche Aufsicht über die Gemeinde und den Landkreis

1. Sinn der Staatsaufsicht

Die Gemeinden und Landkreise sind Selbstverwaltungsträger. Sie üben hoheitliche Befugnisse aus. Die Selbstverwaltung darf aber nicht dazu führen, dass sich im Staate „Staaten" bilden. So ist es verständlich, dass sich der Freistaat Bayern über die Kommunen eine Aufsicht vorbehalten hat. Diese Aufsicht ist dann stärker ausgeprägt, wenn die Kommune an sich staatliche Aufgaben im Auftrage des Staates wahrnimmt, also gegenüber den Handlungen des übertragenen Wirkungskreises. Für die staatliche Aufsicht kommt es also darauf an, ob die Gemeinde bzw. der Landkreis im eigenen oder übertragenen Wirkungskreis tätig geworden ist bzw. tätig hätte werden müssen.

2. Rechtsaufsicht

Die Angelegenheiten des eigenen Wirkungskreises überwacht die Rechtsaufsicht. Ihr geht es darum sicherzustellen, dass die Kommune die gesetzlich festgelegten und übernommenen öffentlich-rechtlichen Aufgaben und Verpflichtungen erfüllt und ihre Verwaltungstätigkeit gesetzmäßig verläuft. Eine reine Rechtskontrolle zeichnet diese Form staatlicher Aufsicht aus; auf das Ermessen nimmt sie grundsätzlich keinen Einfluss (Art. 109 Abs. 1 GO, Art. 95 Abs. 1 LKrO).

Die Mittel, deren sich die Rechtsaufsicht bedient, lassen sich in die Stichworte „Information, Beanstandung, Fristsetzung, Ersatzvornahme" fassen. Stellt die Rechtsaufsichtsbehörde (Art. 110 GO, Art. 96 LKrO) z. B. fest, dass ein Beschluss des Gemeinderats oder Kreistags rechtswidrig ist, dann kann sie sich zunächst informieren, wie die Angelegenheit im Einzelnen verlaufen ist. Anschließend kann sie die gesetzwidrige Verwaltungstätigkeit beanstanden und – meist gleichzeitig – Frist setzen, dass der Gemeinderat oder Kreistag den rechtswidrigen Beschluss selbst zurücknimmt. Kommt die Gemeinde oder der Landkreis diesem Ersuchen nicht nach, übt die Rechtsaufsichtsbehörde Ersatzvornahme aus, d. h., sie hebt den Beschluss selbst auf (Art. 111 – 113 GO, Art. 97 – 99 LKrO).

3. Fachaufsicht

Im übertragenen Wirkungskreis erstreckt sich die staatliche Aufsicht auch auf die Handhabung des Verwaltungsermessens. Über die Befugnisse der Rechtsaufsicht hinaus stehen der Fachaufsichtsbehörde (Art. 115 GO, Art. 101 LKrO) auch noch Weisungsbefugnisse zu. Die Eingriffe in das Ermessen der Gemeinde oder des Landkreises sind jedoch auf die Fälle zu beschränken, in denen das Gemeinwohl oder öffentlich-rechtliche Ansprüche einzelner eine Weisung oder Entscheidung erfordern (Art. 109 Abs. 2 GO, Art. 95 Abs. 2 LKrO).

4. Rechtsbehelfe gegen die Staatsaufsicht

Den Maßnahmen der Rechts- und Fachaufsicht ist die Kommune nicht schutzlos ausgesetzt. Glaubt sie z. B., eine rechtsaufsichtliche

Beanstandung sei deswegen rechtswidrig, weil sie auf das Ermessen Einfluss nehme, so kann sie förmlichen Rechtsschutz vor den Verwaltungsgerichten begehren. Es geht ja um ihr Selbstverwaltungsrecht. Für die Rechtsbehelfe nach der Verwaltungsgerichtsordnung ist dabei entscheidend, dass alle rechts- und fachaufsichtlichen Maßnahmen Verwaltungsakte sind. In der Regel werden Widerspruch (§§ 68 ff. VwGO) und Anfechtungsklage (§ 42 VwGO) die richtigen förmlichen Rechtsbehelfe sein.

5. Selbsteintrittsrecht

Von den Maßnahmen der Rechts- und Fachaufsicht gegenüber einem Landkreis ist streng zu unterscheiden das uneingeschränkte Weisungsrecht der staatlichen Aufsichtsbehörden gegenüber dem staatlichen Landratsamt. Kommt das staatliche Landratsamt, dessen Leiter der Landrat ist, einer schriftlichen Weisung der Aufsichtsbehörde Regierung nicht fristgerecht nach, so kann der Regierungspräsident an Stelle des staatlichen Landratsamtes handeln (Selbsteintritt). Dieser Selbsteintritt ist aber gegenüber dem Landratsamt als Staatsbehörde – anders als gegenüber sonstigen Staatsbehörden – nur zulässig, wenn der fachlich zuständige Minister ein sofortiges Handeln aus wichtigen Gründen des öffentlichen Wohls, insbesondere in Fällen von überörtlicher oder landesweiter Bedeutung, im Einzelfall für erforderlich hält und dies gegenüber der Aufsichtsbehörde Regierung erklärt. Aufgrund einer entsprechenden Änderung des Bayer. Verwaltungsverfahrensgesetzes (BayVwVfG) im Jahr 1985 wurde eine bis dahin bestehende Rechtslücke geschlossen mit der Folge, dass nun auch bei der Aufgabenerfüllung durch das Landratsamt als Staatsbehörde zweifelsfrei eine „Ersatzvornahme" in Form der Verlagerung der Zuständigkeit auf die Regierung möglich ist.

VI. Die Verwaltungsgemeinschaft

1. Wesen und Bildung

Die Verwaltungsgemeinschaft ist eine Form des kommunalen Zusammenwirkens, die durch das „Erste Gesetz zur Stärkung der kommunalen Selbstverwaltung" 1971 in Bayern eingeführt wurde.

Heute sind die Rechtsgrundlagen der Verwaltungsgemeinschaft in der Verwaltungsgemeinschaftsordnung für den Freistaat Bayern (VGemO) zusammengefasst.

Das Gesetz definiert die Verwaltungsgemeinschaft als einen Zusammenschluss „benachbarter kreisangehöriger Gemeinden unter Aufrechterhaltung des Bestandes der beteiligten Gemeinden". Die Verwaltungsgemeinschaft ist eine Körperschaft des öffentlichen Rechts. Sie nimmt wie jede andere kommunale Körperschaft (Gemeinde, Landkreis, Bezirk) am Rechtsleben teil und kann wie diese selbständig Beamte, Angestellte und Arbeiter beschäftigen. Die Verwaltungsgemeinschaft ist jedoch keine Gebietskörperschaft, sondern ähnelt eher einem Zweckverband. Für ihre Rechtsverhältnisse gilt denn auch ergänzend das Gesetz über die kommunale Zusammenarbeit (KommZG).

Die Verwaltungsgemeinschaft wird durch Gesetz gebildet. In einer Rechtsverordnung der Regierung werden Name und Sitz der Verwaltungsgemeinschaft bestimmt, sofern das Gesetz über die Bildung der Verwaltungsgemeinschaft darüber nichts aussagt. Die Bildung einer Verwaltungsgemeinschaft kann auch gegen den Willen beteiligter Gemeinden erfolgen, wenn Gründe des öffentlichen Wohls vorliegen.

2. Aufgaben

Die Verwaltungsgemeinschaft hat folgende Aufgaben:

a) Die Verwaltungsgemeinschaft nimmt im eigenen Namen grundsätzlich alle Angelegenheiten des übertragenen Wirkungskreises wahr, ausgenommen den Erlass von Satzungen und Verordnungen. Durch Rechtsverordnung des Staatsministeriums des Innern (abgedr. zu Art. 4 VGemO) sind außerdem einzelne Aufgaben des übertragenen Wirkungskreises bestimmt, die bei den Mitgliedsgemeinden verbleiben.

b) Der Verwaltungsgemeinschaft obliegen ferner die verwaltungsmäßige Vorbereitung und der verwaltungsmäßige Vollzug der von den Mitgliedsgemeinden im eigenen Wirkungskreis gefassten Beschlüsse. Hierdurch sollen die Mitgliedsgemeinden von der gesamten büromäßigen, technischen Verwaltungsarbeit entlastet werden. Die Verwaltungsgemeinschaft führt diese Aufgaben als Behörde ihrer Mitgliedsgemeinden und nach deren Weisung aus. Die Mitgliedsgemeinden treffen alle wichtigen Entscheidungen in diesem Kernbereich der kommunalen Selbstverwaltung nach wie vor selbst. Der erste Bürgermeister kann die Mitgliedsgemeinde insoweit auch vertreten.

c) Die Verwaltungsgemeinschaft besorgt außerdem die laufenden Verwaltungsangelegenheiten des eigenen Wirkungskreises der Mitgliedsgemeinden, also die Aufgaben, die für die Gemeinde keine grundsätzliche Bedeutung haben und keine erhebliche Verpflichtung erwarten lassen. Hier sind die Aufgaben gemeint, bei denen neben dem reinen büromäßigen Vollzug noch ein gewisser Entscheidungsspielraum besteht, z. B. die kurzfristige Stundung von Zahlungen. Auch hier handelt die Verwaltungsgemeinschaft als Behörde und nach Weisung der Mitgliedsgemeinden.

d) Die bisher genannten Aufgaben sind der Verwaltungsgemeinschaft vom Gesetz zugewiesen. Die Mitgliedsgemeinden können der Verwaltungsgemeinschaft auch Aufgaben des eigenen Wirkungskreises freiwillig durch eine sogenannte Zweckvereinbarung übertragen. Das wird dann in Betracht kommen, wenn die einzelnen Aufgaben aus wirtschaftlichen, technischen oder organisatorischen Gründen im größeren Raum der Verwaltungsgemeinschaft sinnvoller erledigt werden können. Zu denken ist hier z. B. an Wasserversorgung, Abwasserbeseitigung oder Bau und Unterhalt von Gemeindestraßen. Ob eine Gemeinde eine solche Aufgabe übertragen will, entscheidet einzig und allein sie selbst. Die Verwaltungsgemeinschaft kann diese Aufgaben nicht an sich ziehen.

e) Mit ihrer Bildung tritt eine Verwaltungsgemeinschaft kraft Gesetzes an die Stelle von Zweckverbänden, die aus denselben Mitgliedern wie die Verwaltungsgemeinschaft bestehen. Ein Zweckverband wird also nur dann automatisch von einer Verwaltungsgemeinschaft abgelöst, wenn sein Wirkungsbereich deckungsgleich mit dem der Verwaltungsgemeinschaft ist. Gehören einem Zweckverband noch weitere Gemeinden an, die nicht Mitglieder der Verwaltungsgemeinschaft sind, so bleibt der Zweckverband bestehen.

3. Organe

Organe der Verwaltungsgemeinschaft sind die Gemeinschaftsversammlung und der aus ihrer Mitte gewählte Gemeinschaftsvorsitzende.

a) *Die Gemeinschaftsversammlung*

Sie besteht aus Vertretern der Mitgliedsgemeinden. Vertreter von Gesetzes wegen ist jeweils der erste Bürgermeister, im Falle seiner Verhinderung sein Stellvertreter im Amt (zweiter bzw. dritter Bürgermeister). Jede Gemeinde entsendet zusätzlich mindestens ein Gemeinderatsmitglied und für jedes volle Tausend ihrer Einwohner ein weiteres Gemeinderatsmitglied.

b) *Der Gemeinschaftsvorsitzende*

Der Gemeinschaftsvorsitzende und seine Stellvertreter werden aus der Mitte der Gemeinschaftsversammlung für die Dauer ihres gemeindlichen Amtes gewählt. Zum Vorsitzenden wählbar ist nur der erste Bürgermeister einer Mitgliedsgemeinde.

c) *Zuständigkeiten der Gemeinschaftsorgane*

Die Gemeinschaftsversammlung entscheidet über die Anstellung von Bediensteten, die Ausstattung der Geschäftsstelle (Unterbringung und Hilfsmittel), die Haushaltssatzung der Verwaltungsgemeinschaft, die Durchführung der Aufgaben des übertragenen Wirkungskreises in den Fällen, in denen bei einer Gemeinde Gemeinderatsbeschlüsse erforderlich wären. Alle übrigen Aufgaben des übertragenen Wirkungskreises sind Büro- und Verwaltungsaufgaben, vergleichbar denjenigen des Vorsitzenden eines Zweckverbandes. Hier gelten daher die Vorschriften über die Zuständigkeit des Verbandsvorsitzenden eines Zweckverbandes entsprechend.

Der Gemeinschaftsvorsitzende vertritt die Verwaltungsgemeinschaft nach außen, führt den Vorsitz in der Gemeinschaftsversammlung, bereitet die Beratungsgegenstände der Gemeinschaftsversammlung vor, sorgt für den Vollzug der Beschlüsse der Gemeinschaftsversammlung, erledigt im Zuständigkeitsbereich der Gemeinschaft alle die Angelegenheiten, die nach der Gemeindeordnung kraft Gesetzes dem ersten Bürgermeister zukommen, insbesondere die laufenden Angelegenheiten, die für die Verwaltungsgemeinschaft keine grundsätzliche Bedeutung haben und keine erheblichen Verpflichtungen erwarten lassen. Er führt die Dienstaufsicht über die Dienstkräfte der Verwaltungsgemeinschaft und ist Dienstvorgesetzter ihrer Beamten.

d) *Die Geschäftsstelle der Verwaltungsgemeinschaft*
Die Verwaltungsgemeinschaft muss eine Geschäftsstelle unterhalten. Diese muss mit fachlich geeignetem Personal besetzt sein, um den ordnungsgemäßen Gang der Geschäfte zu gewährleisten. Die Verwaltungsgemeinschaft ist insbesondere verpflichtet, mindestens einen Beamten mit der Befähigung für den gehobenen Verwaltungsdienst zu beschäftigen.

Um den Gemeinschaftsvorsitzenden zu entlasten und zu unterstützen, wird ein Leiter der Geschäftsstelle bestellt. Ihm können auch die laufenden Angelegenheiten zur selbständigen Erledigung übertragen werden. Er nimmt an den Sitzungen der Gemeinschaftsversammlung mit beratender Stimme teil.

4. Kosten

Die Verwaltungsgemeinschaft finanziert ihren Aufwand durch unmittelbare eigene Einnahmen (z. B. Kostenaufkommen), den Ersatz von Kosten für die Übernahme von Aufgaben, die Umlage des ungedeckten Bedarfs auf die Mitgliedsgemeinden.

Die Umlage bemisst sich grundsätzlich nach der Einwohnerzahl der beteiligten Gemeinden. Ein anderer Umlagemaßstab kann durch einstimmigen Beschluss der Gemeinschaftsversammlung bestimmt werden.

Gemeindeordnung für den Freistaat Bayern (Gemeindeordnung – GO)

in der Fassung der Bekanntmachung vom 22. August 1998
(GVBl. S. 797; BayRS 2020-1-1-I), zuletzt geändert durch Gesetz vom
28. März 2000 (GVBl. S. 136)

Inhaltsübersicht

ERSTER TEIL
Wesen und Aufgaben der Gemeinde

			Seite
1. Abschnitt:	Begriff, Benennung und Hoheitszeichen		
	Art. 1	Begriff	36
	Art. 2	Name	36
	Art. 3	Städte und Märkte	37
	Art. 4	Wappen und Fahnen; Dienstsiegel	37
2. Abschnitt:	Rechtsstellung und Wirkungskreis		
	Art. 5	Kreisangehörigkeit und Kreisfreiheit	37
	Art. 5a	Eingliederung in den Landkreis; Große Kreisstadt	38
	Art. 6	Allseitiger Wirkungskreis	39
	Art. 7	Eigene Angelegenheiten	39
	Art. 8	Übertragene Angelegenheiten	40
	Art. 9	Weitere Aufgaben der kreisfreien Gemeinden und Großen Kreisstädte	40
3. Abschnitt:	Gemeindegebiet und gemeindefreies Gebiet		
	Art. 10	Gemeindegebiet und Bestandsgarantie	41
	Art. 10a	Gemeindefreie Gebiete	41
	Art. 11	Änderungen	43
	Art. 12	Zuständige Behörde; Fortgeltung des Ortsrechts	44
	Art. 13	Weitere Folgen der Änderungen	44
	Art. 13a	Vermögensrechtliche Sonderregelungen	45
	Art. 14	Bekanntmachung; Gebühren	47
4. Abschnitt:	Rechte und Pflichten der Gemeindeangehörigen		
	Art. 15	Einwohner und Bürger	47
	Art. 16	Ehrenbürgerrecht	47
	Art. 17	Wahlrecht	48
	Art. 18	Mitberatungsrecht (Bürgerversammlung)	48

GO, Inhaltsübersicht

			Seite
	Art. 18a	Bürgerbegehren und Bürgerentscheid	49
	Art. 18b	Bürgerantrag	52
	Art. 19	Ehrenamtliche Tätigkeit	53
	Art. 20	Sorgfalts- und Verschwiegenheitspflicht	54
	Art. 20a	Entschädigung	55
	Art. 21	Benutzung öffentlicher Einrichtungen; Tragung der Gemeindelasten	56

5. Abschnitt: Gemeindehoheit
- Art. 22 Verwaltungs- und Finanzhoheit 57
- Art. 23 Ortsrecht 57
- Art. 24 Inhalt der Satzungen 58
- Art. 25 *(aufgehoben)* 59
- Art. 26 Inkrafttreten; Ausfertigung und Bekanntmachung 59
- Art. 27 Verwaltungsverfügungen; Zwangsmaßnahmen 60
- Art. 28 Geldbußen und Verwarnungsgelder 60

ZWEITER TEIL

Verfassung und Verwaltung der Gemeinde

1. Abschnitt: Gemeindeorgane und ihre Hilfskräfte
   - Art. 29 Hauptorgane 61

a) Der Gemeinderat und seine Ausschüsse
- Art. 30 Rechtsstellung; Aufgaben des Gemeinderats .. 61
- Art. 31 Zusammensetzung des Gemeinderats 61
- Art. 32 Aufgaben der Ausschüsse 63
- Art. 33 Zusammensetzung der Ausschüsse; Vorsitz .. 65

b) Der erste Bürgermeister und seine Stellvertreter
- Art. 34 Rechtsstellung des ersten Bürgermeisters 66
- Art. 35 Rechtsstellung der weiteren Bürgermeister ... 66
- Art. 36 Vollzug der Beschlüsse des Gemeinderats 67
- Art. 37 Zuständigkeit des ersten Bürgermeisters 67
- Art. 38 Verpflichtungsgeschäfte; Vertretung der Gemeinde nach außen 68
- Art. 39 Stellvertretung; Übertragung von Befugnissen 69

c) Die berufsmäßigen Gemeinderatsmitglieder
- Art. 40 Berufung und Aufgaben 69
- Art. 41 Rechtsstellung 69

d) Gemeindebedienstete   Seite
- Art. 42 Notwendigkeit bestimmter Fachkräfte 70
- Art. 43 Anstellung und Arbeitsbedingungen 70
- Art. 44 Stellenplan 71

2. Abschnitt: Geschäftsgang
- Art. 45 Geschäftsordnung 72
- Art. 46 Geschäftsleitung 72
- Art. 47 Sitzungszwang; Beschlußfähigkeit 72
- Art. 48 Teilnahmepflicht; Ordnungsgeld gegen Säumige 73
- Art. 49 Ausschluß wegen persönlicher Beteiligung ... 73
- Art. 50 Einschränkung des Vertretungsrechts 74
- Art. 51 Form der Beschlußfassung; Wahlen 74
- Art. 52 Öffentlichkeit 74
- Art. 53 Handhabung der Ordnung 75
- Art. 54 Niederschrift 75
- Art. 55 Geschäftsgang der Ausschüsse 76

3. Abschnitt: Verwaltungsgrundsätze und Verwaltungsaufgaben
- Art. 56 Gesetzmäßigkeit; Geschäftsgang 76
- Art. 56a Geheimhaltung 76
- Art. 57 Aufgaben des eigenen Wirkungskreises 77
- Art. 58 Aufgaben des übertragenen Wirkungskreises . 78
- Art. 59 Zuständigkeit für den Gesetzesvollzug 78

4. Abschnitt: Stadtbezirke und Gemeindeteile
- Art. 60 Einteilung in Stadtbezirke 79
- Art. 60a Ortssprecher 80

DRITTER TEIL

Gemeindewirtschaft

1. Abschnitt: Haushaltswirtschaft
- Art. 61 Allgemeine Haushaltsgrundsätze 81
- Art. 62 Grundsätze der Einnahmebeschaffung 81
- Art. 63 Haushaltssatzung 82
- Art. 64 Haushaltsplan 82
- Art. 65 Erlaß der Haushaltssatzung 83
- Art. 66 Überplanmäßige und außerplanmäßige Ausgaben 84
- Art. 67 Verpflichtungsermächtigungen 84
- Art. 68 Nachtragshaushaltssatzungen 85
- Art. 69 Vorläufige Haushaltsführung 86
- Art. 70 Finanzplanung 86

GO, Inhaltsübersicht

			Seite
2. Abschnitt:	Kreditwesen		
	Art. 71	Kredite	87
	Art. 72	Kreditähnliche Verpflichtungen; Sicherheiten	88
	Art. 73	Kassenkredite	89

3. Abschnitt: Vermögenswirtschaft
   a) Allgemeines
       Art. 74 Erwerb und Verwaltung von Vermögen 89
       Art. 75 Veräußerung von Vermögen 90
       Art. 76 Rücklagen 90
       Art. 77 Zwangsvollstreckung in Gemeindevermögen wegen einer Geldforderung 91
       Art. 78 und 79 *(aufgehoben)*
   b) Öffentliche Nutzungsrechte
       Art. 80 Verbot der Neubegründung; Übertragungsbeschränkungen 91
       Art. 81 Lasten und Ausgaben 92
       Art. 82 Ablösung und Aufhebung 92
       Art. 83 Art und Umfang der Entschädigung 93
   c) Von der Gemeinde verwaltete nichtrechtsfähige (fiduziarische) Stiftungen
       Art. 84 Begriff; Verwaltung 94
       Art. 85 Änderung des Verwendungszwecks; Aufhebung der Zweckbestimmung 94

4. Abschnitt: Gemeindliche Unternehmen
       Art. 86 Rechtsformen 95
       Art. 87 Allgemeine Zulässigkeit von Unternehmen und Beteiligungen 95
       Art. 88 Eigenbetriebe 96
       Art. 89 Selbständige Kommunalunternehmen des öffentlichen Rechts 97
       Art. 90 Organe des Kommunalunternehmens; Personal 98
       Art. 91 Sonstige Vorschriften für Kommunalunternehmen 100
       Art. 92 Unternehmen in Privatrechtsform 101
       Art. 93 Vertretung der Gemeinde in Unternehmen in Privatrechtsform 102
       Art. 94 Sonstige Vorschriften für Unternehmen in Privatrechtsform 103
       Art. 95 Grundsätze für die Führung gemeindlicher Unternehmen 104
       Art. 96 Anzeigepflichten 105
       Art. 97 bis 99 *(aufgehoben)*

Inhaltsübersicht, GO

		Seite
5. Abschnitt:	Kassen- und Rechnungswesen	
	Art. 100 Gemeindekasse	105
	Art. 101 Übertragung von Kassen- und Rechnungsgeschäften	106
	Art. 102 Rechnungslegung	106
6. Abschnitt:	Prüfungswesen	
	Art. 103 Örtliche Prüfungen	107
	Art. 104 Rechnungsprüfungsamt	108
	Art. 105 Überörtliche Prüfungen	109
	Art. 106 Inhalt der Rechnungs- und Kassenprüfungen	109
	Art. 107 Abschlußprüfung	110

VIERTER TEIL

Staatliche Aufsicht und Rechtsmittel

1. Abschnitt:	Rechtsaufsicht und Fachaufsicht	
	Art. 108 Sinn der staatlichen Aufsicht	111
	Art. 109 Inhalt und Grenzen der Aufsicht	111
	Art. 110 Rechtsaufsichtsbehörden	112
	Art. 111 Informationsrecht	112
	Art. 112 Beanstandungsrecht	112
	Art. 113 Recht der Ersatzvornahme	112
	Art. 114 Bestellung eines Beauftragten	112
	Art. 115 Fachaufsichtsbehörden	113
	Art. 116 Befugnisse der Fachaufsicht	113
	Art. 117 Genehmigungsbehörde	114
	Art. 117a Ausnahmegenehmigungen	114
2. Abschnitt:	Rechtsmittel	
	Art. 118 *(aufgehoben)*	
	Art. 119 Erlaß des Widerspruchsbescheids (§ 73 der Verwaltungsgerichtsordnung – VwGO)	115
	Art. 120 Anfechtung aufsichtlicher Verwaltungsakte	115

FÜNFTER TEIL

Übergangs- und Schlußvorschriften

Art. 121 Inkrafttreten	116
Art. 122 Einwohnerzahl	116
Art. 123 Ausführungsvorschriften	116
Art. 124 Einschränkung von Grundrechten	118

ERSTER TEIL
Wesen und Aufgaben der Gemeinde

1. ABSCHNITT
Begriff, Benennung und Hoheitszeichen

Art. 1 Begriff

¹Die Gemeinden sind ursprüngliche Gebietskörperschaften mit dem Recht, die örtlichen Angelegenheiten im Rahmen der Gesetze zu ordnen und zu verwalten. ²Sie bilden die Grundlagen des Staates und des demokratischen Lebens.

Art. 2 Name

(1) Die Gemeinden haben ein Recht auf ihren geschichtlichen Namen.

(2) Die Rechtsaufsichtsbehörde kann nach Anhörung des Gemeinderats und der beteiligten Gemeindebürger

1. wegen eines dringenden öffentlichen Bedürfnisses den Namen einer Gemeinde oder eines Gemeindeteils ändern oder den Namen eines Gemeindeteils aufheben;
2. einem bewohnten Gemeindeteil einen Namen geben.

(3) ¹Wird eine Gemeinde oder werden Gemeindeteile als Heilbad, Kneippheilbad oder Schrothheilbad nach Art. 7 Abs. 1 und 5 des Kommunalabgabengesetzes anerkannt, spricht die Anerkennungsbehörde auf Antrag der Gemeinde aus, daß die Bezeichnung Bad Bestandteil des Namens der Gemeinde oder eines Gemeindeteils wird. ²Wird die Anerkennung aufgehoben, entfällt der Namensbestandteil Bad. ³Wegen eines dringenden öffentlichen Bedürfnisses kann die Anerkennungsbehörde abweichend vom Antrag nach Satz 1 oder von Satz 2 entscheiden.

(4) Die Entscheidungen und die Änderungen nach den Absätzen 2 und 3 sind im Staatsanzeiger bekanntzumachen.

Art. 3 Städte und Märkte

(1) Städte und Märkte heißen die Gemeinden, die diese Bezeichnung nach bisherigem Recht führen oder denen sie durch das Staatsministerium des Innern neu verliehen wird.

(2) Die Bezeichnung Stadt oder Markt darf nur an Gemeinden verliehen werden, die nach Einwohnerzahl, Siedlungsform und wirtschaftlichen Verhältnissen der Bezeichnung entsprechen.

(3) Die Stadt München führt die Bezeichnung Landeshauptstadt.

Art. 4 Wappen und Fahnen; Dienstsiegel

(1) ¹Die Gemeinden können ihre geschichtlichen Wappen und Fahnen führen. ²Sie sind verpflichtet, sich bei der Änderung bestehender und der Annahme neuer Wappen und Fahnen von der Generaldirektion der Staatlichen Archive Bayerns beraten zu lassen und, soweit sie deren Stellungnahme nicht folgen wollen, den Entwurf der Rechtsaufsichtsbehörde vorzulegen.

(2) ¹Gemeinden mit eigenem Wappen führen dieses in ihrem Dienstsiegel. ²Die übrigen Gemeinden führen in ihrem Dienstsiegel das kleine Staatswappen.

(3) Von Dritten dürfen Wappen und Fahnen der Gemeinde nur mit deren Genehmigung verwendet werden.

2. ABSCHNITT

Rechtsstellung und Wirkungskreis

Art. 5 Kreisangehörigkeit und Kreisfreiheit

(1) Die Gemeinden sind kreisangehörig oder kreisfrei.

(2) Kreisfrei sind die Gemeinden, die diese Eigenschaft beim Inkrafttreten dieses Gesetzes besitzen.

GO Art. 5, 5a

(3) ¹Mit Zustimmung des Landtags können Gemeinden mit mehr als 50 000 Einwohnern bei entsprechender Bedeutung nach Anhörung des Kreistags durch Rechtsverordnung der Staatsregierung für kreisfrei erklärt werden. ²Hierbei ist auf die Leistungsfähigkeit des Landkreises Rücksicht zu nehmen. ³Die Rechtsverordnung kann finanzielle Verpflichtungen der ausscheidenden Gemeinde gegenüber dem Landkreis festlegen. ⁴Im übrigen werden die vermögensrechtlichen Verhältnisse durch Übereinkunft zwischen dem Landkreis und der ausscheidenden Gemeinde geregelt. ⁵Der Übereinkunft kommt mit dem in ihr bestimmten Zeitpunkt, frühestens jedoch mit Inkrafttreten der Rechtsverordnung, unmittelbar rechtsbegründende Wirkung zu. ⁶Kommt eine Übereinkunft nicht zustande, so entscheiden das Verwaltungsgericht und in der Berufungsinstanz der Verwaltungsgerichtshof als Schiedsgerichte.

Art. 5a Eingliederung in den Landkreis; Große Kreisstadt

(1) ¹Aus Gründen des öffentlichen Wohls können durch Rechtsverordnung der Staatsregierung mit Zustimmung des Landtags kreisfreie Gemeinden auf ihren Antrag oder von Amts wegen nach Anhörung der Gemeinde in einen Landkreis eingegliedert werden. ²Der Landkreis ist vorher zu hören; den Gemeindebürgern soll Gelegenheit gegeben werden, zu der Eingliederung in geheimer Abstimmung Stellung zu nehmen.

(2) ¹Der Landkreis ist auf Verlangen der eingegliederten Gemeinde verpflichtet, bisher von der Gemeinde betriebene Einrichtungen zu übernehmen, wenn deren Betrieb allgemein zu den Aufgaben eines Landkreises gehört. ²Die Schulden aus Darlehen für diese Einrichtungen muß der Landkreis dann und insoweit nicht übernehmen, als die Übernahme nicht zumutbar ist, insbesondere, wenn für die Einrichtungen in unverhältnismäßig hohem überdurchschnittlichem Umfang Darlehen aufgenommen worden sind. ³Die Sätze 1 und 2 gelten entsprechend für die Mitgliedschaft der eingegliederten Gemeinden in einem Zweckverband, dessen Aufgabe allgemein

zu den Aufgaben eines Landkreises gehört. ⁴Der Landkreis ist verpflichtet, gemeindliche Angestellte und Arbeiter, deren Aufgabenbereich auf den Landkreis übergeht, auf deren Verlangen oder auf Verlangen der eingegliederten Gemeinde in sinngemäßer Anwendung des § 128 des Beamtenrechtsrahmengesetzes zu übernehmen. ⁵Art. 5 Abs. 3 Sätze 4 bis 6 gelten sinngemäß.

(3) ¹Mit dem Inkrafttreten der Rechtsverordnung (Absatz 1 Satz 1) wird die bisher kreisfreie Gemeinde Große Kreisstadt. ²Eine Gemeinde kann auf die Rechte einer Großen Kreisstadt verzichten; das Staatsministerium des Innern bestimmt nach Anhörung des Kreistags durch Rechtsverordnung den Zeitpunkt, zu dem der Verzicht wirksam wird.

(4) Gemeinden mit mehr als 30 000 Einwohnern können auf ihren Antrag nach Anhörung des Kreistags durch Rechtsverordnung des Staatsministeriums des Innern zu Großen Kreisstädten erklärt werden, wenn ihre Leistungs- und Verwaltungskraft die Gewähr dafür bietet, daß sie die Aufgaben einer Großen Kreisstadt ordnungsgemäß erfüllen können.

Art. 6 Allseitiger Wirkungskreis

(1) ¹Den Gemeinden steht in ihrem Gebiet die Erfüllung aller öffentlichen Aufgaben zu. ²Ausnahmen bedürfen eines Gesetzes.

(2) Die Gemeindeaufgaben sind eigene oder übertragene Angelegenheiten.

Art. 7 Eigene Angelegenheiten

(1) Der eigene Wirkungskreis der Gemeinden umfaßt alle Angelegenheiten der örtlichen Gemeinschaft (Art. 83 Abs. 1 der Verfassung).

(2) ¹In Angelegenheiten des eigenen Wirkungskreises handeln die Gemeinden nach eigenem Ermessen. ²Sie sind nur an die gesetzlichen Vorschriften gebunden.

Art. 8 Übertragene Angelegenheiten

(1) Der übertragene Wirkungskreis der Gemeinden umfaßt alle Angelegenheiten, die das Gesetz den Gemeinden zur Besorgung namens des Staates oder anderer Körperschaften des öffentlichen Rechts zuweist.

(2) Für die Erledigung übertragener Angelegenheiten können die zuständigen Staatsbehörden den Gemeinden Weisungen erteilen.

(3) ¹Den Gemeinden, insbesondere den kreisfreien Gemeinden, können Angelegenheiten auch zur selbständigen Besorgung übertragen werden. ²Art. 7 Abs. 2 ist hierbei sinngemäß anzuwenden.

(4) Bei der Zuweisung von Angelegenheiten sind gleichzeitig die notwendigen Mittel zur Verfügung zu stellen.

Art. 9 Weitere Aufgaben der kreisfreien Gemeinden und Großen Kreisstädte

(1) ¹Die kreisfreie Gemeinde erfüllt im übertragenen Wirkungskreis alle Aufgaben, die sonst vom Landratsamt als der unteren staatlichen Verwaltungsbehörde wahrzunehmen sind; sie ist insoweit Kreisverwaltungsbehörde. ²Sie erfüllt ferner die den Landkreisen obliegenden Aufgaben des eigenen und des übertragenen Wirkungskreises.

(2) ¹Die Große Kreisstadt erfüllt im übertragenen Wirkungskreis Aufgaben, die sonst vom Landratsamt als der unteren staatlichen Verwaltungsbehörde wahrzunehmen sind in dem Umfang, der durch Rechtsverordnung der Staatsregierung allgemein bestimmt wird; sie ist insoweit Kreisverwaltungsbehörde. ²In der Rechtsverordnung nach Art. 5a Abs. 1 oder in einer Rechtsverordnung des Staatsministeriums des Innern können ihr weitere Aufgaben der unteren staatlichen Verwaltungsbehörde und auf Antrag mit Zustimmung des Kreistags auch einzelne Aufgaben des übertragenen Wirkungskreises der Landkreise übertragen werden.

3. ABSCHNITT
Gemeindegebiet und gemeindefreies Gebiet

Art. 10 Gemeindegebiet und Bestandsgarantie

(1) ¹Jeder Teil des Staatsgebiets ist grundsätzlich einer Gemeinde zugewiesen. ²Die Gesamtheit der zu einer Gemeinde gehörenden Grundstücke bildet das Gemeindegebiet.

(2) Die Gemeinden haben ein Recht auf Erhaltung ihres Bestands und ihres Gebiets unbeschadet der Vorschrift des Art. 11.

Art. 10a Gemeindefreie Gebiete

(1) Die keiner Gemeinde zugewiesenen Teile des Staatsgebiets sind gemeindefreie (ausmärkische) Gebiete.

(2) ¹Die Aufgaben, die aus Gründen des öffentlichen Wohls erfüllt werden müssen und die in den kreisangehörigen Gemeinden zum eigenen Wirkungskreis gehören, nimmt im gemeindefreien Gebiet der Grundstückseigentümer auf seine Kosten wahr. ²Gehören die Grundstücke verschiedenen Eigentümern, so erfüllen diese die Aufgaben gemeinsam und tragen die Kosten anteilig nach dem Verhältnis der Größe der Fläche ihrer im gemeindefreien Gebiet gelegenen Grundstücke; forstwirtschaftlich genutzte Flächen sind zu zwei Dritteln und minderwertige landwirtschaftliche Nutzflächen (insbesondere Hutungen, Streuwiesen und Ödländereien) zu einem Drittel anzurechnen. ³Die Grundstückseigentümer können die Verteilung der Aufgaben und die Kostentragung mit Genehmigung der Aufsichtsbehörde in anderer Weise vereinbaren, wenn dadurch die Erfüllung der Aufgaben nicht gefährdet wird.

(3) ¹Wenn es zur ordnungsmäßigen Erfüllung der Aufgaben nach Absatz 2 erforderlich ist, kann die Aufsichtsbehörde den Eigentümer der größten anrechenbaren Grundstücksfläche verpflichten, die Aufgaben im ganzen gemeindefreien Gebiet zu erfüllen; die anderen Grundstückseigentümer haben sich an den notwendigen Ko-

GO Art. 10a

sten, die hieraus entstehen, nach dem Verhältnis der anrechenbaren Größe ihrer Grundstücksflächen zu beteiligen. ²Werden die Kosten nicht innerhalb von drei Monaten erstattet, so setzt die Aufsichtsbehörde die auf die einzelnen Grundstückseigentümer entfallenden Erstattungsbeträge fest und zieht sie für den verpflichteten Grundstückseigentümer wie Verwaltungskosten ein.

(4) ¹Bewirkt die Kostenverteilung nach dem Verhältnis der anrechenbaren Größe der Grundstücksflächen (Absatz 2 Satz 2) für einzelne Eigentümer eine besondere Härte und kommt eine Vereinbarung nach Absatz 2 Satz 3 innerhalb einer auf Antrag eines Beteiligten von der Aufsichtsbehörde zu setzenden Frist von drei Monaten nicht zustande, so setzt die Aufsichtsbehörde die von den einzelnen Grundstückseigentümern zu tragenden Kostenanteile fest. ²Absatz 3 Satz 2 gilt sinngemäß.

(5) ¹Die hoheitlichen Befugnisse, die im Gemeindegebiet den kreisangehörigen Gemeinden zustehen, übt im gemeindefreien Gebiet das Landratsamt als untere staatliche Verwaltungsbehörde aus. ²Es erledigt ferner alle Aufgaben, die zum übertragenen Wirkungskreis einer Gemeinde gehören.

(6) Die Absätze 2 bis 5 gelten nicht, soweit die Erfüllung von Aufgaben des eigenen Wirkungskreises oder die Ausübung hoheitlicher Befugnisse und die Wahrnehmung von Aufgaben des übertragenen Wirkungskreises im gemeindefreien Gebiet durch besondere Rechtsvorschriften anders geregelt sind.

(7) ¹Aufsichtsbehörde über die gemeindefreien Gebiete für die Aufgaben nach den Absätzen 2 bis 4 ist das Landratsamt als untere staatliche Verwaltungsbehörde. ²Für die Aufsicht gelten die Art. 108, 109 Abs. 1 und Art. 111 bis 113 entsprechend.

(8) Die gemeindefreien Gebiete oder Teile hiervon werden vom Landratsamt benannt.

Art. 11 GO

Art. 11 Änderungen

(1) ¹Gemeindefreie Gebiete oder Teile hiervon sind auf Antrag angrenzender Gemeinden in diese einzugliedern, wenn nicht dringende Gründe des öffentlichen Wohls entgegenstehen. ²Beantragen mehrere Gemeinden die Eingliederung, so richtet sich die Entscheidung darüber, ob und in welchem Umfang den Anträgen stattgegeben wird, nach Gründen des öffentlichen Wohls. ³Aus den gleichen Gründen können Entscheidungen nach den Sätzen 1 und 2 auch von Amts wegen getroffen werden; dabei können auch neue Gemeinden gebildet werden. ⁴Falls dringende Gründe des öffentlichen Wohls vorliegen, können auf Antrag von Amts wegen unbewohntes Gemeindegebiet oder Teile hiervon einem gemeindefreien Gebiet angegliedert oder zu einem neuen gemeindefreien Gebiet erklärt werden. ⁵Vor der Änderung sind die beteiligten Gemeinden und Landkreise sowie die Eigentümer der gemeindefreien Grundstücke im Änderungsgebiet zu hören. ⁶Für die Kreisbürger, die seit mindestens sechs Monaten im Änderungsgebiet ihren Aufenthalt haben, kann eine geheime Abstimmung angeordnet werden.

(2) ¹Änderungen im Bestand oder Gebiet von Gemeinden können unbeschadet des Absatzes 1 vorgenommen werden,

1. wenn Gründe des öffentlichen Wohls vorliegen und die beteiligten Gemeinden einverstanden sind,
2. gegen den Willen beteiligter Gemeinden, wenn dringende Gründe des öffentlichen Wohls vorliegen.

²Vor Maßnahmen nach Satz 1 Nr. 2 sind die beteiligten Gemeinden zu hören.

(3) Eine Gemeinde kann durch Ausgliederung aus einer bestehenden Gemeinde gebildet werden, wenn

1. Gründe des öffentlichen Wohls vorliegen,
2. die zu bildende Gemeinde mindestens 2000 Einwohner hat oder Mitgliedsgemeinde einer Verwaltungsgemeinschaft wird und

3. die bestehende Gemeinde mit einer Mehrheit von zwei Dritteln der Mitglieder des Gemeinderats zustimmt.

(4) Den Gemeindebürgern, deren gemeindliche Zugehörigkeit wechselt, soll Gelegenheit gegeben werden, zu der Änderung, bei der Bildung einer Gemeinde auch zu deren Namen, in geheimer Abstimmung Stellung zu nehmen.

Art. 12 Zuständige Behörde; Fortgeltung des Ortsrechts

(1) ¹Die in Art. 11 genannten Änderungen werden durch Gesetz vorgenommen, wenn dadurch eine Gemeinde im Bestand geändert oder neu gebildet wird. ²Die übrigen in Art. 11 genannten Änderungen werden durch Rechtsverordnung vorgenommen; diese erläßt das Landratsamt, wenn nur Teile von Gemeindegebiet umgemeindet werden, die von nicht mehr als 50 Einwohnern bewohnt werden, sonst die Regierung. ³Die Regierung kann in der Rechtsverordnung, für deren Erlaß sie zuständig ist, auch Teile von Gemeindegebieten, die von nicht mehr als 50 Einwohnern bewohnt werden, umgemeinden, wenn die Umgemeindung mit der anderen Änderung rechtlich oder sachlich zusammenhängt.

(2) ¹Die mit der Änderung zusammenhängenden Fragen der Fortgeltung des Ortsrechts regelt die zuständige Behörde durch Rechtsverordnung. ²Erfolgt die Änderung durch Gesetz, ist zuständige Behörde die Regierung. ³Soweit keine Regelung nach Satz 1 getroffen ist, gilt das Ortsrecht in seinem bisherigen Geltungsbereich fort.

Art. 13 Weitere Folgen der Änderungen

(1) ¹Die zuständige Behörde regelt die mit der Änderung zusammenhängenden weiteren Rechts- und Verwaltungsfragen. ²Sie kann insbesondere eine Neuwahl oder Ergänzung der gemeindlichen Vertretungsorgane für den Rest der Wahlzeit anordnen. ³Beträgt der Rest der Wahlzeit weniger als ein Jahr, so kann die zuständige Behörde bestimmen, daß die Wahlzeit der neu gewählten Vertretungsorgane erst mit Ablauf der folgenden Wahlzeit endet.

Art. 13a GO

(2) ¹Die vermögensrechtlichen Verhältnisse werden durch Übereinkunft der beteiligten Gemeinden geregelt. ²Der Übereinkunft kommt mit dem in ihr bestimmten Zeitpunkt, frühestens jedoch mit Rechtswirksamkeit der Änderung, unmittelbar rechtsbegründende Wirkung zu. ³Kommt eine Übereinkunft nicht zustande, so entscheiden das Verwaltungsgericht und in der Berufungsinstanz der Verwaltungsgerichtshof als Schiedsgerichte.

(3) Soweit der Aufenthalt Voraussetzung für Rechte und Pflichten ist, gilt in den Fällen des Art. 11 der vor der Änderung liegende Aufenthalt im Änderungsgebiet als Aufenthalt in der neuen Gemeinde.

Art. 13a Vermögensrechtliche Sonderregelungen

(1) ¹Bevor eine unbewohnte Gemeinde aufgelöst und ihr Gebiet einem gemeindefreien Gebiet angegliedert oder zu einem gemeindefreien Gebiet erklärt wird, regelt die Regierung deren vermögensrechtliche Verhältnisse. ²Die Regelung erlangt mit der Auflösung der Gemeinde unmittelbar rechtsbegründende Wirkung.

(2) ¹Das unbewegliche Verwaltungsvermögen der Gemeinde ist den Eigentümern der im künftigen gemeindefreien Gebiet gelegenen Grundstücke, deren Interessen oder Maßnahmen zu der Änderung nach Absatz 1 geführt haben, zu Miteigentum nach Bruchteilen zu übertragen, soweit sie es für ihre öffentlichen Aufgaben benötigen. ²Die Miteigentumsanteile bestimmen sich nach dem Verhältnis der Einheitswerte der in Satz 1 genannten Grundstücke. ³Die für Zwecke des unbeweglichen Verwaltungsvermögens eingegangenen Verbindlichkeiten sind mit der Übertragung dieses Vermögens auf die in Satz 1 genannten Grundstückseigentümer als Gesamtschuldner zu übertragen. ⁴Für die Verpflichtung der Grundstückseigentümer untereinander gilt Satz 2 sinngemäß.

(3) ¹Das sonstige Vermögen der Gemeinde ist dem Landkreis zu übertragen; die in Absatz 2 Satz 3 nicht erfaßten und die sonstigen Verbindlichkeiten sind bis zur Höhe des Werts des ihm übertrage-

GO Art. 13a

nen Vermögens auf den Landkreis, im übrigen auf die in Absatz 2 Satz 1 genannten Grundstückseigentümer als Gesamtschuldner zu übertragen. ²Für die Verpflichtung der Grundstückseigentümer untereinander gilt Absatz 2 Satz 2 sinngemäß.

(4) ¹Wird durch die Auflösung einer unbewohnten Gemeinde die Leistungsfähigkeit oder das Vermögen einer anderen Gemeinde oder sonstigen Körperschaft des öffentlichen Rechts beeinträchtigt, so ist der Landkreis, dem das sonstige Vermögen der Gemeinde übertragen wurde, verpflichtet, dafür einen Ausgleich zu gewähren. ²Soweit das dem Landkreis übertragene Vermögen dazu nicht ausreicht, sind die in Absatz 2 Satz 1 genannten Grundstückseigentümer als Gesamtschuldner hierzu verpflichtet. ³Für die Verpflichtung der Grundstückseigentümer untereinander gilt Absatz 2 Satz 2 sinngemäß.

(5) ¹Wird aus dem ganzen Gebiet oder einem Teilgebiet einer aufgelösten Gemeinde, das einem gemeindefreien Gebiet angegliedert oder zu einem gemeindefreien Gebiet erklärt wurde, wieder eine Gemeinde gebildet oder wird solches Gebiet in eine Gemeinde eingegliedert, so überträgt die Regierung das den Grundstückseigentümern dieses Gebiets übertragene, auf diesem Gebiet gelegene, unbewegliche Verwaltungsvermögen unentgeltlich auf die Gemeinde. ²Sie überträgt der Gemeinde ferner die nach Absatz 2 Satz 3 und Absatz 3 Satz 1 übergegangenen Verbindlichkeiten. ³Die Regelung erlangt mit der Unanfechtbarkeit der Verfügung der Regierung unmittelbar rechtsbegründende Wirkung.

(6) Das Staatsministerium des Innern wird ermächtigt, durch Rechtsverordnung das Verfahren näher zu regeln und darin Vorschriften über die Bestellung und die Aufgaben eines Gemeindeverwalters aufzulösender Gemeinden zu erlassen.

Art. 14   Bekanntmachung; Gebühren

(1) Rechtsverordnungen nach Art. 12 sind, soweit sie vom Landratsamt erlassen werden, gemäß Art. 51 Abs. 1 des Landesstraf- und Verordnungsgesetzes in Verbindung mit Art. 20 Abs. 2 der Landkreisordnung, soweit sie von der Regierung erlassen werden, im Amtsblatt der Regierung bekanntzumachen.

(2) ¹Für Änderungen nach Art. 11 und Rechtshandlungen, die aus Anlaß solcher Änderungen erforderlich sind, werden Abgaben (insbesondere auch die Kosten nach dem Gerichtskostengesetz und der Kostenordnung einschließlich der Beurkundungs- und Beglaubigungsgebühren) nicht erhoben, soweit eine Befreiung landesrechtlich zulässig ist. ²Auslagen werden nicht ersetzt.

4. ABSCHNITT
Rechte und Pflichten der Gemeindeangehörigen

Art. 15   Einwohner und Bürger

(1) ¹Gemeindeangehörige sind alle Gemeindeeinwohner. ²Sie haben gegenüber der Gemeinde die gleichen Rechte und Pflichten. ³Ausnahmen bedürfen eines besonderen Rechtstitels.

(2) Gemeindebürger sind die Gemeindeangehörigen, die in ihrer Gemeinde das Recht, an den Gemeindewahlen teilzunehmen, besitzen.

Art. 16   Ehrenbürgerrecht

(1) Die Gemeinden können Persönlichkeiten, die sich um sie besonders verdient gemacht haben, zu Ehrenbürgern ernennen.

(2) Die Gemeinden können die Ernennung zu Ehrenbürgern wegen unwürdigen Verhaltens widerrufen; der Beschluß bedarf einer Mehrheit von zwei Dritteln der stimmberechtigten Mitglieder des Gemeinderats.

Art. 17 Wahlrecht

Die Gemeindebürger wählen den Gemeinderat und mit der Mehrheit der abgegebenen gültigen Stimmen den ersten Bürgermeister.

Art. 18 Mitberatungsrecht (Bürgerversammlung)

(1) [1]In jeder Gemeinde hat der erste Bürgermeister mindestens einmal jährlich, auf Verlangen des Gemeinderats auch öfter, eine Bürgerversammlung zur Erörterung gemeindlicher Angelegenheiten einzuberufen. [2]In größeren Gemeinden sollen Bürgerversammlungen auf Teile des Gemeindegebiets beschränkt werden.

(2) [1]Eine Bürgerversammlung muß innerhalb von drei Monaten stattfinden, wenn das von mindestens 5 v. H., in den Gemeinden mit mehr als 10 000 Einwohnern von mindestens 2,5 v. H. der Gemeindebürger unter Angabe der Tagesordnung schriftlich beantragt wird; die Bürgerversammlung kann eine Ergänzung der Tagesordnung beschließen, wenn es spätestens eine Woche vor der Bürgerversammlung bei der Gemeinde schriftlich beantragt wird. [2]Die Tagesordnung darf nur gemeindliche Angelegenheiten zum Gegenstand haben. [3]Die Sätze 1 und 2 gelten entsprechend für Gemeindeteile, die bei Inkrafttreten dieses Gesetzes noch selbständige Gemeinden waren, und in Städten mit mehr als 100 000 Einwohnern für Stadtbezirke; die Tagesordnungspunkte sollen sich vor allem auf den Gemeindeteil oder Stadtbezirk beziehen. [4]Die Einberufung einer Bürgerversammlung nach den Sätzen 1 und 3 kann nur einmal jährlich beantragt werden.

(3) [1]Das Wort können grundsätzlich nur Gemeindebürger erhalten. [2]Ausnahmen kann die Bürgerversammlung beschließen; der Vorsitzende soll einem Vertreter der Aufsichtsbehörde auf Verlangen das Wort erteilen. [3]Den Vorsitz in der Versammlung führt der erste Bürgermeister oder ein von ihm bestellter Vertreter.

(4) ¹Empfehlungen der Bürgerversammlungen müssen innerhalb einer Frist von drei Monaten vom Gemeinderat behandelt werden. ²Diese Frist und die Frist nach Absatz 2 Satz 1 ruhen während der gemäß Art. 32 Abs. 4 Satz 1 bestimmten Ferienzeit.

Art. 18a Bürgerbegehren und Bürgerentscheid

(1) Die Gemeindebürger können über Angelegenheiten des eigenen Wirkungskreises der Gemeinde einen Bürgerentscheid beantragen (Bürgerbegehren).

(2) Der Gemeinderat kann beschließen, daß über eine Angelegenheit des eigenen Wirkungskreises der Gemeinde ein Bürgerentscheid stattfindet.

(3) Ein Bürgerentscheid findet nicht statt über Angelegenheiten, die kraft Gesetz dem ersten Bürgermeister obliegen, über Fragen der inneren Organisation der Gemeindeverwaltung, über die Rechtsverhältnisse der Gemeinderatsmitglieder, der Bürgermeister und der Gemeindebediensteten und über die Haushaltssatzung.

(4) ¹Das Bürgerbegehren muss bei der Gemeinde eingereicht werden und eine mit Ja oder Nein zu entscheidende Fragestellung und eine Begründung enthalten sowie bis zu drei Personen benennen, die berechtigt sind, die Unterzeichnenden zu vertreten. ²Für den Fall ihrer Verhinderung oder ihres Ausscheidens können auf den Unterschriftenlisten zusätzlich stellvertretende Personen benannt werden.

(5) ¹Das Bürgerbegehren kann nur von Personen unterzeichnet werden, die der Einreichung des Bürgerbegehrens Gemeindebürger sind. ²Für die Feststellung der Zahl der gültigen Unterschriften ist das von der Gemeinde zum Stand dieses Tages anzulegende Bürgerverzeichnis maßgebend.

GO Art. 18a

(6) Ein Bürgerbegehren muss in Gemeinden

bis zu	10 000 Einwohnern von mindestens	10 v. H.,
bis zu	20 000 Einwohnern von mindestens	9 v. H.,
bis zu	30 000 Einwohnern von mindestens	8 v. H.,
bis zu	50 000 Einwohnern von mindestens	7 v. H.,
bis zu	100 000 Einwohnern von mindestens	6 v. H.,
bis zu	500 000 Einwohnern von mindestens	5 v. H.,

mit mehr als 500 000 Einwohnern von mindestens 3 v. H. der Gemeindebürger unterschrieben sein.

(7) *(aufgehoben)*

(8) [1]Über die Zulässigkeit eines Bürgerbegehrens entscheidet der Gemeinderat unverzüglich, spätestens innerhalb eines Monats nach Einreichung des Bürgerbegehrens. [2]Gegen die Entscheidung können die vertretungsberechtigten Personen des Bürgerbegehrens ohne Vorverfahren Klage erheben.

(9) Ist die Zulässigkeit des Bürgerbegehrens festgestellt, darf bis zur Durchführung des Bürgerentscheids eine dem Begehren entgegenstehende Entscheidung der Gemeindeorgane nicht mehr getroffen oder mit dem Vollzug einer derartigen Entscheidung nicht mehr begonnen werden, es sei denn, zu diesem Zeitpunkt haben rechtliche Verpflichtungen der Gemeinde hierzu bestanden.

(10) [1]Der Bürgerentscheid ist innerhalb von drei Monaten nach der Feststellung der Zulässigkeit des Bürgerbegehrens durchzuführen; der Gemeinderat kann die Frist im Einvernehmen mit den vertretungsberechtigten Personen des Bürgerbegehrens um höchstens drei Monate verlängern. [2]Die Kosten des Bürgerentscheids trägt die Gemeinde. [3]Stimmberechtigt ist jeder Gemeindebürger. [4]Die Möglichkeit der brieflichen Abstimmung ist zu gewährleisten.

(11) [1]Ist in einem Stadtbezirk ein Bezirksausschuß gebildet worden, so kann über Angelegenheiten, die diesem Bezirksausschuß zur Entscheidung übertragen sind, auch innerhalb des Stadtbezirks ein Bürgerentscheid stattfinden. [2]Stimmberechtigt ist jeder im

Art. 18 a GO

Stadtbezirk wohnhafte Gemeindebürger. ³Das Bürgerbegehren ist beim Bezirksausschuss zur Weiterleitung an den Stadtrat einzureichen. ⁴Die Vorschriften der Absätze 2 bis 16 finden entsprechend Anwendung.

(12) ¹Bei einem Bürgerentscheid ist die gestellte Frage in dem Sinn entschieden, in dem sie von der Mehrheit der abgegebenen gültigen Stimmen beantwortet wurde, sofern diese Mehrheit in Gemeinden

bis zu	50 000 Einwohnern mindestens	20 v. H.,
bis zu	100 000 Einwohnern mindestens	15 v. H.,
mit mehr als	100 000 Einwohnern mindestens	10 v. H.

der Stimmberechtigten beträgt. ²Bei Stimmengleichheit gilt die Frage als mit Nein beantwortet. ³Sollen an einem Tag mehrere Bürgerentscheide stattfinden, hat der Gemeinderat eine Stichfrage für den Fall zu beschließen, dass die gleichzeitig zur Abstimmung gestellten Fragen in einer miteinander nicht zu vereinbarenden Weise beantwortet werden (Stichentscheid). ⁴Es gilt dann diejenige Entscheidung, für die sich im Stichentscheid die Mehrheit der abgegebenen gültigen Stimmen ausspricht. ⁵Bei Stimmengleichheit im Stichentscheid gilt der Bürgerentscheid, dessen Frage mit der höchsten Stimmenzahl mehrheitlich beantwortet worden ist.

(13) ¹Der Bürgerentscheid hat die Wirkung eines Beschlusses des Gemeinderats. ²Der Bürgerentscheid kann innerhalb eines Jahres nur durch einen neuen Bürgerentscheid abgeändert werden, es sei denn, dass sich die dem Bürgerentscheid zugrunde liegende Sach- oder Rechtslage wesentlich gändert hat.

(14) ¹Der Bürgerentscheid entfällt, wenn der Gemeinderat die Durchführung der mit dem Bürgerbegehren verlangten Maßnahme beschließt. ²Für einen Beschluss nach Satz 1 gilt die Bindungswirkung des Absatzes 13 Satz 2 entsprechend.

(15) ¹Die im Gemeinderat und die von den vertretungsberechtigten Personen des Bürgerbegehrens vertretenen Auffassungen zum

Gegenstand des Bürgerentscheids dürfen in Veröffentlichungen und Veranstaltungen der Gemeinde nur in gleichem Umfang dargestellt werden. ²Zur Information der Bürgerinnen und Bürger werden von der Gemeinde den Beteiligten die gleichen Möglichkeiten wie bei Gemeinderatswahlen eröffnet.

(16) Das Ergebnis des Bürgerentscheids ist in der Gemeinde in der ortsüblichen Weise bekanntzumachen.

(17) ¹Die Gemeinden können das Nähere durch Satzung regeln. ²Das Recht auf freies Unterschriftensammeln darf nicht eingeschränkt werden.

Art. 18 b   Bürgerantrag

(1) ¹Die Gemeindebeträger können beantragen, dass das zuständige Gemeindeorgan eine gemeindliche Angelegenheit behandelt (Bürgerantrag). ²Ein Bürgerantrag darf nicht Angelegenheiten zum Gegenstand haben, für die innerhalb eines Jahres vor Antragseinreichung bereits ein Bürgerantrag gestellt worden ist.

(2) ¹Der Bürgerantrag muss bei der Gemeinde eingereicht werden, eine Begründung enthalten und bis zu drei Personen benennen, die berechtigt sind, die Unterzeichnenden zu vertreten. ²Für den Fall ihrer Verhinderung oder ihres Ausscheidens können auf den Unterschriftenlisten zusätzlich stellvertretende Personen benannt werden.

(3) ¹Der Bürgerantrag muss von mindestens 1 v. H. der Gemeindeeinwohner unterschrieben sein. Unterschriftsberechtigt sind die Gemeindebürger.

(4) Über die Zulässigkeit eines Bürgerantrags entscheidet das für die Behandlung der Angelegenheit zuständige Gemeindeorgan innerhalb eines Monats seit der Einreichung des Bürgerantrags.

(5) Ist die Zulässigkeit des Bürgerantrags festgestellt, hat ihn das zuständige Gemeindeorgan innerhalb von drei Monaten zu behandeln.

(6) ¹In Gemeinden, in denen Bezirksausschüsse gebildet sind, können in Angelegenheiten, für die die Bezirksausschüsse zuständig sind, Bürgeranträge gestellt werden. ²Hierfür gelten die Absätze 1 bis 5 entsprechend mit der Maßgabe, dass

1. unterschriftsberechtigt nur ist, wer im Zuständigkeitsbereich des Bezirksausschusses Gemeindebürger ist.
2. sich die erforderliche Unterschriftenzahl nach der Einwohnerzahl des Stadtbezirks berechnet,
3. der Bezirksausschuss über die Zulässigkeit des Bürgerantrags und über für zulässig erklärte Bürgeranträge entscheidet.

(7) Die Fristen nach den Absätzen 4 und 5 ruhen während der gemäß Art. 32 Abs. 4 Satz 1 bestimmten Ferienzeit.

Art. 19 Ehrenamtliche Tätigkeit

(1) ¹Die Gemeindebürger nehmen nach den gesetzlichen Vorschriften an der Verwaltung der Gemeinde teil. ²Sie sind zur Übernahme gemeindlicher Ehrenämter verpflichtet.

(2) ¹Die Gemeindebürger können die Übernahme von Ehrenämtern nur aus wichtigen Gründen ablehnen. ²Als wichtiger Grund ist es insbesondere anzusehen, wenn der Verpflichtete durch sein Alter, seine Berufs- oder Familienverhältnisse, seinen Gesundheitszustand oder sonstige in seiner Person liegende Umstände an der Übernahme des Amts verhindert ist.

(3) Wer die Übernahme eines Ehrenamts ohne wichtigen Grund ablehnt, kann mit Ordnungsgeld bis zu eintausend Deutsche Mark belegt werden.

(4) Die Vorschriften in den Absätzen 2 und 3 gelten entsprechend für die Niederlegung von Ehrenämtern; für die Niederlegung des Amts eines ehrenamtlichen Bürgermeisters gelten die besonderen gesetzlichen Vorschriften.

Art. 20 Sorgfalts- und Verschwiegenheitspflicht

(1) Ehrenamtlich tätige Gemeindebürger sind verpflichtet, ihre Obliegenheiten gewissenhaft wahrzunehmen.

(2) ¹Sie haben über die ihnen bei ihrer ehrenamtlichen Tätigkeit bekanntgewordenen Angelegenheiten Verschwiegenheit zu bewahren; das gilt nicht für Mitteilungen im amtlichen Verkehr und über Tatsachen, die offenkundig sind oder ihrer Bedeutung nach keiner Geheimhaltung bedürfen. ²Sie dürfen die Kenntnis der nach Satz 1 geheimzuhaltenden Angelegenheiten nicht unbefugt verwerten. ³Sie haben auf Verlangen des Gemeinderats amtliche Schriftstücke, Zeichnungen, bildliche Darstellungen und Aufzeichnungen jeder Art über dienstliche Vorgänge herauszugeben, auch soweit es sich um Wiedergaben handelt. ⁴Diese Verpflichtungen bestehen auch nach Beendigung des Ehrenamts fort. ⁵Die Herausgabepflicht trifft auch die Hinterbliebenen und Erben.

(3) ¹Ehrenamtlich tätige Gemeindebürger dürfen ohne Genehmigung über Angelegenheiten, über die sie Verschwiegenheit zu bewahren haben, weder vor Gericht noch außergerichtlich aussagen oder Erklärungen abgeben. ²Die Genehmigung erteilt der erste Bürgermeister. ³Über die Versagung der Genehmigung, als Zeuge auszusagen, entscheidet die Rechtsaufsichtsbehörde; im übrigen gelten Art. 84 Abs. 3 und 4 des Bayerischen Verwaltungsverfahrensgesetzes.

(4) ¹Wer den Verpflichtungen der Absätze 1, 2 oder 3 Satz 1 schuldhaft zuwiderhandelt, kann im Einzelfall mit Ordnungsgeld bis zu fünfhundert Deutsche Mark, bei unbefugter Offenbarung personenbezogener Daten bis zu eintausend Deutsche Mark, belegt werden; die Verantwortlichkeit nach anderen gesetzlichen Vorschriften bleibt unberührt. ²Die Haftung gegenüber der Gemeinde richtet sich nach den für den ersten Bürgermeister geltenden Vorschriften und tritt nur ein, wenn Vorsatz oder grobe Fahrlässigkeit zur Last liegt. ³Die Gemeinde stellt die Verantwortlichen von der

Art. 20a GO

Haftung frei, wenn sie von Dritten unmittelbar in Anspruch genommen werden und der Schaden weder vorsätzlich noch grob fahrlässig verursacht worden ist.

(5) Für die ehrenamtlichen Bürgermeister gelten die besonderen gesetzlichen Vorschriften.

Art. 20a Entschädigung

(1) ¹Ehrenamtlich tätige Gemeindebürger haben Anspruch auf angemessene Entschädigung. ²Das Nähere wird durch Satzung bestimmt. ³Auf die Entschädigung kann nicht verzichtet werden. ⁴Der Anspruch ist nicht übertragbar.

(2) Ehrenamtlich tätige Gemeindebürger erhalten ferner für die nach Maßgabe näherer Bestimmung in der Satzung zur Wahrnehmung des Ehrenamts notwendige Teilnahme an Sitzungen, Besprechungen oder anderen Veranstaltungen folgende Ersatzleistungen:

1. Angestellten und Arbeitern wird der ihnen entstandene nachgewiesene Verdienstausfall ersetzt.

2. ¹Selbständig Tätige können für die ihnen entstehende Zeitversäumnis eine Verdienstausfallentschädigung erhalten. ²Die Entschädigung wird auf der Grundlage eines satzungsmäßig festgelegten Pauschalsatzes gewährt. ³Wegezeiten können in angemessenem Umfang berücksichtigt werden.

3. ¹Personen, die keine Ersatzansprüche nach Nummern 1 und 2 haben, denen aber im beruflichen oder häuslichen Bereich ein Nachteil entsteht, der in der Regel nur durch das Nachholen versäumter Arbeit oder die Inanspruchnahme einer Hilfskraft ausgeglichen werden kann, können eine Entschädigung erhalten. ²Die Entschädigung wird auf der Grundlage eines satzungsmäßig festgelegten Pauschalsatzes gewährt. ³Der Pauschalsatz darf nicht höher sein als der Pauschalsatz nach Nummer 2. ⁴Wegezeiten können in angemessenem Umfang berücksichtigt werden.

(3) Die Absätze 1 und 2 gelten nicht für den ersten Bürgermeister und für die berufsmäßigen weiteren Bürgermeister.

(4) [1]Vergütungen für Tätigkeiten, die ehrenamtlich tätige Gemeindebürger kraft Amtes oder auf Vorschlag oder Veranlassung der Gemeinde in einem Aufsichtsrat, Vorstand oder sonstigen Organ oder Gremium eines privatrechtlich oder öffentlich-rechtlich organisierten Unternehmens wahrnehmen, sind an die Gemeinde abzuführen, soweit sie insgesamt einen Betrag von 9600 DM im Kalenderjahr übersteigen. [2]Von der Gemeinde veranlasst sind auch Tätigkeiten, die von einem Unternehmen, an dem sie unmittelbar oder mittelbar ganz oder mehrheitlich beteiligt ist, einem ehrenamtlich tätigen Gemeindebürger übertragen werden. [3]Der Betrag verdoppelt sich für Vorsitzende des Aufsichtsrats oder eines vergleichbaren Organs der in Satz 1 genannten Unternehmen und erhöht sich für deren Stellvertreter um 50 v. H. [4]Bei der Festsetzung des abzuführenden Betrags sind von den Vergütungen Aufwendungen abzusetzen, die im Zusammenhang mit der Tätigkeit nachweislich entstanden sind. [5]Die Ablieferungsregelungen nach dem beamtenrechtlichen Nebentätigkeitsrecht finden keine Anwendung.

Art. 21 Benutzung öffentlicher Einrichtungen; Tragung der Gemeindelasten

(1) [1]Alle Gemeindeangehörigen sind nach den bestehenden allgemeinen Vorschriften berechtigt, die öffentlichen Einrichtungen der Gemeinde zu benutzen. [2]Sie sind verpflichtet, die Gemeindelasten zu tragen.

(2) [1]Mehrere technisch selbständige Anlagen der Gemeinde, die demselben Zweck dienen, können eine Einrichtung oder einzelne rechtlich selbständige Einrichtungen bilden. [2]Die Gemeinde entscheidet das durch Satzung; trifft sie keine Regelung, liegt nur eine Einrichtung vor.

(3) Auswärts wohnende Personen haben für ihren Grundbesitz oder ihre gewerblichen Niederlassungen im Gemeindegebiet ge-

Art. 22, 23 GO

genüber der Gemeinde die gleichen Rechte und Pflichten wie ortsansässige Grundbesitzer und Gewerbetreibende.

(4) Die Vorschriften in den Absätzen 1 und 3 finden auf juristische Personen und Personenvereinigungen entsprechende Anwendung.

(5) Die Benutzung der öffentlichen, dem Gemeingebrauch dienenden Einrichtungen steht nach Maßgabe der bestehenden Vorschriften jedermann zu.

5. ABSCHNITT
Gemeindehoheit

Art. 22 Verwaltungs- und Finanzhoheit

(1) Die Hoheitsgewalt der Gemeinde umfaßt das Gemeindegebiet und seine gesamte Bevölkerung (Gemeindehoheit).

(2) [1]Die Gemeinden haben das Recht, ihr Finanzwesen im Rahmen der gesetzlichen Bestimmungen selbst zu regeln. [2]Sie sind insbesondere befugt, zur Deckung des für die Erfüllung ihrer Aufgaben notwendigen Finanzbedarfs Abgaben nach Maßgabe der Gesetze zu erheben, soweit ihre sonstigen Einnahmen nicht ausreichen. [3]Zu diesem Zweck ist ihnen das Recht zur Erhebung eigener Steuern und sonstiger Abgaben im ausreichenden Maß zu gewährleisten.

(3) Der Staat hat den Gemeinden zur Erfüllung ihrer Aufgaben weitere Mittel im Rahmen des Staatshaushalts zuzuweisen.

Art. 23 Ortsrecht

[1]Die Gemeinden können zur Regelung ihrer Angelegenheiten Satzungen erlassen. [2]Satzungen zur Regelung übertragener Angelegenheiten, bewehrte Satzungen (Art. 24 Abs. 2) und Verordnungen sind nur in den gesetzlich bestimmten Fällen zulässig. [3]In solchen Satzungen und in Verordnungen soll ihre besondere Rechtsgrundlage angegeben werden.

Art. 24 Inhalt der Satzungen

(1) In den Satzungen können die Gemeinden insbesondere

1. die Benutzung ihres Eigentums und ihrer öffentlichen Einrichtungen regeln,
2. aus Gründen des öffentlichen Wohls den Anschluß an die Wasserversorgung, die Abwasserbeseitigung, die Abfallentsorgung, die Straßenreinigung und ähnliche der Gesundheit dienende Einrichtungen vorschreiben und vorbehaltlich anderweitiger gesetzlicher Vorschriften die Benutzung dieser Einrichtungen sowie der Bestattungseinrichtungen und von Schlachthöfen zur Pflicht machen,
3. für Grundstücke, die einer neuen Bebauung zugeführt werden, und in Sanierungsgebieten den Anschluß an Einrichtungen zur Versorgung mit Fernwärme und deren Benutzung zur Pflicht machen, sofern der Anschluß aus besonderen städtebaulichen Gründen oder zum Schutz vor schädlichen Umwelteinwirkungen im Sinn des Bundes-Immissionsschutzgesetzes notwendig ist; ausgenommen sind Grundstücke mit emissionsfreien Heizeinrichtungen,
4. Gemeindedienste (Hand- und Spanndienste) zur Erfüllung gemeindlicher Aufgaben unter angemessener Berücksichtigung der persönlichen Verhältnisse der Pflichtigen anordnen.

(2) ¹In den Satzungen kann die Ersatzvornahme auf Kosten säumiger Verpflichteter für zulässig erklärt werden. ²In den Fällen des Absatzes 1 Nrn. 1 bis 3 können in der Satzung Zuwiderhandlungen als Ordnungswidrigkeiten mit Geldbuße bis zu fünftausend Deutsche Mark bedroht werden (bewehrte Satzung). ³In Satzungen nach Absatz 1 Nrn. 2 und 3 kann vorgeschrieben werden, daß Eigentümer das Anbringen und Verlegen örtlicher Leitungen für die Wasserversorgung, die Abwasserbeseitigung und die Versorgung mit Fernwärme auf ihrem Grundstück zu dulden haben, wenn dieses an die Einrichtung angeschlossen oder anzuschließen ist, in wirtschaftli-

chem Zusammenhang mit der Einrichtung benutzt wird oder wenn die Möglichkeit der Inanspruchnahme der Einrichtung für das Grundstück sonst vorteilhaft ist; die Duldungspflicht entfällt, wenn die Inanspruchnahme des Grundstücks Eigentümer mehr als notwendig oder in unzumutbarer Weise belasten würde.

(3) In Satzungen nach Absatz 1 Nrn. 1 bis 3 und in Satzungen, die auf Grund anderer Gesetze, die auf diesen Artikel verweisen, erlassen werden, kann bestimmt werden, daß die von der Gemeinde mit dem Vollzug dieser Satzungen beauftragten Personen berechtigt sind, zur Überwachung der Pflichten, die sich nach diesen Satzungen und Gesetzen ergeben, zu angemessener Tageszeit Grundstücke, Gebäude, Anlagen, Einrichtungen, Wohnungen und Wohnräume im erforderlichen Umfang zu betreten.

(4) ¹Ein Benutzungszwang nach Absatz 1 Nr. 2 und Absatz 2 darf nicht zum Nachteil von Einrichtungen der Kirchen, anerkannter Religionsgemeinschaften oder solcher weltanschaulicher Gemeinschaften verfügt werden, deren Bestrebungen den allgemein geltenden Gesetzen nicht widersprechen. ²Voraussetzung ist, daß diese Einrichtungen unmittelbar religiösen oder weltanschaulichen Zwecken dienen.

Art. 25 *(aufgehoben)*

Art. 26 Inkrafttreten; Ausfertigung und Bekanntmachung

(1) ¹Satzungen treten eine Woche nach ihrer Bekanntmachung in Kraft. ²In der Satzung kann ein anderer Zeitpunkt bestimmt werden, in bewehrten Satzungen und anderen Satzungen, die nicht mit rückwirkender Kraft erlassen werden dürfen, jedoch frühestens der auf die Bekanntmachung folgende Tag.

(2) ¹Satzungen sind auszufertigen und im Amtsblatt der Gemeinde amtlich bekanntzumachen; das Amtsblatt der Verwaltungsgemeinschaft gilt als Amtsblatt der Gemeinde, wenn die Gemeinde,

die einer Verwaltungsgemeinschaft angehört, kein eigenes Amtsblatt unterhält. ²Hat die Gemeinde kein Amtsblatt im Sinn des Satzes 1, so sind die Satzungen im Amtsblatt des Landkreises oder des Landratsamts, sonst in anderen regelmäßig erscheinenden Druckwerken amtlich bekanntzumachen; die amtliche Bekanntmachung kann auch dadurch bewirkt werden, daß die Satzung in der Verwaltung der Gemeinde niedergelegt und die Niederlegung durch Anschlag an den für öffentliche Bekanntmachungen allgemein bestimmten Stellen (Gemeindetafeln) oder durch Mitteilung in einer Tageszeitung bekanntgegeben wird.

Art. 27 Verwaltungsverfügungen; Zwangsmaßnahmen

(1) Die Gemeinden können im eigenen und im übertragenen Wirkungskreis die zur Durchführung von Gesetzen, Rechtsverordnungen und Satzungen notwendigen Verfügungen an bestimmte Personen erlassen und unter Anwendung der gesetzlichen Zwangsmittel vollziehen.

(2) ¹Verwaltungsakte, Ladungen oder sonstige Mitteilungen, die auf Grund von Rechtsvorschriften außerhalb dieses Gesetzes amtlich, öffentlich oder ortsüblich bekanntzumachen sind, hat die Gemeinde wie ihre Satzungen bekanntzumachen. ²Sind Pläne, Karten oder sonstige Nachweise Bestandteil einer Mitteilung nach Satz 1, so kann die Bekanntmachung unbeschadet anderer Vorschriften auch dadurch bewirkt werden, daß die Mitteilung mit den Nachweisen auf die Dauer von zwei Wochen in der Verwaltung der Gemeinde ausgelegt wird; der Gegenstand der Mitteilung sowie Ort und Zeit der Auslegung sind mindestens eine Woche vorher nach Satz 1 bekanntzumachen.

Art. 28 Geldbußen und Verwarnungsgelder

Geldbußen und Verwarnungsgelder, die auf Grund bewehrter Satzungen und Verordnungen festgesetzt werden, fließen in die Gemeindekasse.

ZWEITER TEIL
Verfassung und Verwaltung der Gemeinde

1. ABSCHNITT
Gemeindeorgane und ihre Hilfskräfte

Art. 29 Hauptorgane

Die Gemeinde wird durch den Gemeinderat verwaltet, soweit nicht der erste Bürgermeister selbständig entscheidet (Art. 37).

a) Der Gemeinderat und seine Ausschüsse

Art. 30 Rechtsstellung; Aufgaben des Gemeinderats

(1) [1]Der Gemeinderat ist die Vertretung der Gemeindebürger. [2]Er führt in Städten die Bezeichnung Stadtrat, in Märkten die Bezeichnung Marktgemeinderat.

(2) Der Gemeinderat entscheidet im Rahmen des Art. 29 über alle Angelegenheiten, für die nicht beschließende Ausschüsse (Art. 32) bestellt sind.

(3) Der Gemeinderat überwacht die gesamte Gemeindeverwaltung, insbesondere auch die Ausführung seiner Beschlüsse.

Art. 31 Zusammensetzung des Gemeinderats

(1) Der Gemeinderat besteht aus dem ersten Bürgermeister und den Gemeinderatsmitgliedern.

(2) [1]Die Gemeinderatsmitglieder werden in ehrenamtlicher Eigenschaft auf die Dauer von sechs Jahren berufen. [2]Ihre Zahl, einschließlich weiterer Bürgermeister, beträgt in Gemeinden

mit	bis zu 1 000 Einwohnern	8,
mit mehr als 1 000	bis zu 2 000 Einwohnern	12,
mit mehr als 2 000	bis zu 3 000 Einwohnern	14,
mit mehr als 3 000	bis zu 5 000 Einwohnern	16,
mit mehr als 5 000	bis zu 10 000 Einwohnern	20,

GO Art. 31

mit mehr als 10 000	bis zu 20 000 Einwohnern 24,
mit mehr als 20 000	bis zu 30 000 Einwohnern 30,
mit mehr als 30 000	bis zu 50 000 Einwohnern 40,
mit mehr als 50 000	bis zu 100 000 Einwohnern 44,
mit mehr als 100 000	bis zu 200 000 Einwohnern 50,
mit mehr als 200 000	bis zu 500 000 Einwohnern 60.

[3]Die Zahl der ehrenamtlichen Gemeinderatsmitglieder einschließlich weiterer Bürgermeister beträgt in der Stadt Nürnberg 70 und in der Landeshauptstadt München 80. [4]Sinkt die Einwohnerzahl in einer Gemeinde unter eine der in Satz 2 genannten Einwohnergrenzen, so ist die Zahl der ehrenamtlichen Gemeinderatsmitglieder erst in der übernächsten Wahlzeit auf die gesetzlich vorgeschriebene Zahl zu verringern.

(3) [1]In Gemeinden bis zu 10 000 Einwohnern dürfen Ehegatten, Eltern und Kinder sowie Geschwister nicht gleichzeitig dem Gemeinderat angehören. [2]Besteht oder entsteht ein familienrechtliches Verhältnis dieser Art zwischen dem ersten Bürgermeister und einem Gemeinderatsmitglied, so scheidet letzteres aus. [3]Dies gilt auch im Fall einer Neu- oder Nachwahl des ersten Bürgermeisters. [4]Von mehreren Gemeinderatsmitgliedern scheidet aus, wer die geringere Stimmenzahl erhalten hat. [5]Bei gleicher Stimmenzahl entscheidet das Los.

(4) [1]Ehrenamtliche Bürgermeister oder ehrenamtliche Gemeinderatsmitglieder in einer Gemeinde können nicht sein:
1. Beamte und leitende oder hauptberufliche Angestellte dieser Gemeinde,
2. Beamte und leitende oder hauptberufliche Angestellte einer Verwaltungsgemeinschaft, der die Gemeinde angehört,
3. leitende Beamte und leitende Angestellte von juristischen Personen oder sonstigen Organisationen des öffentlichen oder privaten Rechts, an denen die Gemeinde mit mehr als 50 v. H. beteiligt ist; eine Beteiligung am Stimmrecht genügt.
4. Beamte und Angestellte der Rechtsaufsichtsbehörde, die unmittelbar mit Fragen der Rechtsaufsicht befaßt sind, ausgenommen der gewählte Stellvertreter des Landrats.

Art. 32 GO

²Satz 1 ist nicht anzuwenden, wenn der Beamte während der Dauer des Ehrenamts ohne Dienstbezüge beurlaubt ist oder wenn seine Rechte und Pflichten aus dem Dienstverhältnis wegen der Wahl in eine gesetzgebende Körperschaft ruhen; dies gilt für Angestellte entsprechend. ³Ein Landrat kann nicht ehrenamtliches Gemeinderatsmitglied einer kreisfreien Gemeinde sein. ⁴Ein ehrenamtlicher Bürgermeister kann nicht berufsmäßiger Bürgermeister einer anderen Gemeinde sein.

(5) ¹Alle Gemeinderatsmitglieder sind in der ersten nach ihrer Berufung stattfindenden öffentlichen Sitzung in feierlicher Form zu vereidigen. ²Die Eidesformel lautet:

„Ich schwöre Treue dem Grundgesetz für die Bundesrepublik Deutschland und der Verfassung des Freistaates Bayern. Ich schwöre, den Gesetzen gehorsam zu sein und meine Amtspflichten gewissenhaft zu erfüllen. Ich schwöre, die Rechte der Selbstverwaltung zu wahren und ihren Pflichten nachzukommen, so wahr mir Gott helfe."

³Der Eid kann auch ohne die Worte „so wahr mir Gott helfe" geleistet werden. ⁴Erklärt ein Gemeinderatsmitglied, daß es aus Glaubens- oder Gewissensgründen keinen Eid leisten könne, so hat es an Stelle der Worte „ich schwöre" die Worte „ich gelobe" zu sprechen oder das Gelöbnis mit einer dem Bekenntnis seiner Religionsgemeinschaft oder der Überzeugung seiner Weltanschauungsgemeinschaft entsprechenden, gleichwertigen Beteuerungsformel einzuleiten. ⁵Den Eid nimmt der erste Bürgermeister ab. ⁶Die Eidesleistung entfällt für die Gemeinderatsmitglieder, die im Anschluß an ihre Amtszeit wieder zum Gemeinderatsmitglied der gleichen Gemeinde gewählt wurden.

Art. 32 Aufgaben der Ausschüsse

(1) Der Gemeinderat kann vorberatende Ausschüsse bilden.

(2) ¹Der Gemeinderat kann die Verwaltung bestimmter Geschäftszweige oder die Erledigung einzelner Angelegenheiten be-

schließenden Ausschüssen (Gemeindesenaten) übertragen. ²Auf beschließende Ausschüsse können nicht übertragen werden

1. die Beschlußfassung über Angelegenheiten, zu deren Erledigung die Gemeinde der Genehmigung bedarf,
2. der Erlaß von Satzungen und Verordnungen, ausgenommen alle Bebauungspläne und alle sonstigen Satzungen nach den Vorschriften des Ersten Kapitels des Baugesetzbuchs sowie alle örtlichen Bauvorschriften im Sinn des Art. 91 BayBO, auch in den Fällen des Art. 91 Abs. 3 BayBO,
3. die Beschlußfassung über die allgemeine Regelung der Bezüge der Gemeindebediensteten und über beamten-, besoldungs-, versorgungs- und disziplinarrechtliche Angelegenheiten der Bürgermeister und der berufsmäßigen Gemeinderatsmitglieder, soweit nicht das Gesetz über kommunale Wahlbeamte oder die Bayerische Disziplinarordnung etwas anderes bestimmen,
4. die Beschlußfassung über die Haushaltssatzung und über die Nachtragshaushaltssatzungen (Art. 65 und 68),
5. die Beschlußfassung über den Finanzplan (Art. 70),
6. die Feststellung der Jahresrechnung und der Jahresabschlüsse der Eigenbetriebe und der Krankenhäuser mit kaufmännischem Rechnungswesen sowie die Beschlußfassung über die Entlastung (Art. 102),
7. Entscheidungen über gemeindliche Unternehmen im Sinn von Art. 96,
8. die hinsichtlich der Eigenbetriebe dem Gemeinderat im übrigen vorbehaltenen Angelegenheiten (Art. 88),
9. die Bestellung und die Abberufung des Leiters des Rechnungsprüfungsamts, sowie seines Stellvertreters,
10. die Beschlußfassung über Änderungen von bewohntem Gemeindegebiet.

Art. 33 GO

(3) ¹Beschließende Ausschüsse erledigen die ihnen übertragenen Angelegenheiten an Stelle des Gemeinderats, wenn nicht der erste Bürgermeister oder sein Stellvertreter im Ausschuß, ein Drittel der stimmberechtigten Ausschußmitglieder oder ein Viertel der Gemeinderatsmitglieder binnen einer Woche die Nachprüfung durch den Gemeinderat beantragt. ²Soweit ein Beschluß eines Ausschusses die Rechte Dritter berührt, wird er erst nach Ablauf einer Frist von einer Woche wirksam.

(4) ¹Der Gemeinderat kann in der Geschäftsordnung eine Ferienzeit bis zu sechs Wochen bestimmen. ²Für die Dauer der Ferienzeit ist ein Ferienausschuß nach den für beschließende Ausschüsse geltenden Vorschriften zu bilden, der alle Aufgaben erledigt, für die sonst der Gemeinderat oder ein beschließender Ausschuß zuständig ist; die Absätze 2 und 3 sind nicht anzuwenden. ³Der Ferienausschuß kann jedoch keine Aufgaben erledigen, die dem Werkausschuß obliegen oder kraft Gesetzes von besonderen Ausschüssen wahrgenommen werden müssen oder nach der Geschäftsordnung nicht vom Ferienausschuß wahrgenommen werden dürfen.

(5) Der Gemeinderat kann Ausschüsse jederzeit auflösen.

Art. 33 Zusammensetzung der Ausschüsse; Vorsitz

(1) ¹Die Zusammensetzung der Ausschüsse regelt der Gemeinderat in der Geschäftsordnung (Art. 45). ²Hierbei hat der Gemeinderat dem Stärkeverhältnis der in ihm vertretenen Parteien und Wählergruppen Rechnung zu tragen. ³Haben dabei mehrere Parteien oder Wählergruppen gleichen Anspruch auf einen Sitz, so ist statt eines Losentscheids auch der Rückgriff auf die Zahl der bei der Wahl auf diese Parteien oder Wählergruppen abgegebenen Stimmen zulässig. ⁴Die Bestellung anderer als der von den Parteien oder Wählergruppen vorgeschlagenen Personen ist nicht zulässig. ⁵Gemeinderatsmitglieder können sich zur Entsendung gemeinsamer Vertreter in die Ausschüsse zusammenschließen.

(2) Den Vorsitz in den Ausschüssen führt der erste Bürgermeister, einer seiner Stellvertreter oder ein vom Gemeinderat bestimmtes Gemeinderatsmitglied.

b) Der erste Bürgermeister und seine Stellvertreter

Art. 34 Rechtsstellung des ersten Bürgermeisters

(1) ¹Der erste Bürgermeister ist Beamter der Gemeinde. ²In kreisfreien Gemeinden und in Großen Kreisstädten führt er die Amtsbezeichnung Oberbürgermeister. ³In diesen Gemeinden und in kreisangehörigen Gemeinden mit mehr als 5000 Einwohnern ist der erste Bürgermeister Beamter auf Zeit (berufsmäßiger Bürgermeister).

(2) ¹In kreisangehörigen Gemeinden, die mehr als 5000, höchstens aber 10 000 Einwohner haben, ist der erste Bürgermeister Ehrenbeamter (ehrenamtlicher Bürgermeister), wenn das der Gemeinderat spätestens am 67. Tag vor einer Bürgermeisterwahl durch Satzung bestimmt. ²In Gemeinden bis zu 5000 Einwohnern ist der erste Bürgermeister Ehrenbeamter, wenn nicht der Gemeinderat spätestens am 67. Tag vor einer Bürgermeisterwahl durch Satzung bestimmt, daß der erste Bürgermeister Beamter auf Zeit sein soll.

(3) Entscheidend ist die letzte fortgeschriebene Einwohnerzahl, die vom Landesamt für Statistik und Datenverarbeitung früher als sechs Monate vor der Bürgermeisterwahl veröffentlicht wurde.

(4) Satzungen nach Absatz 2 gelten auch für künftige Amtszeiten, wenn sie nicht der Gemeinderat spätestens am 67. Tag vor einer Bürgermeisterwahl aufhebt.

(5) Die Amtszeit des ersten Bürgermeisters dauert sechs Jahre.

(6) Das Nähere über das Beamtenverhältnis des ersten Bürgermeisters bestimmt das Gesetz über kommunale Wahlbeamte.

Art. 35 Rechtsstellung der weiteren Bürgermeister

(1) ¹Der Gemeinderat wählt aus seiner Mitte für die Dauer seiner Wahlzeit einen oder zwei weitere Bürgermeister. ²Weitere Bürgermeister sind Ehrenbeamte der Gemeinde (ehrenamtliche weitere Bürgermeister), wenn nicht der Gemeinderat durch Satzung be-

stimmt, daß sie Beamte auf Zeit sein sollen (berufsmäßige weitere Bürgermeister).

(2) ¹Zum weiteren Bürgermeister sind die ehrenamtlichen Gemeinderatsmitglieder wählbar, welche die Voraussetzungen für die Wahl zum ersten Bürgermeister erfüllen. ²Für die Wahl der weiteren Bürgermeister gilt Art. 51 Abs. 3.

(3) Das Nähere über das Beamtenverhältnis eines weiteren Bürgermeisters bestimmt das Gesetz über kommunale Wahlbeamte.

(4) Endet das Beamtenverhältnis eines weiteren Bürgermeisters während der Wahlzeit des Gemeinderats, so findet für den Rest der Wahlzeit innerhalb von drei Monaten eine Neuwahl statt; dasselbe gilt, wenn das Ruhen der Rechte und Pflichten aus dem Beamtenverhältnis wegen der Wahl in eine gesetzgebende Körperschaft eintritt.

Art. 36   Vollzug der Beschlüsse des Gemeinderats

¹Der erste Bürgermeister führt den Vorsitz im Gemeinderat und vollzieht seine Beschlüsse. ²Soweit er persönlich beteiligt ist, handelt sein Vertreter.

Art. 37   Zuständigkeit des ersten Bürgermeisters

(1) ¹Der erste Bürgermeister erledigt in eigener Zuständigkeit

1. die laufenden Angelegenheiten, die für die Gemeinde keine grundsätzliche Bedeutung haben und keine erheblichen Verpflichtungen erwarten lassen,

2. die den Gemeinden durch ein Bundesgesetz oder auf Grund eines Bundesgesetzes übertragenen hoheitlichen Aufgaben in Angelegenheiten der Verteidigung einschließlich des Wehrersatzwesens und des Schutzes der Zivilbevölkerung, soweit nicht für haushalts- oder personalrechtliche Entscheidungen der Gemeinderat zuständig ist,

3. die Angelegenheiten, die im Interesse der Sicherheit der Bundesrepublik oder eines ihrer Länder geheimzuhalten sind.

²Für die laufenden Angelegenheiten nach Satz 1 Nr. 1, die nicht unter Nummern 2 und 3 fallen, kann der Gemeinderat Richtlinien aufstellen.

(2) ¹Der Gemeinderat kann dem ersten Bürgermeister durch die Geschäftsordnung weitere Angelegenheiten zur selbständigen Erledigung übertragen; das gilt nicht für den Erlaß von Satzungen und für Angelegenheiten, die nach Art. 32 Abs. 2 Satz 2 nicht auf beschließende Ausschüsse übertragen werden können. ²Der Gemeinderat kann dem ersten Bürgermeister übertragene Angelegenheiten im Einzelfall nicht wieder an sich ziehen; das Recht des Gemeinderats, die Übertragung allgemein zu widerrufen, bleibt unberührt.

(3) ¹Der erste Bürgermeister ist befugt, an Stelle des Gemeinderats oder eines Ausschusses dringliche Anordnungen zu treffen und unaufschiebbare Geschäfte zu besorgen. ²Hiervon hat er dem Gemeinderat oder dem Ausschuß in der nächsten Sitzung Kenntnis zu geben.

(4) Der erste Bürgermeister führt die Dienstaufsicht über die Beamten, Angestellten und Arbeiter der Gemeinde.

Art. 38 Verpflichtungsgeschäfte; Vertretung der Gemeinde nach außen

(1) Der erste Bürgermeister vertritt die Gemeinde nach außen.

(2) ¹Erklärungen, durch welche die Gemeinde verpflichtet werden soll, bedürfen der Schriftform; das gilt nicht für ständig wiederkehrende Geschäfte des täglichen Lebens, die finanziell von unerheblicher Bedeutung sind. ²Die Erklärungen sind durch den ersten Bürgermeister oder seinen Stellvertreter unter Angabe der Amtsbezeichnung handschriftlich zu unterzeichnen. ³Sie können auf Grund einer den vorstehenden Erfordernissen entsprechenden Vollmacht auch von Gemeindebediensteten unterzeichnet werden.

Art. 39 Stellvertretung; Übertragung von Befugnissen

(1) ¹Die weiteren Bürgermeister vertreten den ersten Bürgermeister im Fall seiner Verhinderung in ihrer Reihenfolge. ²Die weiteren Stellvertreter bestimmt der Gemeinderat aus der Mitte der Gemeinderatsmitglieder, die Deutsche im Sinn des Art. 116 Abs. 1 des Grundgesetzes sind.

(2) Der erste Bürgermeister kann im Rahmen der Geschäftsverteilung (Art. 46) einzelne seiner Befugnisse den weiteren Bürgermeistern, nach deren Anhörung auch einem Gemeinderatsmitglied und in Angelegenheiten der laufenden Verwaltung einem Gemeindebediensteten übertragen; eine darüber hinausgehende Übertragung auf einen Bediensteten bedarf zusätzlich der Zustimmung des Gemeinderats.

c) Die berufsmäßigen Gemeinderatsmitglieder

Art. 40 Berufung und Aufgaben

¹In Gemeinden mit mehr als 10 000 Einwohnern kann der Gemeinderat berufsmäßige Gemeinderatsmitglieder wählen. ²Sie haben in den Sitzungen des Gemeinderats und seiner Ausschüsse in Angelegenheiten ihres Aufgabengebiets beratende Stimme.

Art. 41 Rechtsstellung

(1) ¹Die berufsmäßigen Gemeinderatsmitglieder werden auf höchstens sechs Jahren gewählt und auf Grund dieser Wahl zum Beamten auf Zeit ernannt. ²Für die Wahl gilt Art. 51 Abs. 3. ³Wiederwahl ist zulässig.

(2) Das Nähere über das Beamtenverhältnis eines berufsmäßigen Gemeinderatsmitglieds bestimmt das Gesetz über kommunale Wahlbeamte.

d) Gemeindebedienstete

Art. 42 Notwendigkeit bestimmter Fachkräfte

(1) Die Gemeinden müssen das fachlich geeignete Verwaltungspersonal anstellen, das erforderlich ist, um den ordnungsgemäßen Gang der Geschäfte zu gewährleisten.

(2) Unbeschadet der Verpflichtung nach Absatz 1 müssen

1. kreisfreie Gemeinden und Große Kreisstädte mindestens einen Gemeindebeamten mit der Befähigung für den höheren Verwaltungsdienst oder für das Richteramt haben, wenn nicht der Oberbürgermeister diese Befähigung besitzt;
2. Gemeinden mindestens einen Gemeindebeamten mit der Befähigung für den gehobenen Verwaltungsdienst haben, wenn nicht der erste Bürgermeister mindestens diese Befähigung besitzt und berufsmäßig tätig ist oder die Gemeinde einer Verwaltungsgemeinschaft angehört.

(3) Gemeindeangestellte mit Dienstaufgaben, die in vergleichbaren Fällen von Staatsbeamten versehen werden, sind zu Beamten zu ernennen.

Art. 43 Anstellung und Arbeitsbedingungen

(1) ¹Der Gemeinderat ist zuständig,

1. die Beamten der Gemeinde zu ernennen, zu befördern, zu einem anderen Dienstherrn abzuordnen oder zu versetzen, in den Ruhestand zu versetzen und zu entlassen,
2. die Angestellten und Arbeiter der Gemeinde einzustellen, höherzugruppieren und zu entlassen.

²Der Gemeinderat kann diese Befugnisse einem beschließenden Ausschuß (Art. 32 Abs. 2 bis 5) übertragen, und zwar auch in Angelegenheiten, zu deren Erledigung die Gemeinde der Genehmigung bedarf.

Art. 44 GO

(2) ¹Befugnisse nach Absatz 1 Satz 1 kann der Gemeinderat dem ersten Bürgermeister übertragen

1. für Beamte des einfachen und des mittleren Dienstes, für Angestellte, deren Vergütung mit der Besoldung dieser Beamten vergleichbar ist, und für die Arbeiter,
2. in kreisfreien Gemeinden auch für Beamte des gehobenen Dienstes und der ersten beiden Ämter des höheren Dienstes und für Angestellte, deren Vergütung mit der Besoldung dieser Beamten vergleichbar ist.

²Ein solcher Beschluß bedarf einer Mehrheit der stimmberechtigten Mitglieder des Gemeinderats; falls der Beschluß nicht mit dieser Mehrheit wieder aufgehoben wird, gilt er bis zum Ende der Wahlzeit des Gemeinderats. ³Art. 39 Abs. 2 findet Anwendung.

(3) Dienstvorgesetzter der Gemeindebeamten ist der erste Bürgermeister.

(4) ¹Die Arbeitsbedingungen, Vergütungen (Gehälter und Löhne) der Angestellten und Arbeiter müssen angemessen sein. ²Sie sind angemessen, wenn sie für die Angestellten dem Bundes-Angestelltentarifvertrag (BAT) und für die Arbeiter dem Bundesmanteltarifvertrag für Arbeiter gemeindlicher Verwaltungen und Betriebe (BMT-G) und den ergänzenden Tarifverträgen in der für die kommunalen Arbeitgeber in Bayern geltenden Fassung oder Tarifverträgen wesentlich gleichen Inhalts entsprechen.

Art. 44 Stellenplan

¹Der Stellenplan (Art. 64 Abs. 2 Satz 2) ist einzuhalten. ²Abweichungen sind nur im Rahmen des Art. 68 Abs. 3 Nr. 2 zulässig.

2. ABSCHNITT
Geschäftsgang

Art. 45 Geschäftsordnung

(1) Der Gemeinderat gibt sich eine Geschäftsordnung.

(2) Die Geschäftsordnung muß Bestimmungen über die Frist und Form der Einladung zu den Sitzungen sowie über den Geschäftsgang des Gemeinderats und seiner Ausschüsse enthalten.

Art. 46 Geschäftsleitung

(1) ¹Im Rahmen der Geschäftsordnung leitet und verteilt der erste Bürgermeister die Geschäfte. ²Über die Verteilung der Geschäfte unter die Gemeinderatsmitglieder beschließt der Gemeinderat.

(2) ¹Der erste Bürgermeister bereitet die Beratungsgegenstände vor. ²Er beruft den Gemeinderat unter Angabe der Tagesordnung mit angemessener Frist ein, erstmals unverzüglich nach Beginn der Wahlzeit. ³Der Gemeinderat ist auch unverzüglich einzuberufen, wenn es ein Viertel der ehrenamtlichen Gemeinderatsmitglieder schriftlich unter Bezeichnung des Beratungsgegenstands verlangt. ⁴Die Sitzung muß spätestens am 14. Tag nach Beginn der Wahlzeit oder nach Eingang des Verlangens stattfinden.

Art. 47 Sitzungszwang; Beschlußfähigkeit

(1) Der Gemeinderat beschließt in Sitzungen.

(2) Er ist beschlußfähig, wenn sämtliche Mitglieder ordnungsgemäß geladen sind und die Mehrheit der Mitglieder anwesend und stimmberechtigt ist.

(3) ¹Wird der Gemeinderat zum zweiten Mal zur Verhandlung über denselben Gegenstand zusammengerufen, so ist er ohne Rücksicht auf die Zahl der Erschienenen beschlußfähig. ²Bei der zweiten Einladung muß auf diese Bestimmung hingewiesen werden.

Art. 48 Teilnahmepflicht; Ordnungsgeld gegen Säumige

(1) ¹Die Gemeinderatsmitglieder sind verpflichtet, an den Sitzungen und Abstimmungen teilzunehmen und die ihnen zugewiesenen Geschäfte zu übernehmen. ²Kein Mitglied darf sich der Stimme enthalten.

(2) Gegen Mitglieder, die sich diesen Verpflichtungen ohne genügende Entschuldigung entziehen, kann der Gemeinderat Ordnungsgeld bis zu fünfhundert Deutsche Mark im Einzelfall verhängen.

(3) Entzieht sich ein ehrenamtliches Gemeinderatsmitglied nach zwei wegen Versäumnis erkannten Ordnungsgeldern innerhalb von sechs Monaten weiterhin seiner Pflicht, an den Gemeinderatssitzungen teilzunehmen, so kann der Gemeinderat den Verlust des Amts aussprechen.

Art. 49 Ausschluß wegen persönlicher Beteiligung

(1) ¹Ein Mitglied kann an der Beratung und Abstimmung nicht teilnehmen, wenn der Beschluß ihm selbst, seinem Ehegatten, einem Verwandten oder Verschwägerten bis zum dritten Grad oder einer von ihm kraft Gesetzes oder Vollmacht vertretenen natürlichen oder juristischen Person einen unmittelbaren Vorteil oder Nachteil bringen kann. ²Gleiches gilt, wenn ein Mitglied in anderer als öffentlicher Eigenschaft ein Gutachten abgegeben hat.

(2) Absatz 1 gilt nicht
1. für Wahlen,
2. für Beschlüsse, mit denen der Gemeinderat eine Person zum Mitglied eines Ausschusses bestellt oder sie zur Wahrnehmung von Interessen der Gemeinde in eine andere Einrichtung entsendet, dafür vorschlägt oder daraus abberuft.

(3) Ob die Voraussetzungen des Absatzes 1 vorliegen, entscheidet der Gemeinderat ohne Mitwirkung des persönlich Beteiligten.

(4) Die Mitwirkung eines wegen persönlicher Beteiligung ausgeschlossenen Mitglieds hat die Ungültigkeit des Beschlusses nur zur Folge, wenn sie für das Abstimmungsergebnis entscheidend war.

Art. 50 Einschränkung des Vertretungsrechts

Gemeinderatsmitglieder dürfen Ansprüche Dritter gegen die Gemeinde nur als gesetzliche Vertreter geltend machen.

Art. 51 Form der Beschlußfassung; Wahlen

(1) ¹Beschlüsse des Gemeinderats werden in offener Abstimmung mit Mehrheit der Abstimmenden gefaßt. ²Bei Stimmengleichheit ist der Antrag abgelehnt.

(2) ¹Kein Mitglied des Gemeinderats darf zu irgendeiner Zeit wegen seiner Abstimmung gerichtlich oder dienstlich verfolgt oder sonst außerhalb des Gemeinderats zur Verantwortung gezogen werden. ²Die Haftung gegenüber der Gemeinde ist nicht ausgeschlossen, wenn das Abstimmungsverhalten eine vorsätzliche Pflichtverletzung darstellt. ³Die Verantwortlichkeit nach bundesrechtlichen Vorschriften bleibt unberührt.

(3) ¹Wahlen werden in geheimer Abstimmung vorgenommen. ²Sie sind nur gültig, wenn sämtliche Mitglieder unter Angabe des Gegenstands geladen sind und die Mehrheit von ihnen anwesend und stimmberechtigt ist. ³Gewählt ist, wer mehr als die Hälfte der abgegebenen gültigen Stimmen erhält. ⁴Neinstimmen und leere Stimmzettel sind ungültig. ⁵Ist mindestens die Hälfte der abgegebenen Stimmen ungültig, ist die Wahl zu wiederholen. ⁶Ist die Mehrheit der abgegebenen Stimmen gültig und erhält keiner der Bewerber mehr als die Hälfte der abgegebenen gültigen Stimmen, so tritt Stichwahl unter den beiden Bewerbern mit den höchsten Stimmenzahlen ein. ⁷Bei Stimmengleichheit in der Stichwahl entscheidet das Los.

(4) Absatz 3 gilt für alle Entscheidungen des Gemeinderats, die in diesem Gesetz oder in anderen Rechtsvorschriften als Wahlen bezeichnet werden.

Art. 52 Öffentlichkeit

(1) ¹Zeitpunkt und Ort der Sitzungen des Gemeinderats sind unter Angabe der Tagesordnung, spätestens am dritten Tag vor der Sit-

zung, ortsüblich bekanntzumachen. ²Ausnahmen bedürfen der Genehmigung des Gemeinderats.

(2) ¹Die Sitzungen sind öffentlich, soweit nicht Rücksichten auf das Wohl der Allgemeinheit oder auf berechtigte Ansprüche einzelner entgegenstehen. ²Über den Ausschluß der Öffentlichkeit wird in nichtöffentlicher Sitzung beraten und entschieden.

(3) Die in nichtöffentlicher Sitzung gefaßten Beschlüsse sind der Öffentlichkeit bekanntzugeben, sobald die Gründe für die Geheimhaltung weggefallen sind.

(4) Die Sitzungen haben in einem der Allgemeinheit zugänglichen Raum stattzufinden.

Art. 53   Handhabung der Ordnung

(1) ¹Der Vorsitzende handhabt die Ordnung und übt das Hausrecht aus. ²Er ist berechtigt, Zuhörer, welche die Ordnung stören, entfernen zu lassen. ³Er kann mit Zustimmung des Gemeinderats Mitglieder, welche die Ordnung fortgesetzt erheblich stören, von der Sitzung ausschließen.

(2) Wird durch ein bereits von einer früheren Sitzung ausgeschlossenes Mitglied die Ordnung innerhalb von zwei Monaten neuerdings erheblich gestört, so kann ihm der Gemeinderat für zwei weitere Sitzungen die Teilnahme untersagen.

Art. 54   Niederschrift

(1) ¹Die Verhandlungen des Gemeinderats sind niederzuschreiben. ²Die Niederschrift muß Tag und Ort der Sitzung, die Namen der anwesenden Gemeinderatsmitglieder und die der abwesenden unter Angabe ihres Abwesenheitsgrundes, die behandelten Gegenstände, die Beschlüsse und das Abstimmungsergebnis ersehen lassen. ³Jedes Mitglied kann verlangen, daß in der Niederschrift festgehalten wird, wie es abgestimmt hat.

(2) Die Niederschrift ist vom Vorsitzenden und vom Schriftführer zu unterschreiben und vom Gemeinderat zu genehmigen.

(3) ¹Die Gemeinderatsmitglieder können jederzeit die Niederschrift einsehen und sich Abschriften der in öffentlicher Sitzung gefaßten Beschlüsse erteilen lassen. ²Die Einsicht in die Niederschriften über öffentliche Sitzungen steht allen Gemeindebürgern frei; dasselbe gilt für auswärts wohnende Personen hinsichtlich ihres Grundbesitzes oder ihrer gewerblichen Niederlassungen im Gemeindegebiet.

Art. 55 Geschäftsgang der Ausschüsse

(1) Den Geschäftsgang der vorberatenden Ausschüsse regelt der Gemeinderat in seiner Geschäftsordnung.

(2) Auf den Geschäftsgang der beschließenden Ausschüsse finden die Vorschriften der Art. 46 bis 54 entsprechende Anwendung.

3. ABSCHNITT
Verwaltungsgrundsätze und Verwaltungsaufgaben

Art. 56 Gesetzmäßigkeit; Geschäftsgang

(1) ¹Die gemeindliche Verwaltungstätigkeit muß mit der Verfassung und den Gesetzen im Einklang stehen. ²Sie darf nur von sachlichen Gesichtspunkten geleitet sein.

(2) Die Gemeinden sind verpflichtet, für den ordnungsgemäßen Gang der Geschäfte zu sorgen und die dafür erforderlichen Einrichtungen zu schaffen.

(3) Jeder Gemeindeeinwohner kann sich mit Eingaben und Beschwerden an den Gemeinderat wenden.

Art. 56a Geheimhaltung

(1) ¹Alle Angelegenheiten, die im Interesse der Sicherheit oder anderer wichtiger Belange der Bundesrepublik oder eines ihrer

Länder Unbefugten nicht bekannt werden dürfen, sind von den Gemeinden geheimzuhalten. ²Die in anderen Rechtsvorschriften geregelte Verpflichtung zur Verschwiegenheit bleibt unberührt.

(2) ¹Zur Geheimhaltung der in Absatz 1 Satz 1 bezeichneten Angelegenheiten haben die Gemeinden die notwendigen Vorkehrungen zu treffen. ²Sie haben insoweit auch die für die Behörden des Freistaates Bayern geltenden Verwaltungsvorschriften zu beachten. ³Das Staatsministerium des Innern kann hierzu Richtlinien aufstellen und Weisungen erteilen, die nicht der Einschränkung nach Art. 109 Abs. 2 Satz 2 unterliegen.

(3) ¹Der erste Bürgermeister ist zu Beginn seiner Amtszeit durch die Rechtsaufsichtsbehörde schriftlich besonders zu verpflichten, die in Absatz 1 Satz 1 genannten Angelegenheiten geheimzuhalten und die hierfür geltenden Vorschriften zu beachten. ²In gleicher Weise hat der erste Bürgermeister seine Stellvertreter zu verpflichten. ³Gemeinderatsmitglieder und Gemeindebedienstete hat er zu verpflichten, bevor sie mit den in Absatz 1 Satz 1 genannten Angelegenheiten befaßt werden.

Art. 57 Aufgaben des eigenen Wirkungskreises

(1) ¹Im eigenen Wirkungskreis sollen die Gemeinden in den Grenzen ihrer Leistungsfähigkeit die öffentlichen Einrichtungen schaffen und erhalten, die nach den örtlichen Verhältnissen für das wirtschaftliche, soziale und kulturelle Wohl und die Förderung des Gemeinschaftslebens ihrer Einwohner erforderlich sind, insbesondere Einrichtungen zur Aufrechterhaltung der öffentlichen Sicherheit und Ordnung, der Feuersicherheit, der öffentlichen Reinlichkeit, des öffentlichen Verkehrs, der Gesundheit, der öffentlichen Wohlfahrtspflege einschließlich der Jugendhilfe, des öffentlichen Unterrichts und der Erwachsenenbildung, der Jugendertüchtigung, des Breitensports und der Kultur- und Archivpflege; hierbei sind die Belange des Natur- und Umweltschutzes zu berücksichtigen. ²Die Verpflichtung, diese Aufgaben zu erfüllen, bestimmt sich nach den besonderen gesetzlichen Vorschriften.

(2) ¹Die Gemeinden sind unbeschadet bestehender Verbindlichkeiten Dritter in den Grenzen ihrer Leistungsfähigkeit verpflichtet, die aus Gründen des öffentlichen Wohls erforderlichen Einrichtungen zur Versorgung mit Trinkwasser herzustellen und zu unterhalten. ²Sonstige gesetzlich festgelegte Verpflichtungen der Gemeinden bleiben unberührt.

(3) Übersteigt eine Pflichtaufgabe die Leistungsfähigkeit einer Gemeinde, so ist die Aufgabe in kommunaler Zusammenarbeit zu erfüllen.

Art. 58 Aufgaben des übertragenen Wirkungskreises

(1) Im übertragenen Wirkungskreis obliegt den Gemeinden die Erfüllung der örtlichen Aufgaben der inneren Verwaltung, soweit hierfür nicht besondere Behörden bestellt sind, und die gesetzlich vorgesehene Mitwirkung in der sonstigen öffentlichen Verwaltung.

(2) Die Gemeinden sind in den Grenzen ihrer Verwaltungskraft den Gemeindeangehörigen bei der Einleitung von Verwaltungsverfahren behilflich, auch wenn für deren Durchführung eine andere Behörde zuständig ist.

(3) Vordrucke für Anträge, Anzeigen und Meldungen, die ihnen von anderen Behörden überlassen werden, haben die Gemeinden bereitzuhalten.

(4) ¹Soweit Anträge bei der Regierung, dem Bezirk oder dem Landratsamt einzureichen sind, haben auch die Gemeinden die Anträge entgegenzunehmen und unverzüglich an die betreffende Behörde weiterzuleiten. ²Die Staatsregierung kann durch Rechtsverordnung Anträge, die bei anderen Behörden zu stellen sind, in diese Regelung einbeziehen. ³Die Antragstellung bei der Gemeinde gilt als Antragstellung bei der zuständigen Behörde, soweit sich nicht aus Bundesrecht etwas anderes ergibt.

Art. 59 Zuständigkeit für den Gesetzesvollzug

(1) Der Vollzug der gesetzlichen Vorschriften im eigenen und im übertragenen Wirkungskreis und die Durchführung der gesetzmäßi-

gen Anordnungen und Weisungen der Staatsbehörden obliegen dem Gemeinderat, in den Fällen des Art. 37 dem ersten Bürgermeister.

(2) Hält der erste Bürgermeister Entscheidungen des Gemeinderats oder seiner Ausschüsse für rechtswidrig, so hat er sie zu beanstanden, ihren Vollzug auszusetzen und, soweit erforderlich, die Entscheidung der Rechtsaufsichtsbehörde (Art. 110) herbeizuführen.

4. ABSCHNITT
Stadtbezirke und Gemeindeteile

Art. 60 Einteilung in Stadtbezirke

(1) ¹Das Gebiet der Städte mit mehr als 100 000 Einwohnern ist in Stadtbezirke einzuteilen. ²Dabei sind die geschichtlichen Zusammenhänge und Namen sowie die Besonderheiten der Bevölkerungs- und Wirtschaftsverhältnisse zu beachten.

(2) ¹In den Stadtbezirken können für bestimmte auf ihren Bereich entfallende Verwaltungsaufgaben vom Gemeinderat Bezirksverwaltungsstellen und vorberatende Bezirksausschüsse gebildet werden. ²Der Gemeinderat kann dabei den Bezirksausschüssen Angelegenheiten zur endgültigen Entscheidung unter Beachtung der Belange der gesamten Stadt übertragen. ³In Städten mit mehr als einer Million Einwohnern sind Bezirksausschüsse zu bilden.

(3) ¹Werden Bezirksausschüsse gebildet, so hat deren Zusammensetzung entsprechend dem Wahlergebnis der Stadtratswahlen im jeweiligen Stadtbezirk zu erfolgen. ²Sind den Bezirksausschüssen vom Stadtrat eigene Entscheidungsrechte übertragen, werden die Mitglieder der Bezirksausschüsse von den im Stadtbezirk wohnenden Gemeindebürgern gleichzeitig mit den Stadtratsmitgliedern für die Wahlzeit des Stadtrats gewählt. ³Geschieht die Übertragung eigener Entscheidungsrechte innerhalb der Amtszeit des Stadtrats, erfolgt die Wahl der Mitglieder der Bezirksausschüsse zum Zeitpunkt der Übertragung der Entscheidungsrechte. ⁴Für die Wahl gel-

ten die Vorschriften über die Wahl der Gemeinderäte mit Ausnahme des Art. 31 Abs. 4 dieses Gesetzes sinngemäß mit der Maßgabe, daß die Wahlorgane für die Wahl der Gemeinderäte auch für die Wahl der Mitglieder der Bezirksausschüsse zuständig sind.

(4) Empfehlungen und Anträge der Bezirksausschüsse, für die der Stadtrat zuständig ist, sind von diesem oder einem beschließenden Ausschuß innerhalb einer Frist von drei Monaten zu behandeln.

(5) ¹Das Nähere regelt eine Gemeindesatzung. ²Den Bezirksverwaltungsstellen kann der erste Bürgermeister in Angelegenheiten der laufenden Verwaltung auch einzelne seiner Befugnisse übertragen (Art. 39 Abs. 2 Halbsatz 1).

Art. 60a Ortssprecher

(1) ¹In Gemeindeteilen, die am 18. Januar 1952 noch selbständige Gemeinden waren und die im Gemeinderat nicht vertreten sind, hat auf Antrag eines Drittels der dort ansässigen Gemeindebürger der erste Bürgermeister eine Ortsversammlung einzuberufen, die aus ihrer Mitte in geheimer Wahl einen Ortssprecher wählt. ²Art. 51 Abs. 3 Sätze 3 bis 6 gelten entsprechend. ³Die Amtszeit des Ortssprechers endet mit der Amtszeit des Gemeinderats; sie endet nicht deshalb, weil der Gemeindeteil im Gemeinderat vertreten wird.

(2) ¹Der Ortssprecher kann an allen Sitzungen des Gemeinderats mit beratender Stimme teilnehmen und Anträge stellen. ²Der Gemeinderat kann diese Rechte durch die Geschäftsordnung auf die Wahrnehmung örtlicher Angelegenheiten beschränken.

(3) Die Absätze 1 und 2 sind nicht anzuwenden, wenn für den Gemeindeteil ein Bezirksausschuß nach Art. 60 Abs. 2 besteht.

DRITTER TEIL
Gemeindewirtschaft

1. ABSCHNITT
Haushaltswirtschaft

Art. 61 Allgemeine Haushaltsgrundsätze

(1) ¹Die Gemeinde hat ihre Haushaltswirtschaft so zu planen und zu führen, daß die stetige Erfüllung ihrer Aufgaben gesichert ist. ²Dabei ist den Erfordernissen des gesamtwirtschaftlichen Gleichgewichts Rechnung zu tragen.

(2) ¹Die Haushaltswirtschaft ist sparsam und wirtschaftlich zu planen und zu führen. ²Aufgaben sollen in geeigneten Fällen daraufhin untersucht werden, ob und in welchem Umfang sie durch nichtkommunale Stellen, insbesondere durch private Dritte oder unter Heranziehung Dritter, mindestens ebenso gut erledigt werden können.

Art. 62 Grundsätze der Einnahmebeschaffung

(1) Die Gemeinde erhebt Abgaben nach den gesetzlichen Vorschriften.

(2) Sie hat die zur Erfüllung ihrer Aufgaben erforderlichen Einnahmen

1. soweit vertretbar und geboten aus besonderen Entgelten für die von ihr erbrachten Leistungen,
2. im übrigen aus Steuern

zu beschaffen, soweit die sonstigen Einnahmen nicht ausreichen.

(3) Die Gemeinde darf Kredite nur aufnehmen, wenn eine andere Finanzierung nicht möglich ist oder wirtschaftlich unzweckmäßig wäre.

Art. 63 Haushaltssatzung

(1) ¹Die Gemeinde hat für jedes Haushaltsjahr eine Haushaltssatzung zu erlassen. ²Die Haushaltssatzung kann Festsetzungen für zwei Haushaltsjahre, nach Jahren getrennt, enthalten.

(2) ¹Die Haushaltssatzung enthält die Festsetzung

1. des Haushaltsplans unter Angabe des Gesamtbetrags der Einnahmen und der Ausgaben des Haushaltsjahres,
2. des Gesamtbetrags der vorgesehenen Kreditaufnahmen für Investitionen und Investitionsförderungsmaßnahmen (Kreditermächtigungen),
3. des Gesamtbetrags der vorgesehenen Ermächtigungen zum Eingehen von Verpflichtungen, die künftige Haushaltsjahre mit Ausgaben für Investitionen und Investitionsförderungsmaßnahmen belasten (Verpflichtungsermächtigungen),
4. der Abgabesätze, die für jedes Haushaltsjahr neu festzusetzen sind,
5. des Höchstbetrags der Kassenkredite.

²Die Angaben nach Satz 1 Nrn. 2, 3 und 5 sind getrennt für das Haushaltswesen der Gemeinde und die Wirtschaftsführung von Eigenbetrieben zu machen. ³Die Haushaltssatzung kann weitere Vorschriften enthalten, die sich auf die Einnahmen und Ausgaben und den Stellenplan des Haushaltsjahres beziehen.

(3) Die Haushaltssatzung tritt mit Beginn des Haushaltsjahres in Kraft und gilt für das Haushaltsjahr.

(4) Haushaltsjahr ist das Kalenderjahr, soweit für einzelne Bereiche durch Gesetz oder Rechtsverordnung nichts anderes bestimmt ist.

Art. 64 Haushaltsplan

(1) ¹Der Haushaltsplan enthält alle im Haushaltsjahr für die Erfüllung der Aufgaben der Gemeinde

1. zu erwartenden Einnahmen,

Art. 65 GO

2. voraussichtlich zu leistenden Ausgaben und
3. voraussichtlich benötigten Verpflichtungsermächtigungen.

²Die Vorschriften über die Einnahmen, Ausgaben und Verpflichtungsermächtigungen der Eigenbetriebe der Gemeinde bleiben unberührt.

(2) ¹Der Haushaltsplan ist in einen Verwaltungshaushalt und einen Vermögenshaushalt zu gliedern. ²Der Stellenplan für die Beamten und Angestellten der Gemeinde ist Teil des Haushaltsplans. ³Die bei der Sparkasse beschäftigten Beamten und Angestellten sind in diesem Stellenplan nicht auszuweisen, wenn und soweit nach Sparkassenrecht ein verbindlicher Stellenplan aufzustellen ist.

(3) ¹Der Haushaltsplan muß ausgeglichen sein. ²Er ist Grundlage für die Haushaltswirtschaft der Gemeinde und nach Maßgabe dieses Gesetzes und der auf Grund dieses Gesetzes erlassenen Vorschriften für die Haushaltsführung verbindlich. ³Ansprüche und Verbindlichkeiten Dritter werden durch ihn weder begründet noch aufgehoben.

Art. 65   Erlaß der Haushaltssatzung

(1) Der Gemeinderat beschließt über die Haushaltssatzung samt ihren Anlagen in öffentlicher Sitzung.

(2) Die Haushaltssatzung ist mit ihren Anlagen spätestens einen Monat vor Beginn des Haushaltsjahres der Rechtsaufsichtsbehörde vorzulegen.

(3) ¹Haushaltssatzungen mit genehmigungspflichtigen Bestandteilen sind sogleich nach der Genehmigung amtlich bekanntzumachen. ²Haushaltssatzungen ohne solche Bestandteile sind frühestens einen Monat nach der Vorlage an die Rechtsaufsichtsbehörde amtlich bekanntzumachen, sofern nicht die Rechtsaufsichtsbehörde die Satzung beanstandet. ³Gleichzeitig ist der Haushaltsplan eine Woche lang öffentlich aufzulegen; darauf ist in der amtlichen Bekanntmachung der Haushaltssatzung hinzuweisen.

Art. 66 Überplanmäßige und außerplanmäßige Ausgaben

(1) ¹Überplanmäßige und außerplanmäßige Ausgaben sind nur zulässig, wenn sie unabweisbar sind und die Deckung gewährleistet ist. ²Sind sie erheblich, sind sie vom Gemeinderat zu beschließen.

(2) Absatz 1 findet entsprechende Anwendung auf Maßnahmen, durch die im Haushaltsplan nicht vorgesehene Verbindlichkeiten der Gemeinde entstehen können.

(3) Art. 68 Abs. 2 bleibt unberührt.

(4) Für Investitionen, die im folgenden Jahr fortgesetzt werden, sind überplanmäßige Ausgaben in nicht erheblichem Umfang auch dann zulässig, wenn ihre Deckung im laufenden Jahr nur durch Erlaß einer Nachtragshaushaltssatzung möglich wäre, die Deckung aber im folgenden Jahr gewährleistet ist. ²Hierüber entscheidet der Gemeinderat.

(5) Der Gemeinderat kann Richtlinien über die Abgrenzungen aufstellen.

Art. 67 Verpflichtungsermächtigungen

(1) Verpflichtungen zur Leistung von Ausgaben für Investitionen und Investitionsförderungsmaßnahmen in künftigen Jahren dürfen nur eingegangen werden, wenn der Haushaltsplan hierzu ermächtigt.

(2) Die Verpflichtungsermächtigungen dürfen in der Regel zu Lasten der dem Haushaltsjahr folgenden drei Jahre vorgesehen werden, in Ausnahmefällen bis zum Abschluß einer Maßnahme; sie sind nur zulässig, wenn durch sie der Ausgleich künftiger Haushalte nicht gefährdet wird.

(3) Die Verpflichtungsermächtigungen gelten bis zum Ende des Haushaltsjahres und, wenn die Haushaltssatzung für das folgende Haushaltsjahr nicht rechtzeitig amtlich bekanntgemacht wird, bis zum Erlaß dieser Haushaltssatzung.

Art. 68 GO

(4) Der Gesamtbetrag der Verpflichtungsermächtigungen bedarf im Rahmen der Haushaltssatzung der Genehmigung, wenn in den Jahren, zu deren Lasten sie vorgesehen sind, Kreditaufnahmen geplant sind.

Art. 68 Nachtragshaushaltssatzungen

(1) ¹Die Haushaltssatzung kann nur bis zum Ablauf des Haushaltsjahres durch Nachtragshaushaltssatzung geändert werden. ²Für die Nachtragshaushaltssatzung gelten die Vorschriften für die Haushaltssatzung entsprechend.

(2) Die Gemeinde hat unverzüglich eine Nachtragshaushaltssatzung zu erlassen, wenn

1. sich zeigt, daß trotz Ausnutzung jeder Sparmöglichkeit ein Fehlbetrag entstehen wird und der Haushaltsausgleich nur durch eine Änderung der Haushaltssatzung erreicht werden kann,
2. bisher nicht veranschlagte oder zusätzliche Ausgaben bei einzelnen Haushaltsstellen in einem im Verhältnis zu den Gesamtausgaben erheblichen Umfang geleistet werden müssen.
3. Ausgaben des Vermögenshaushalts für bisher nicht veranschlagte Investitionen oder Investitionsfördermaßnahmen geleistet werden sollen,
4. Beamte oder Angestellte eingestellt, befördert oder in eine höhere Vergütungsgruppe eingestuft werden sollen und der Stellenplan die entsprechenden Stellen nicht enthält.

(3) Absatz 2 Nrn. 2 bis 4 finden keine Anwendung auf

1. den Erwerb von beweglichen Sachen des Anlagevermögens und Baumaßnahmen, soweit die Ausgaben nicht erheblich und unabweisbar sind,
2. Abweichungen vom Stellenplan und die Leistung höherer Personalausgaben, die auf Grund des Beamten- oder Tarifrechts oder für die Erfüllung neuer Aufgaben notwendig werden.

Art. 69 Vorläufige Haushaltsführung

(1) Ist die Haushaltssatzung bei Beginn des Haushaltsjahres noch nicht bekanntgemacht, so darf die Gemeinde

1. Ausgaben leisten, zu deren Leistung sie rechtlich verpflichtet ist oder die für die Weiterführung notwendiger Aufgaben unaufschiebbar sind; sie darf insbesondere Bauten, Beschaffungen und sonstige Leistungen des Vermögenshaushalts, für die im Haushaltsplan eines Vorjahres Beträge vorgesehen waren, fortsetzen,
2. die in der Haushaltssatzung jährlich festzusetzenden Abgaben nach den Sätzen des Vorjahres erheben,
3. Kredite umschulden.

(2) ¹Reichen die Deckungsmittel für die Fortsetzung der Bauten, der Beschaffungen und der sonstigen Leistungen des Vermögenshaushalts nach Absatz 1 Nr. 1 nicht aus, darf die Gemeinde Kredite für Investitionen und Investitionsförderungsmaßnahmen bis zu einem Viertel des durchschnittlichen Betrags der für die beiden Vorjahre festgesetzten Kredite oder, falls in einem oder in beiden Vorjahren keine Kredite festgesetzt wurden, bis zu einem Viertel der im Finanzplan des Vorjahres für das Haushaltsjahr vorgesehenen Kredite aufnehmen. ²Sie bedarf dazu der Genehmigung. ³Art. 71 Abs. 2 Sätze 2 und 3 gelten entsprechend.

(3) Der Stellenplan des Vorjahres gilt weiter, bis die Haushaltssatzung für das neue Jahr erlassen ist.

Art. 70 Finanzplanung

(1) ¹Die Gemeinde hat ihrer Haushaltswirtschaft eine fünfjährige Finanzplanung zugrundezulegen. ²Das erste Planungsjahr der Finanzplanung ist das laufende Haushaltsjahr.

(2) Als Unterlage für die Finanzplanung ist ein Investitionsprogramm aufzustellen.

Art. 71 GO

(3) Im Finanzplan sind Umfang und Zusammensetzung der voraussichtlichen Ausgaben und die Deckungsmöglichkeiten darzustellen.

(4) Der Finanzplan ist dem Gemeinderat spätestens mit dem Entwurf der Haushaltssatzung vorzulegen.

(5) Der Finanzplan und das Investitionsprogramm sind jährlich der Entwicklung anzupassen und fortzuführen.

2. ABSCHNITT
Kreditwesen

Art. 71   Kredite

(1) Kredite dürfen unter der Voraussetzung des Art. 62 Abs. 3 nur im Vermögenshaushalt und nur für Investitionen, für Investitionsförderungsmaßnahmen und zur Umschuldung aufgenommen werden.

(2) ^{1}Der Gesamtbetrag der vorgesehenen Kreditaufnahmen für Investitionen und Investitionsförderungsmaßnahmen bedarf im Rahmen der Haushaltssatzung der Genehmigung (Gesamtgenehmigung). ^{2}Die Genehmigung soll unter dem Gesichtspunkt einer geordneten Haushaltswirtschaft erteilt oder versagt werden; sie kann unter Bedingungen und Auflagen erteilt werden. ^{3}Sie ist in der Regel zu versagen, wenn die Kreditverpflichtungen mit der dauernden Leistungsfähigkeit der Gemeinde nicht im Einklang stehen.

(3) Die Kreditermächtigung gilt bis zum Ende des auf das Haushaltsjahr folgenden Jahres und, wenn die Haushaltssatzung für das übernächste Jahr nicht rechtzeitig amtlich bekanntgemacht wird, bis zum Erlaß dieser Haushaltssatzung.

(4) ^{1}Die Aufnahme der einzelnen Kredite bedarf der Genehmigung (Einzelgenehmigung), sobald die Kreditaufnahmen für die Gemeinden nach § 19 des Gesetzes zur Förderung der Stabilität und des Wachstums der Wirtschaft beschränkt worden sind. ^{2}Die Einzel-

genehmigung kann nach Maßgabe der Kreditbeschränkungen versagt werden.

(5) ¹Das Staatsministerium des Innern kann im Einvernehmen mit den Staatsministerien der Finanzen und für Wirtschaft, Verkehr und Technologie durch Rechtsverordnung die Aufnahme von Krediten von der Genehmigung (Einzelgenehmigung) abhängig machen, wenn der Konjunkturrat für die öffentliche Hand nach § 18 Abs. 2 des Gesetzes zur Förderung der Stabilität und des Wachstums der Wirtschaft eine Beschränkung der Kreditaufnahme durch die Gemeinden und Gemeindeverbände empfohlen hat. ²Die Genehmigung ist zu versagen, wenn dies zur Abwehr einer Störung des gesamtwirtschaftlichen Gleichgewichts geboten ist oder wenn die Kreditbedingungen wirtschaftlich nicht vertretbar sind. ³Solche Rechtsverordnungen sind auf längstens ein Jahr zu befristen.

(6) ¹Die Gemeinde darf zur Sicherung des Kredits keine Sicherheiten bestellen. ²Die Rechtsaufsichtsbehörde kann Ausnahmen zulassen, wenn die Bestellung von Sicherheiten der Verkehrsübung entspricht.

Art. 72 Kreditähnliche Verpflichtungen; Sicherheiten

(1) Der Abschluß von Rechtsgeschäften, die der Kreditaufnahme wirtschaftlich gleichkommen, bedarf der Genehmigung.

(2) ¹Die Gemeinde darf Bürgschaften, Gewährverträge und Verpflichtungen aus verwandten Rechtsgeschäften, die ein Einstehen für fremde Schuld oder für den Eintritt oder Nichteintritt bestimmter Umstände zum Gegenstand haben, nur zur Erfüllung ihrer Aufgaben übernehmen. ²Die Rechtsgeschäfte bedürfen der Genehmigung, wenn sie nicht im Rahmen der laufenden Verwaltung abgeschlossen werden.

(3) Die Gemeinde bedarf zur Bestellung von Sicherheiten zugunsten Dritter der Genehmigung.

Art. 73, 74 GO

(4) Für die Genehmigung gelten Art. 71 Abs. 2 Sätze 2 und 3 entsprechend.

(5) Das Staatsministerium des Innern kann im Einvernehmen mit dem Staatsministerium der Finanzen durch Rechtsverordnung Rechtsgeschäfte von der Genehmigung freistellen,

1. die die Gemeinden zur Erfüllung bestimmter Aufgaben eingehen oder
2. die für die Gemeinden keine besondere Belastung bedeuten oder
3. die ihrer Natur nach regelmäßig wiederkehren.

Art. 73 Kassenkredite

(1) ¹Zur rechtzeitigen Leistung ihrer Ausgaben kann die Gemeinde Kassenkredite bis zu dem in der Haushaltssatzung festgesetzten Höchstbetrag aufnehmen, soweit für die Kasse keine anderen Mittel zur Verfügung stehen. ²Diese Ermächtigung gilt über das Haushaltsjahr hinaus bis zum Erlaß der neuen Haushaltssatzung.

(2) Der in der Haushaltssatzung festgesetzte Höchstbetrag soll für die Haushaltswirtschaft ein Sechstel der im Verwaltungshaushalt veranschlagten Einnahmen und für den Eigenbetrieb ein Sechstel der im Erfolgsplan vorgesehenen Erträge nicht übersteigen.

3. ABSCHNITT
Vermögenswirtschaft

a) Allgemeines

Art. 74 Erwerb und Verwaltung von Vermögen

(1) Die Gemeinde soll Vermögensgegenstände nur erwerben, wenn das zur Erfüllung ihrer Aufgaben erforderlich ist.

(2) ¹Die Vermögensgegenstände sind pfleglich und wirtschaftlich zu verwalten und ordnungsgemäß nachzuweisen. ²Bei Geldanlagen

ist auf eine ausreichende Sicherheit zu achten; sie sollen einen angemessenen Ertrag bringen.

(3) Für die Bewirtschaftung eines Gemeindewaldes gelten neben den Vorschriften dieses Gesetzes die Vorschriften des Waldgesetzes für Bayern.

Art. 75   Veräußerung von Vermögen

(1) ¹Die Gemeinde darf Vermögensgegenstände, die sie zur Erfüllung ihrer Aufgaben nicht braucht, veräußern. ²Vermögensgegenstände dürfen in der Regel nur zu ihrem vollen Wert veräußert werden.

(2) ¹Für die Überlassung der Nutzung eines Vermögensgegenstands gilt Absatz 1 entsprechend. ²Ausnahmen sind insbesondere zulässig bei der Vermietung kommunaler Gebäude zur Sicherung preiswerten Wohnens und zur Sicherung der Existenz kleiner und ertragsschwacher Gewerbebetriebe.

(3) ¹Die Verschenkung und die unentgeltliche Überlassung von Gemeindevermögen sind unzulässig (Art. 12 Abs. 2 Satz 2 der Verfassung). ²Die Veräußerung oder Überlassung von Gemeindevermögen in Erfüllung von Gemeindeaufgaben oder herkömmlicher Anstandspflichten fällt nicht unter dieses Verbot.

(4) Gemeindevermögen darf nur im Rahmen der Aufgabenerfüllung der Gemeinde und nur dann in Stiftungsvermögen eingebracht werden, wenn der mit der Stiftung verfolgte Zweck auf andere Weise nicht erreicht werden kann.

Art. 76   Rücklagen

¹Die Gemeinde hat für Zwecke des Vermögenshaushalts und zur Sicherung der Haushaltswirtschaft Rücklagen in angemessener Höhe zu bilden. ²Rücklagen für andere Zwecke sind zulässig.

Art. 77   Zwangsvollstreckung in Gemeindevermögen wegen einer Geldforderung

(1) ¹Der Gläubiger einer bürgerlich-rechtlichen Geldforderung gegen die Gemeinde muß, soweit er nicht dingliche Rechte verfolgt, vor der Einleitung der Zwangsvollstreckung wegen dieser Forderung der Rechtsaufsichtsbehörde eine beglaubigte Abschrift des vollstreckbaren Titels zustellen. ²Die Zwangsvollstreckung darf erst einen Monat nach der Zustellung an die Rechtsaufsichtsbehörde beginnen.

(2) Absatz 1 gilt entsprechend für öffentlich-rechtliche Geldforderungen, soweit nicht Sondervorschriften bestehen.

(3) Über das Vermögen der Gemeinde findet ein Insolvenz-*, Konkurs- oder gerichtliches Vergleichsverfahren nicht statt.

Art. 78, 79   *(aufgehoben)*

b) Öffentliche Nutzungsrechte

Art. 80   Verbot der Neubegründung; Übertragungsbeschränkungen

(1) Öffentliche Rechte einzelner auf Nutzungen am Gemeindevermögen oder an ehemaligem Ortschaftsvermögen (Nutzungsrechte) können nicht neu begründet, erweitert oder in der Nutzungsart geändert oder aufgeteilt werden.

(2) ¹Nutzungsrechte sind nur begründet, wenn ein besonderer Rechtstitel vorhanden ist oder wenn das Recht mindestens seit dem 18. Januar 1922 ununterbrochen kraft Rechtsüberzeugung ausgeübt wird. ²Unschädlich sind

1. Unterbrechungen, die die Berechtigten nicht zu vertreten haben,
2. Unterbrechungen bei der Ausübung eines ausschließlich landwirtschaftlichen Nutzungsrechts, die nicht länger als drei Jahre

---

* Die Einfügung des Worts „Insolvenz-" tritt am 1. Januar 1999 in Kraft (§ 9 Abs. 1 Satz 2 des Gesetzes zur Änderung des kommunalen Wirtschaftsrechts und anderer kommunalrechtlicher Vorschriften vom 24. Juli 1998, GVBl. S. 424) dauern und durch die Umstrukturierung des landwirtschaftlichen Betriebs verursacht sind.

³Nutzungsrechte, die nicht ausschließlich landwirtschaftlichen Zwecken dienen, erlöschen nicht durch die Einstellung des landwirtschaftlichen Betriebs.

(3) ¹Die Übertragung eines Nutzungsrechts, das auf einem Anwesen ruht, auf ein anderes Anwesen, die Häufung von mehr als einem vollen Nutzungsrecht auf ein Anwesen oder die Zerstückelung eines Nutzungsrechts sind nur aus wichtigem Grund, nur innerhalb derselben Gemeinde und nur dann zulässig, wenn das Anwesen, auf welches das Nutzungsrecht übertragen werden soll, das Haus- und Hofgrundstück eines ausübenden Land- oder Forstwirts ist. ²Sie bedürfen der Zustimmung der Gemeinde und der Genehmigung. ³Die Übertragung eines Nutzungsrechts auf eine juristische Person des privaten Rechts oder eine Gesellschaft des Handelsrechts ist unzulässig.

Art. 81 Lasten und Ausgaben

(1) ¹Wer Nutzungen bezieht, hat die auf dem Gegenstand des Nutzungsrechts ruhenden Lasten zu tragen und die zur Gewinnung der Nutzungen und zur Erhaltung oder zur Erhöhung der Ertragsfähigkeit erforderlichen Ausgaben zu bestreiten. ²Wird Gemeindevermögen teilweise von der Gemeinde, teilweise von Berechtigten genutzt, so sind diese Lasten und Ausgaben entsprechend zu teilen.

(2) ¹Die Berechtigten sind verpflichtet, für die Nutzungen Gegenleistungen an die Gemeinde zu entrichten, soweit dies bisher der Fall war. ²Die Höhe der Gegenleistungen bemißt sich nach dem Wertverhältnis zwischen Nutzungen und Gegenleistungen am 1. Januar 1938.

Art. 82 Ablösung und Aufhebung

(1) ¹Nutzungsrechte können durch Vereinbarung zwischen den Berechtigten und der Gemeinde abgelöst werden. ²Mit Zustimmung

Art. 83 GO

der Mehrheit der Berechtigten können sämtliche Nutzungsrechte von der Gemeinde abgelöst werden; dabei richtet sich das Stimmrecht nach den Anteilen am Gesamtnutzungsrecht. ³Werden einzelne Nutzungsrechte abgelöst, so gehen sie auf die Gemeinde über; sie kann die Rechte nicht auf Dritte übertragen. ⁴Werden sämtliche Nutzungsrechte abgelöst, so gehen sie unter.

(2) Nutzungsrechte können auf Antrag der Gemeinde durch die Rechtsaufsichtsbehörde aufgehoben werden, wenn die Gemeinde belastete Grundstücke ganz oder teilweise aus Gründen des Gemeinwohls zur Erfüllung öffentlicher Aufgaben benötigt.

(3) Werden Nutzungsrechte von der Gemeinde abgelöst oder von der Rechtsaufsichtsbehörde aufgehoben, so sind die Berechtigten von der Gemeinde angemessen zu entschädigen.

Art. 83   Art und Umfang der Entschädigung

(1) ¹Die Entschädigung ist in Geld durch Zahlung eines einmaligen Betrags zu leisten. ²Die Berechtigten können verlangen, in Grundstücken entschädigt zu werden, wenn

1. sie zur Sicherung ihrer Berufs- und Erwerbstätigkeit darauf angewiesen sind,
2. das der Gemeinde zugemutet werden kann und
3. andere Vorschriften einer Entschädigung in Grundstücken nicht entgegenstehen.

³Ein Anspruch auf Zuteilung bestimmter Grundstücke besteht nicht.

(2) Als Grundlage einer angemessenen Entschädigung gilt im allgemeinen der Wert des Fünfundzwanzigfachen des durchschnittlichen jährlichen Reinertrags der Nutzungen, die in den der Ablösung oder Aufhebung unmittelbar vorhergehenden 15 Jahren gezogen worden sind oder bei ungehinderter rechtmäßiger Ausübung des Rechts hätten gezogen werden können. Für die vereinbarte Ablösung gilt Entsprechendes.

(3) Über die Höhe der Entschädigung entscheiden im Streitfall die ordentlichen Gerichte.

(4) ¹Waldgenossenschaften, die im Zusammenhang mit der Ablösung oder Aufhebung von Nutzungsrechten als Körperschaften des öffentlichen Rechts gebildet wurden, können aufgelöst werden, wenn andere Vorschriften nicht entgegenstehen. ²Die Rechtsverhältnisse bestehender Waldgenossenschaften, insbesondere ihre Aufgaben, die Rechte und Pflichten ihrer Mitglieder, ihre Auflösung und die Aufsicht werden durch Rechtsverordnung des Staatsministeriums des Innern geregelt.

c) Von der Gemeinde verwaltete nichtrechtsfähige (fiduziarische) Stiftungen

Art. 84 Begriff; Verwaltung

(1) Vermögenswerte, die die Gemeinde von Dritten unter der Auflage entgegennimmt, sie zu einem bestimmten öffentlichen Zweck zu verwenden, ohne daß eine rechtsfähige Stiftung entsteht, sind ihrer Zweckbestimmung gemäß nach den für das Gemeindevermögen geltenden Vorschriften zu verwalten.

(2) ¹Die Vermögenswerte sind in ihrem Bestand ungeschmälert zu erhalten. ²Sie sind vom übrigen Gemeindevermögen getrennt zu verwalten und so anzulegen, daß sie für ihren Verwendungszweck verfügbar sind.

(3) ¹Der Ertrag darf nur für den Stiftungszweck verwendet werden. ²Ist eine Minderung eingetreten, so sollen die Vermögensgegenstände aus dem Ertrag wieder ergänzt werden.

Art. 85 Änderung des Verwendungszwecks; Aufhebung der Zweckbestimmung

¹Soweit eine Änderung des Verwendungszwecks oder die Aufhebung der Zweckbestimmung zulässig ist, beschließt hierüber der Gemeinderat. ²Der Beschluß bedarf der Genehmigung.

4. Abschnitt
Gemeindliche Unternehmen

Art. 86 Rechtsformen

Die Gemeinde kann Unternehmen außerhalb ihrer allgemeinen Verwaltung in folgenden Rechtsformen betreiben:
1. als Eigenbetrieb,
2. als selbständiges Kommunalunternehmen des öffentlichen Rechts,
3. in den Rechtsformen des Privatrechts.

Art. 87 Allgemeine Zulässigkeit von Unternehmen und Beteiligungen

(1) ¹Die Gemeinde darf ein Unternehmen im Sinn von Art. 86 nur errichten, übernehmen oder wesentlich erweitern, wenn
1. ein öffentlicher Zweck das Unternehmen erfordert, insbesondere wenn die Gemeinde mit ihm gesetzliche Verpflichtungen oder ihre Aufgaben gemäß Art. 83 Abs. 1 der Verfassung und Art. 57 dieses Gesetzes erfüllen will,
2. das Unternehmen nach Art und Umfang in einem angemessenen Verhältnis zur Leistungsfähigkeit der Gemeinde und zum voraussichtlichen Bedarf steht,
3. die dem Unternehmen zu übertragenden Aufgaben für die Wahrnehmung außerhalb der allgemeinen Verwaltung geeignet sind,
4. bei einem Tätigwerden außerhalb der kommunalen Daseinsvorsorge der Zweck nicht ebenso gut und wirtschaftlich durch einen anderen erfüllt wird oder erfüllt werden kann.

²Alle Tätigkeiten oder Tätigkeitsbereiche, mit denen die Gemeinde oder ihre Unternehmen an dem vom Wettbewerb beherrschten Wirtschaftsleben teilnehmen, um Gewinn zu erzielen, entsprechen keinem öffentlichen Zweck. ³Soweit Unternehmen entgegen Satz 2 vor

GO Art. 87, 88

dem 1. September 1998 errichtet oder übernommen wurden, dürfen sie weitergeführt, jedoch nicht erweitert werden.

(2) ¹Die Gemeinde darf mit ihren Unternehmen außerhalb des Gemeindegebiets nur tätig werden, wenn dafür die Voraussetzungen des Absatzes 1 vorliegen und die berechtigten Interessen der betroffenen kommunalen Gebietskörperschaften gewahrt sind. ²Bei der Versorgung mit Strom und Gas gelten nur die Interessen als berechtigt, die nach den Vorschriften des Energiewirtschaftsgesetzes eine Einschränkung des Wettbewerbs zulassen.

(3) ¹Für die Beteiligung der Gemeinde an einem Unternehmen gilt Absatz 1 entsprechend. ²Absatz 2 gilt entsprechend, wenn sich die Gemeinde an einem auch außerhalb ihres Gebiets tätigen Unternehmen in einem Ausmaß beteiligt, das den auf das Gemeindegebiet entfallenden Anteil an den Leistungen des Unternehmens erheblich übersteigt.

(4) ¹Bankunternehmen darf die Gemeinde weder errichten noch sich an ihnen beteiligen. ²Für das öffentliche Sparkassenwesen verbleibt es bei den besonderen Vorschriften. ³Die Gemeinde kann einen einzelnen Geschäftsanteil an einer eingetragenen Kreditgenossenschaft erwerben, wenn eine Nachschußpflicht ausgeschlossen oder die Haftsumme auf einen bestimmten Betrag beschränkt ist.

Art. 88 Eigenbetriebe

(1) Eigenbetriebe sind gemeindliche Unternehmen, die außerhalb der allgemeinen Verwaltung als Sondervermögen ohne eigene Rechtspersönlichkeit geführt werden.

(2) Für Eigenbetriebe bestellt der Gemeinderat eine Werkleitung und einen Werkausschuß.

(3) ¹Die Werkleitung führt die laufenden Geschäfte des Eigenbetriebs. ²Sie ist insoweit zur Vertretung nach außen befugt; der Gemeinderat kann ihr mit Zustimmung des ersten Bürgermeisters weitere Vertretungsbefugnisse übertragen. ³Die Werkleitung ist Dienstvorgesetzter der Beamten im Eigenbetrieb und führt die Dienstauf-

sicht über sie und die im Eigenbetrieb tätigen Angestellten und Arbeiter. ⁴Der Gemeinderat kann mit Zustimmung des ersten Bürgermeisters der Werkleitung für Beamte, Angestellte und Arbeiter im Eigenbetrieb personalrechtliche Befugnisse in entsprechender Anwendung von Art. 43 Abs. 2 übertragen.

(4) ¹Im übrigen beschließt über die Angelegenheiten des Eigenbetriebs der Werkausschuß, soweit nicht der Gemeinderat sich die Entscheidung allgemein vorbehält oder im Einzelfall an sich zieht. ²Der Werkausschuß ist ein beschließender Ausschuß im Sinn der Art. 32 und 55. ³Im Fall des Art. 43 Abs. 1 Satz 2 sollen Befugnisse gegenüber Beamten, Angestellten und Arbeitern im Eigenbetrieb auf den Werkausschuß übertragen werden.

(5) ¹Die Art. 61, 62, 67, 69 bis 72, 73 Abs. 1, Art. 74, 75, 77, 100 Abs. 4 und Art. 101 gelten entsprechend. ²Im Rahmen der gesetzlichen Vorschriften werden die Angelegenheiten des Eigenbetriebs durch eine Betriebssatzung geregelt.

(6) ¹Die Gemeinde kann Einrichtungen innerhalb der allgemeinen Verwaltung (Regiebetriebe) ganz oder teilweise nach den Vorschriften über die Wirtschaftsführung der Eigenbetriebe führen, wenn die Abweichung von den allgemeinen kommunalwirtschaftlichen Vorschriften nach Art und Umfang der Einrichtung zweckmäßig ist. ²Hierbei können auch Regelungen getroffen werden, die von einzelnen für Eigenbetriebe geltenden Vorschriften abweichen.

Art. 89   Selbständige Kommunalunternehmen des öffentlichen Rechts

(1) ¹Die Gemeinde kann selbständige Unternehmen in der Rechtsform einer Anstalt des öffentlichen Rechts (Kommunalunternehmen) errichten oder bestehende Regie- und Eigenbetriebe im Weg der Gesamtrechtsnachfolge in Kommunalunternehmen umwandeln. ²Das Kommunalunternehmen kann sich nach Maßgabe der Unternehmenssatzung an anderen Unternehmen beteiligen, wenn das dem Unternehmenszweck dient.

GO Art. 89, 90

(2) ¹Die Gemeinde kann dem Kommunalunternehmen einzelne oder alle mit einem bestimmten Zweck zusammenhängende Aufgaben ganz oder teilweise übertragen. ²Sie kann nach Maßgabe des Art. 24 durch gesonderte Satzung einen Anschluß- und Benutzungszwang zugunsten des Kommunalunternehmens festlegen und das Unternehmen zur Durchsetzung entsprechend Art. 27 ermächtigen. ³Sie kann ihm auch das Recht einräumen, an ihrer Stelle Satzungen und, soweit Landesrecht zu deren Erlaß ermächtigt, auch Verordnungen für das übertragene Aufgabengebiet zu erlassen; Art. 26 gilt sinngemäß.

(3) ¹Die Gemeinde regelt die Rechtsverhältnisse des Kommunalunternehmens durch eine Unternehmenssatzung. ²Die Unternehmenssatzung muß Bestimmungen über den Namen und die Aufgaben des Unternehmens, die Anzahl der Mitglieder des Vorstands und des Verwaltungsrats und die Höhe des Stammkapitals enthalten. ³Die Gemeinde hat die Unternehmenssatzung und deren Änderungen gemäß Art. 26 Abs. 2 bekanntzumachen. ⁴Das Kommunalunternehmen entsteht am Tag nach der Bekanntmachung, wenn nicht in der Unternehmenssatzung ein späterer Zeitpunkt bestimmt ist.

(4) Die Gemeinde haftet für die Verbindlichkeiten des Kommunalunternehmens unbeschränkt, soweit nicht Befriedigung aus dessen Vermögen zu erlangen ist (Gewährträgerschaft).

Art. 90 Organe des Kommunalunternehmens; Personal

(1) ¹Das Kommunalunternehmen wird von einem Vorstand in eigener Verantwortung geleitet, soweit nicht gesetzlich oder durch die Unternehmenssatzung etwas anderes bestimmt ist. ²Der Vorstand vertritt das Kommunalunternehmen nach außen. ³Die Gemeinde hat darauf hinzuwirken, daß jedes Vorstandsmitglied vertraglich verpflichtet wird, die ihm im Geschäftsjahr jeweils gewährten Bezüge im Sinn von § 285 Nr. 9 Buchst. a des Handelsgesetzbuchs der Gemeinde jährlich zur Veröffentlichung mitzuteilen.

(2) ¹Die Geschäftsführung des Vorstands wird von einem Verwaltungsrat überwacht. ²Der Verwaltungsrat bestellt den Vorstand auf

Art. 90 GO

höchstens fünf Jahre; eine erneute Bestellung ist zulässig. ³Er entscheidet außerdem über

1. den Erlaß von Satzungen und Verordnungen gemäß Art. 89 Abs. 2 Satz 3,
2. die Feststellung des Wirtschaftsplans und des Jahresabschlusses,
3. die Festsetzung allgemein geltender Tarife und Entgelte für die Leistungsnehmer,
4. die Beteiligung des Kommunalunternehmens an anderen Unternehmen,
5. die Bestellung des Abschlußprüfers,
6. die Ergebnisverwendung.

⁴Im Fall des Satzes 3 Nr. 1 unterliegt der Verwaltungsrat den Weisungen des Gemeinderats. ⁵Die Unternehmenssatzung kann vorsehen, daß der Gemeinderat den Mitgliedern des Verwaltungsrats auch in bestimmten anderen Fällen Weisungen erteilen kann. ⁶Die Abstimmung entgegen der Weisung berührt die Gültigkeit des Beschlusses des Verwaltungsrats nicht.

(3) ¹Der Verwaltungsrat besteht aus dem vorsitzenden Mitglied und den übrigen Mitgliedern. ²Den Vorsitz führt der erste Bürgermeister; mit seiner Zustimmung kann der Gemeinderat eine andere Person zum vorsitzenden Mitglied bestellen. ³Das vorsitzende Mitglied nach Satz 2 Halbsatz 2 und die übrigen Mitglieder des Verwaltungsrats werden vom Gemeinderat für sechs Jahre bestellt. ⁴Die Amtszeit von Mitgliedern des Verwaltungsrats, die dem Gemeinderat angehören, endet mit dem Ende der Wahlzeit oder dem vorzeitigen Ausscheiden aus dem Gemeinderat oder bei berufsmäßigen Gemeinderatsmitgliedern mit dem Ausscheiden aus dem Beamtenverhältnis. ⁵Die Mitglieder des Verwaltungsrats üben ihr Amt bis zum Amtsantritt der neuen Mitglieder weiter aus. ⁶Mitglieder des Verwaltungsrats können nicht sein:

1. Beamte und hauptberufliche Angestellte des Kommunalunternehmens,

2. leitende Beamte und leitende Angestellte von juristischen Personen oder sonstigen Organisationen des öffentlichen oder privaten Rechts, an denen das Kommunalunternehmen mit mehr als 50 v. H. beteiligt ist; eine Beteiligung am Stimmrecht genügt,
3. Beamte und Angestellte der Rechtsaufsichtsbehörde, die unmittelbar mit Aufgaben der Aufsicht über das Kommunalunternehmen befaßt sind.

(4) ¹Das Kommunalunternehmen hat das Recht, Dienstherr von Beamten zu sein, wenn es auf Grund einer Aufgabenübertragung nach Art. 89 Abs. 2 hoheitliche Befugnisse ausübt. ²Wird es aufgelöst, hat die Gemeinde die Beamten und die Versorgungsempfänger zu übernehmen. ³Wird das Unternehmensvermögen ganz oder teilweise auf andere juristische Personen des öffentlichen Rechts mit Dienstherrnfähigkeit übertragen, so gilt für die Übernahme und die Rechtsstellung der Beamten und der Versorgungsempfänger des Kommunalunternehmens Kapitel II Abschnitt III des Beamtenrechtsrahmengesetzes.

(5) ¹Beamten in einem Regie- oder Eigenbetrieb, der nach Art. 89 Abs. 1 Satz 1 ganz oder teilweise in ein Kommunalunternehmen umgewandelt wird, kann im dienstlichen oder öffentlichen Interesse mit ihrer Zustimmung eine ihrem Amt entsprechende Tätigkeit bei dem Kommunalunternehmen zugewiesen werden. ²Die Zuweisung bedarf nicht der Zustimmung des Beamten, wenn dringende öffentliche Interessen sie erfordern. ³Die Rechtsstellung des Beamten bleibt unberührt. ⁴Über die Zuweisung entscheidet die oberste Dienstbehörde.

Art. 91 Sonstige Vorschriften für Kommunalunternehmen

(1) Der Jahresabschluß und der Lagebericht von Kommunalunternehmen werden nach den für große Kapitalgesellschaften geltenden Vorschriften des Handelsgesetzbuchs aufgestellt und geprüft, sofern nicht weitergehende gesetzliche Vorschriften gelten oder andere gesetzliche Vorschriften entgegenstehen.

Art. 92 GO

(2) Die Organe der Rechnungsprüfung der Gemeinde haben das Recht, sich zur Klärung von Fragen, die bei der Prüfung nach Art. 106 Abs. 4 Sätze 2 und 3 auftreten, unmittelbar zu unterrichten und zu diesem Zweck den Betrieb, die Bücher und Schriften des Kommunalunternehmens einzusehen.

(3) Die Art. 4 Abs. 2, Art. 61, 62, 69, 70, 74, 75, 77 und 101 und die Vorschriften des Vierten Teils über die staatliche Aufsicht und die Rechtsmittel sind auf das Kommunalunternehmen sinngemäß anzuwenden.

(4) Das Unternehmen ist zur Vollstreckung von Verwaltungsakten in demselben Umfang berechtigt wie die Gemeinde, wenn es auf Grund einer Aufgabenübertragung nach Art. 89 Abs. 2 hoheitliche Befugnisse ausübt und bei der Aufgabenübertragung nichts Abweichendes geregelt wird.

Art. 92 Unternehmen in Privatrechtsform

(1) [1]Gemeindliche Unternehmen in Privatrechtsform und gemeindliche Beteiligungen an Unternehmen in Privatrechtsform sind nur zulässig, wenn

1. im Gesellschaftsvertrag oder in der Satzung sichergestellt ist, daß das Unternehmen den öffentlichen Zweck gemäß Art. 87 Abs. 1 Satz 1 Nr. 1 erfüllt,
2. die Gemeinde angemessenen Einfluß im Aufsichtsrat oder in einem entsprechenden Gremium erhält,
3. die Haftung der Gemeinde auf einen bestimmten, ihrer Leistungsfähigkeit angemessenen Betrag begrenzt wird; die Rechtsaufsichtsbehörde kann von der Haftungsbegrenzung befreien.

[2]Zur Sicherstellung des öffentlichen Zwecks von Gesellschaften mit beschränkter Haftung soll im Gesellschaftsvertrag oder in der Satzung bestimmt werden, daß die Gesellschafterversammlung auch über den Erwerb und die Veräußerung von Unternehmen und Beteiligungen und über den Abschluß und die Änderung von Unterneh-

mensverträgen beschließt. ³In der Satzung von Aktiengesellschaften soll bestimmt werden, daß zum Erwerb und zur Veräußerung von Unternehmen und Beteiligungen die Zustimmung des Aufsichtsrats notwendig ist.

(2) Die Gemeinde darf dem Erwerb von Unternehmen und Beteiligungen durch Unternehmen in Privatrechtsform, an denen sie unmittelbar oder mittelbar beteiligt ist, nur unter entsprechender Anwendung der für sie selbst geltenden Vorschriften zustimmen.

Art. 93 Vertretung der Gemeinde in Unternehmen in Privatrechtsform

(1) ¹Der erste Bürgermeister vertritt die Gemeinde in der Gesellschafterversammlung oder einem entsprechenden Organ. ²Mit Zustimmung des ersten Bürgermeisters und der weiteren Bürgermeister kann der Gemeinderat eine andere Person zur Vertretung widerruflich bestellen.

(2) ¹Die Gemeinde soll bei der Ausgestaltung des Gesellschaftsvertrags oder der Satzung darauf hinwirken, daß ihr das Recht eingeräumt wird, Mitglieder in einen Aufsichtsrat oder ein entsprechendes Gremium zu entsenden, soweit das zur Sicherung eines angemessenen Einflusses notwendig ist. ²Vorbehaltlich entgegenstehender gesetzlicher Vorschriften haben Personen, die von der Gemeinde entsandt oder auf ihre Veranlassung gewählt wurden, die Gemeinde über alle wichtigen Angelegenheiten möglichst frühzeitig zu unterrichten und ihr auf Verlangen Auskunft zu erteilen. ³Soweit zulässig, soll sich die Gemeinde ihnen gegenüber Weisungsrechte im Gesellschaftsvertrag oder der Satzung vorbehalten.

(3) ¹Wird die Person, die die Gemeinde vertritt oder werden die in Absatz 2 genannten Personen aus ihrer Tätigkeit haftbar gemacht, stellt die Gemeinde sie von der Haftung frei. ²Bei Vorsatz oder grober Fahrlässigkeit kann die Gemeinde Rückgriff nehmen, es sei denn, das schädigende Verhalten beruhte auf ihrer Weisung. ³Die Sätze 1 und 2 gelten entsprechend für Personen, die auf Veranlas-

sung der Gemeinde als nebenamtliche Mitglieder des geschäftsführenden Unternehmensorgans bestellt sind.

Art. 94 Sonstige Vorschriften für Unternehmen in Privatrechtsform

(1) ¹Gehören der Gemeinde Anteile an einem Unternehmen in dem in § 53 des Haushaltsgrundsätzegesetzes (HGrG) bezeichneten Umfang, so hat sie

1. darauf hinzuwirken, daß in sinngemäßer Anwendung der für Eigenbetriebe geltenden Vorschriften für jedes Wirtschaftsjahr ein Wirtschaftsplan aufgestellt und der Wirtschaftsführung eine fünfjährige Finanzplanung zugrunde gelegt wird,
2. dafür Sorge zu tragen, daß der Jahresabschluß und der Lagebericht nach den für große Kapitalgesellschaften geltenden Vorschriften des Handelsgesetzbuchs aufgestellt und geprüft werden, sofern nicht weitergehende gesetzliche Vorschriften gelten oder andere gesetzliche Vorschriften entgegenstehen,
3. die Rechte nach § 53 Abs. 1 HGrG auszuüben,
4. darauf hinzuwirken, daß ihr und dem für sie zuständigen überörtlichen Prüfungsorgan die in § 54 HGrG vorgesehenen Befugnisse eingeräumt werden,
5. darauf hinzuwirken, daß jedes Mitglied des geschäftsführenden Unternehmensorgans vertraglich verpflichtet wird, die ihm im Geschäftsjahr jeweils gewährten Bezüge im Sinn von § 285 Nr. 9 Buchst. a des Handelsgesetzbuchs der Gemeinde jährlich zur Veröffentlichung entsprechend Absatz 3 Satz 2 mitzuteilen.

²Die Rechtsaufsichtsbehörde kann Ausnahmen zulassen.

(2) ¹Ist eine Beteiligung der Gemeinde an einem Unternehmen keine Mehrheitsbeteiligung im Sinn des § 53 HGrG, so soll die Gemeinde, soweit ihr Interesse das erfordert, darauf hinwirken, daß in der Satzung oder im Gesellschaftsvertrag der Gemeinde die Rechte nach § 53 Abs. 1 HGrG und der Gemeinde und dem für sie zuständigen überörtlichen Prüfungsorgan die Befugnisse nach § 54 HGrG

eingeräumt werden. ²Bei mittelbaren Beteiligungen gilt das nur, wenn die Beteiligung den vierten Teil der Anteile übersteigt und einer Gesellschaft zusteht, an der die Gemeinde allein oder zusammen mit anderen Gebietskörperschaften oder deren Zusammenschlüssen mit Mehrheit im Sinn des § 53 HGrG beteiligt ist.

(3) ¹Die Gemeinde hat jährlich einen Bericht über ihre Beteiligungen an Unternehmen in einer Rechtsform des Privatrechts zu erstellen, wenn ihr mindestens der zwanzigste Teil der Anteile eines Unternehmens gehört. ²Der Beteiligungsbericht soll insbesondere Angaben über die Erfüllung des öffentlichen Zwecks, die Beteiligungsverhältnisse, die Zusammensetzung der Organe der Gesellschaft, die Bezüge der einzelnen Mitglieder des geschäftsführenden Unternehmensorgans gemäß Absatz 1 Nr. 5, die Ertragslage und die Kreditaufnahme enthalten. ³Haben die Mitglieder des geschäftsführenden Unternehmensorgans ihr Einverständnis mit der Veröffentlichung ihrer Einzelbezüge nicht erklärt, sind ihre Gesamtbezüge so zu veröffentlichen, wie sie von der Gesellschaft nach den Vorschriften des Handelsgesetzbuchs in den Anhang zum Jahresabschluß aufgenommen werden. ⁴Der Bericht ist dem Gemeinderat vorzulegen. ⁵Die Gemeinde weist ortsüblich darauf hin, daß jeder Einsicht in den Bericht nehmen kann.

Art. 95 Grundsätze für die Führung gemeindlicher Unternehmen

(1) ¹Eigenbetriebe und Kommunalunternehmen sind unter Beachtung betriebswirtschaftlicher Grundsätze und des Grundsatzes der Sparsamkeit und Wirtschaftlichkeit so zu führen, daß der öffentliche Zweck erfüllt wird. ²Entsprechendes gilt für die Steuerung und Überwachung von Unternehmen in Privatrechtsform, an denen die Gemeinde mit mehr als 50 v. H. beteiligt ist; bei einer geringeren Beteiligung soll die Gemeinde darauf hinwirken.

(2) Gemeindliche Unternehmen dürfen keine wesentliche Schädigung und keine Aufsaugung selbständiger Betriebe in Landwirtschaft, Handwerk, Handel, Gewerbe und Industrie bewirken.

Art. 96 Anzeigepflichten

¹Entscheidungen der Gemeinde über

1. die Errichtung, Übernahme und wesentliche Erweiterung sowie die Änderung der Rechtsform oder der Aufgaben gemeindlicher Unternehmen,
2. die unmittelbare oder mittelbare Beteiligung der Gemeinde an Unternehmen,
3. die gänzliche oder teilweise Veräußerung gemeindlicher Unternehmen oder Beteiligungen,
4. die Auflösung von Kommunalunternehmen

sind der Rechtsaufsichtsbehörde rechtzeitig, mindestens aber sechs Wochen vor ihrem Vollzug, vorzulegen. ²In den Fällen des Satzes 1 Nrn. 2 und 3 besteht keine Anzeigepflicht, wenn die Entscheidung weniger als den zwanzigsten Teil der Anteile des Unternehmens betrifft. ³Aus der Vorlage muß zu ersehen sein, ob die gesetzlichen Voraussetzungen erfüllt sind. ⁴Die Unternehmenssatzung von Kommunalunternehmen ist der Rechtsaufsichtsbehörde stets vorzulegen.

Art. 97 bis 99

(aufgehoben)

5. ABSCHNITT

Kassen- und Rechnungswesen

Art. 100 Gemeindekasse

(1) Die Gemeindekasse erledigt alle Kassengeschäfte der Gemeinde.

(2) ¹Die Gemeinde hat einen Kassenverwalter und einen Stellvertreter zu bestellen. ²Diese Verpflichtung entfällt, wenn sie ihre Kassengeschäfte ganz durch eine Stelle außerhalb der Gemeindeverwaltung besorgen läßt. ³Die Anordnungsbefugten der Gemeindeverwaltung, der Leiter und die Prüfer des Rechnungsprüfungsamts und Bedienstete, denen örtliche Kassenprüfungen übertragen sind,

können nicht gleichzeitig die Aufgaben eines Kassenverwalters oder seines Stellvertreters wahrnehmen.

(3) Der Kassenverwalter und sein Stellvertreter dürfen weder miteinander noch mit den Anordnungsbefugten der Gemeindeverwaltung, dem Leiter und den Prüfern des Rechnungsprüfungsamts und den Bediensteten, denen örtliche Kassenprüfungen übertragen sind, durch ein Angehörigenverhältnis im Sinn des Art. 20 Abs. 5 des Bayerischen Verwaltungsverfahrensgesetzes verbunden sein.

(4) ¹Sonderkassen sollen mit der Gemeindekasse verbunden werden. ²Ist eine Sonderkasse nicht mit der Gemeindekasse verbunden, gelten für den Verwalter der Sonderkasse und dessen Stellvertreter die Absätze 2 und 3 entsprechend.

Art. 101 Übertragung von Kassen- und Rechnungsgeschäften

¹Die Gemeinde kann das Ermitteln von Ansprüchen und von Zahlungsverpflichtungen, das Vorbereiten der entsprechenden Kassenanordnungen, die Kassengeschäfte und das Rechnungswesen ganz oder zum Teil von einer Stelle außerhalb der Gemeindeverwaltung besorgen lassen, wenn die ordnungsgemäße und sichere Erledigung und die Prüfung nach den für die Gemeinde geltenden Vorschriften gewährleistet sind.

Art. 102 Rechnungslegung

(1) ¹In der Jahresrechnung ist das Ergebnis der Haushaltswirtschaft einschließlich des Stands des Vermögens und der Verbindlichkeiten zu Beginn und am Ende des Haushaltsjahres nachzuweisen. ²Die Jahresrechnung ist durch einen Rechenschaftsbericht zu erläutern.

(2) Die Jahresrechnung ist innerhalb von vier Monaten nach Abschluß des Haushaltsjahres aufzustellen und sodann dem Gemeinderat vorzulegen.

Art. 103 GO

(3) Nach Durchführung der örtlichen Prüfung (Art. 103) und Aufklärung etwaiger Unstimmigkeiten stellt der Gemeinderat die Jahresrechnung in öffentlicher Sitzung alsbald fest.

(4) ¹Nach der überörtlichen Prüfung der Jahresrechnung und der Jahresabschlüsse (Art. 105) und Aufklärung etwaiger Unstimmigkeiten beschließt der Gemeinderat in öffentlicher Sitzung alsbald über die Entlastung. ²Verweigert der Gemeinderat die Entlastung oder spricht er sie mit Einschränkungen aus, so hat er die dafür maßgebenden Gründe anzugeben.

(5) Die Gemeinderatsmitglieder können jederzeit die Berichte über die Prüfungen einsehen.

6. ABSCHNITT
Prüfungswesen
Art. 103 Örtliche Prüfungen

(1) ¹Die Jahresrechnung und die Jahresabschlüsse der Eigenbetriebe und der Krankenhäuser mit kaufmännischem Rechnungswesen werden entweder vom Gemeinderat oder von einem Rechnungsprüfungsausschuß geprüft (örtliche Rechnungsprüfung). ²Über die Beratungen sind Niederschriften aufzunehmen.

(2) In Gemeinden mit mehr als 5 000 Einwohnern bildet der Gemeinderat aus seiner Mitte einen Rechnungsprüfungsausschuß mit mindestens drei und höchstens sieben Mitgliedern und bestimmt ein Ausschußmitglied zum Vorsitzenden; Art. 33 Abs. 2 findet keine Anwendung.

(3) ¹Zur Prüfung der Jahresrechnung und der Jahresabschlüsse können Sachverständige zugezogen werden. ²In Gemeinden, in denen ein Rechnungsprüfungsamt eingerichtet ist (Art. 104), ist das Rechnungsprüfungsamt umfassend als Sachverständiger heranzuziehen.

(4) Die örtliche Prüfung der Jahresrechnung und der Jahresabschlüsse ist innerhalb von zwölf Monaten nach Abschluß des Haushaltsjahres durchzuführen.

(5) ¹Die örtliche Kassenprüfung obliegt dem ersten Bürgermeister. ²Er bedient sich in Gemeinden, in denen ein Rechnungsprüfungsamt eingerichtet ist, dieses Amts.

Art. 104 Rechnungsprüfungsamt

(1) ¹Kreisfreie Gemeinden müssen ein Rechnungsprüfungsamt einrichten. ²Kreisangehörige Gemeinden können ein Rechnungsprüfungsamt einrichten, wenn ein Bedürfnis dafür besteht und die Kosten in angemessenem Verhältnis zum Umfang der Verwaltung stehen.

(2) ¹Das Rechnungsprüfungsamt ist bei der örtlichen Rechnungsprüfung dem Gemeinderat und bei den örtlichen Kassenprüfungen dem ersten Bürgermeister unmittelbar verantwortlich. ²Der Gemeinderat und der erste Bürgermeister können besondere Aufträge zur Prüfung der Verwaltung erteilen. ³Das Rechnungsprüfungsamt ist bei der Wahrnehmung seiner Aufgaben unabhängig und nur dem Gesetz unterworfen. ⁴Im übrigen bleiben die Befugnisse des ersten Bürgermeisters unberührt, dem das Rechnungsprüfungsamt unmittelbar untersteht.

(3) ¹Der Gemeinderat bestellt den Leiter, seinen Stellvertreter und die Prüfer des Rechnungsprüfungsamts und beruft sie ab. ²Der Gemeinderat kann den Leiter des Rechnungsprüfungsamts und seinen Stellvertreter gegen ihren Willen nur mit einer Mehrheit von zwei Dritteln der gesetzlichen Zahl der Mitglieder des Gemeinderats abberufen, wenn sie ihre Aufgabe nicht ordnungsgemäß erfüllen. ³Die Abberufung von Prüfern des Rechnungsprüfungsamts gegen ihren Willen bedarf einer Mehrheit von zwei Dritteln der stimmberechtigten Gemeinderatsmitglieder.

(4) ¹Der Leiter des Rechnungsprüfungsamts muß Beamter auf Lebenszeit sein. ²Er muß mindestens die Befähigung für den gehobenen nichttechnischen Verwaltungsdienst und die für sein Amt erforderliche Erfahrung und Eignung besitzen.

(5) ¹Der Leiter, sein Stellvertreter und die Prüfer des Rechnungsprüfungsamts dürfen eine andere Stellung in der Gemeinde nur in-

nehaben, wenn das mit ihren Prüfungsaufgaben vereinbar ist. ²Sie dürfen Zahlungen für die Gemeinde weder anordnen noch ausführen. ³Für den Leiter des Rechnungsprüfungsamts und seinen Stellvertreter gilt außerdem Art. 100 Abs. 3 entsprechend.

Art. 105   Überörtliche Prüfungen

(1) Die überörtlichen Rechnungs- und Kassenprüfungen werden bei den Mitgliedern des Bayerischen Kommunalen Prüfungsverbands durch diesen Verband, bei den übrigen Gemeinden durch die staatlichen Rechnungsprüfungsstellen der Landratsämter durchgeführt (überörtliche Prüfungsorgane).

(2) Die überörtliche Rechnungsprüfung findet alsbald nach der Feststellung der Jahresrechnung und der Jahresabschlüsse der Eigenbetriebe und der Krankenhäuser mit kaufmännischem Rechnungswesen statt.

Art. 106   Inhalt der Rechnungs- und Kassenprüfungen

(1) Die Rechnungsprüfung erstreckt sich auf die Einhaltung der für die Wirtschaftsführung geltenden Vorschriften und Grundsätze, insbesondere darauf, ob
1. die Haushaltssatzung und der Haushaltsplan eingehalten worden sind,
2. die Einnahmen und Ausgaben begründet und belegt sind sowie die Jahresrechnung und die Vermögensnachweise ordnungsgemäß aufgestellt sind,
3. wirtschaftlich und sparsam verfahren wird,
4. die Aufgaben mit geringerem Personal- oder Sachaufwand oder auf andere Weise wirksamer erfüllt werden können.

(2) ¹Die Wirtschaftsführung der Krankenhäuser einschließlich der Jahresabschlüsse unterliegen der Rechnungsprüfung. ²Absatz 1 gilt entsprechend.

(3) ¹Die Rechnungsprüfung umfaßt auch die Wirtschaftsführung der Eigenbetriebe unter entsprechender Anwendung des Absatzes 1. ²Dabei ist auf das Ergebnis der Abschlußprüfung (Art. 107) mit abzustellen.

(4) ¹Im Rahmen der Rechnungsprüfung wird die Betätigung der Gemeinde bei Unternehmen in einer Rechtsform des privaten Rechts, an denen die Gemeinde unmittelbar oder mittelbar beteiligt ist, unter Beachtung kaufmännischer Grundsätze mitgeprüft. ²Entsprechendes gilt bei Erwerbs- und Wirtschaftsgenossenschaften, in denen die Gemeinde Mitglied ist, sowie bei Kommunalunternehmen. ³Die Rechnungsprüfung umfaßt ferner die Buch-, Betriebs- und sonstigen Prüfungen, die sich die Gemeinde bei der Hingabe eines Darlehens oder sonst vorbehalten hat.

(5) Durch Kassenprüfungen werden die ordnungsmäßige Erledigung der Kassengeschäfte, die ordnungsmäßige Einrichtung der Kassen und das Zusammenwirken mit der Verwaltung geprüft.

Art. 107 Abschlußprüfung

(1) Der Jahresabschluß und der Lagebericht eines Eigenbetriebs und eines Kommunalunternehmens sollen spätestens innerhalb von neun Monaten nach Schluß des Wirtschaftsjahres durch einen sachverständigen Prüfer (Abschlußprüfer) geprüft sein.

(2) Die Abschlußprüfung wird vom Bayerischen Kommunalen Prüfungsverband oder von einem Wirtschaftsprüfer oder von einer Wirtschaftsprüfungsgesellschaft durchgeführt.

(3) ¹Die Abschlußprüfung erstreckt sich auf die Vollständigkeit und Ordnungsmäßigkeit des Jahresabschlusses unter Einbeziehung der Buchführung und des Lageberichts. ²Dabei werden auch geprüft

1. die Ordnungsmäßigkeit der Geschäftsführung,
2. die Entwicklung der Vermögens- und Ertragslage sowie die Liquidität und Rentabilität,

3. die verlustbringenden Geschäfte und die Ursachen der Verluste, wenn diese Geschäfte und die Ursachen für die Vermögens- und Ertragslage von Bedeutung waren,
4. die Ursachen eines in der Gewinn- und Verlustrechnung ausgewiesenen Jahresfehlbetrags.

VIERTER TEIL
Staatliche Aufsicht und Rechtsmittel

1. ABSCHNITT
Rechtsaufsicht und Fachaufsicht

Art. 108 Sinn der staatlichen Aufsicht

Die Aufsichtsbehörden sollen die Gemeinden bei der Erfüllung ihrer Aufgaben verständnisvoll beraten, fördern und schützen sowie die Entschlußkraft und die Selbstverantwortung der Gemeindeorgane stärken.

Art. 109 Inhalt und Grenzen der Aufsicht

(1) In den Angelegenheiten des eigenen Wirkungskreises (Art. 7) beschränkt sich die staatliche Aufsicht darauf, die Erfüllung der gesetzlich festgelegten und übernommenen öffentlich-rechtlichen Aufgaben und Verpflichtungen der Gemeinden und die Gesetzmäßigkeit ihrer Verwaltungstätigkeit zu überwachen (Rechtsaufsicht).

(2) ¹In den Angelegenheiten des übertragenen Wirkungskreises (Art. 8) erstreckt sich die staatliche Aufsicht auch auf die Handhabung des gemeindlichen Verwaltungsermessens (Fachaufsicht). ²Eingriffe in das Verwaltungsermessen sind auf die Fälle zu beschränken, in denen
1. das Gemeinwohl oder öffentlich-rechtliche Ansprüche einzelner eine Weisung oder Entscheidung erfordern oder
2. die Bundesregierung nach Art. 84 Abs. 5 oder Art. 85 Abs. 3 des Grundgesetzes eine Weisung erteilt.

Art. 110   Rechtsaufsichtsbehörden

¹Die Rechtsaufsicht über die kreisangehörigen Gemeinden obliegt dem Landratsamt als staatliche Verwaltungsaufgabe. ²Die Rechtsaufsicht über die kreisfreien Gemeinden obliegt der Regierung. ³Diese ist obere Rechtsaufsichtsbehörde für die kreisangehörigen Gemeinden. ⁴Das Staatsministerium des Innern ist obere Rechtsaufsichtsbehörde für die kreisfreien Gemeinden.

Art. 111   Informationsrecht

¹Die Rechtsaufsichtsbehörde ist befugt, sich über alle Angelegenheiten der Gemeinde zu unterrichten. ²Sie kann insbesondere Anstalten und Einrichtungen der Gemeinde besichtigen, die Geschäfts- und Kassenführung prüfen sowie Berichte und Akten einfordern.

Art. 112   Beanstandungsrecht

¹Die Rechtsaufsichtsbehörde kann rechtswidrige Beschlüsse und Verfügungen der Gemeinde beanstanden und ihre Aufhebung oder Änderung verlangen. ²Bei Nichterfüllung öffentlich-rechtlicher Aufgaben oder Verpflichtungen kann die Rechtsaufsichtsbehörde die Gemeinde zur Durchführung der notwendigen Maßnahmen auffordern.

Art. 113   Recht der Ersatzvornahme

¹Kommt die Gemeinde binnen einer ihr gesetzten angemessenen Frist den Anordnungen der Rechtsaufsichtsbehörde nicht nach, kann diese die notwendigen Maßnahmen an Stelle der Gemeinde verfügen und vollziehen. ²Die Kosten trägt die Gemeinde.

Art. 114   Bestellung eines Beauftragten

(1) Ist der geordnete Gang der Verwaltung durch Beschlußunfähigkeit des Gemeinderats oder durch seine Weigerung, gesetzmäßi-

ge Anordnungen der Rechtsaufsichtsbehörde auszuführen, ernstlich behindert, so kann die Rechtsaufsichtsbehörde den ersten Bürgermeister ermächtigen, bis zur Behebung des gesetzwidrigen Zustands für die Gemeinde zu handeln.

(2) ¹Weigert sich der erste Bürgermeister oder ist er aus tatsächlichen oder rechtlichen Gründen verhindert, die Aufgaben nach Absatz 1 wahrzunehmen, so beauftragt die Rechtsaufsichtsbehörde die weiteren Bürgermeister in ihrer Reihenfolge, für die Gemeinde zu handeln, solange es erforderlich ist. ²Sind keine weiteren Bürgermeister vorhanden oder sind auch sie verhindert oder nicht handlungswillig, so handelt die Rechtsaufsichtsbehörde für die Gemeinde.

(3) Die Staatsregierung kann ferner, wenn sich der gesetzwidrige Zustand anders nicht beheben lässt, den Gemeinderat auflösen und dessen Neuwahl anordnen.

Art. 115   Fachaufsichtsbehörden

(1) ¹Die Zuständigkeit zur Führung der Fachaufsicht auf den einzelnen Gebieten des übertragenen Wirkungskreises bestimmt sich nach den hierfür geltenden besonderen Vorschriften. ²Soweit solche besonderen Vorschriften nicht bestehen, obliegt den Rechtsaufsichtsbehörden auch die Führung der Fachaufsicht.

(2) Soweit Große Kreisstädte Aufgaben wahrnehmen, die ihnen nach Art. 9 Abs. 2 übertragen sind, richtet sich die Fachaufsicht nach den für kreisfreie Gemeinden geltenden Vorschriften.

Art. 116   Befugnisse der Fachaufsicht

(1) ¹Die Fachaufsichtsbehörden können sich über Angelegenheiten des übertragenen Wirkungskreises in gleicher Weise wie die Rechtsaufsichtsbehörden unterrichten (Art. 111). ²Sie können ferner der Gemeinde für die Behandlung übertragener Angelegenheiten unter Beachtung des Art. 109 Abs. 2 Satz 2 Weisungen erteilen. ³Zu weitergehenden Eingriffen in die Gemeindeverwaltung sind die

Fachaufsichtsbehörden unbeschadet der Entscheidung über Widersprüche (Art. 119 Nr. 2) nicht befugt.

(2) ¹Die Rechtsaufsichtsbehörden sind verpflichtet, die Fachaufsichtsbehörden bei der Durchführung ihrer gesetzlichen Aufgaben nötigenfalls unter Anwendung der in den Art. 113 und 114 festgelegten Befugnisse zu unterstützen. ²Soweit Große Kreisstädte Aufgaben wahrnehmen, die ihnen nach Art. 9 Abs. 2 übertragen sind, richtet sich die Zuständigkeit der Rechtsaufsichtsbehörden im Rahmen von Satz 1 nach den für kreisfreie Gemeinden geltenden Vorschriften.

Art. 117   Genehmigungsbehörde

(1) Die in diesem Gesetz vorgeschriebenen Genehmigungen erteilt, soweit nichts anderes bestimmt ist, die Rechtsaufsichtsbehörde (Art. 110).

(2) Gemeindliche Beschlüsse sowie Geschäfte des bürgerlichen Rechts erlangen Rechtswirksamkeit erst mit der Erteilung der nach diesem Gesetz erforderlichen Genehmigung.

(3) Die Anträge auf Erteilung der Genehmigungen sind ohne schuldhafte Verzögerung zu verbescheiden.

Art. 117a   Ausnahmegenehmigungen

¹Das Staatsministerium des Innern kann im Interesse der Weiterentwicklung der kommunalen Selbstverwaltung zur Erprobung neuer Modelle der Steuerung und des Haushalts- und Rechnungswesens auf Antrag im Einzelfall Ausnahmen von organisations- und haushaltsrechtlichen Regelungen dieses Gesetzes und der nach Art. 123 erlassenen Vorschriften genehmigen. ²Die Genehmigung ist zu befristen. ³Bedingungen und Auflagen sind insbesondere zulässig, um die Vergleichbarkeit des Kommunalrechtsvollzugs auch im Rahmen einer Erprobung möglichst zu wahren und die Ergebnisse der Erprobung für andere Gemeinden, für Landkreise und für Bezirke nutzbar zu machen.

2. ABSCHNITT

Rechtsmittel

Art. 118 *(aufgehoben)*

Art. 119 Erlaß des Widerspruchsbescheids
(§ 73 der Verwaltungsgerichtsordnung – VwGO)

Den Widerspruchsbescheid erläßt

1. in Angelegenheiten des eigenen Wirkungskreises die Rechtsaufsichtsbehörde, die dabei auf die Prüfung der Rechtmäßigkeit beschränkt ist; zuvor hat die Selbstverwaltungsbehörde nach § 72 VwGO auch die Zweckmäßigkeit zu überprüfen,
2. in Angelegenheiten des übertragenen Wirkungskreises die Fachaufsichtsbehörde; ist Fachaufsichtsbehörde eine oberste Landesbehörde, so entscheidet die Behörde, die den Verwaltungsakt erlassen hat; Art. 109 Abs. 2 Satz 2 findet keine Anwendung.

Art. 120 Anfechtung aufsichtlicher Verwaltungsakte

Über den Widerspruch kreisangehöriger Gemeinden gegen einen aufsichtlichen Verwaltungsakt entscheidet

1. in Angelegenheiten der Rechtsaufsicht die Regierung,
2. in Angelegenheiten der Fachaufsicht die höhere Fachaufsichtsbehörde; ist höhere Fachaufsichtsbehörde eine oberste Landesbehörde, so entscheidet die Behörde, die den aufsichtlichen Verwaltungsakt erlassen hat.

FÜNFTER TEIL
Übergangs- und Schlußvorschriften

Art. 121 Inkrafttreten

(1) ¹Dieses Gesetz ist dringlich. ²Es tritt am 18. Januar 1952 in Kraft.*

(2) *(gegenstandslos)*

Art. 122 Einwohnerzahl

(1) ¹Soweit nach diesem Gesetz oder einer auf Grund dieses Gesetzes erlassenen Rechtsverordnung die Einwohnerzahl von rechtlicher Bedeutung ist, ist die Einwohnerzahl maßgebend, die bei der letzten Wahl der Gemeinderatsmitglieder zugrunde gelegt wurde. ²Art. 34 Abs. 3 bleibt unberührt.

(2) *(gegenstandslos)*

Art. 123 Ausführungsvorschriften

(1) ¹Das Staatsministerium des Innern erläßt die zum Vollzug dieses Gesetzes erforderlichen Ausführungsvorschriften. ²Es wird insbesondere ermächtigt, im Einvernehmen mit dem Staatsministerium der Finanzen durch Rechtsverordnungen zu regeln:

1. den Inhalt und die Gestaltung des Haushaltsplans einschließlich des Stellenplans, der Finanzplanung und des Investitionsprogramms, ferner die Veranschlagung von Einnahmen, Ausgaben und Verpflichtungsermächtigungen für einen vom Haushaltsjahr abweichenden Wirtschaftszeitraum,
2. die Ausführung des Haushaltsplans, die Anordnung von Zahlungen, die Haushaltsüberwachung, die Stundung, die Niederschlagung und den Erlaß von Ansprüchen und die Behandlung von Kleinbeträgen,

---

* Diese Vorschrift betrifft das Inkrafttreten des Gesetzes in der ursprünglichen Fassung vom 25. Januar 1952 (GVBl. S. 19). Der Zeitpunkt des Inkrafttretens der späteren Änderungen ergibt sich aus den jeweiligen Änderungsgesetzen.

GO Art. 123

3. die Ausschreibung von Lieferungen und Leistungen und die Vergabe von Aufträgen,

4. die Bildung, vorübergehende Inanspruchnahme und Verwendung von Rücklagen und deren Mindesthöhe,

5. die Geldanlagen und ihre Sicherung,

6. die Erfassung, den Nachweis, die Bewertung und die Abschreibung der Vermögensgegenstände; dabei kann die Bewertung und Abschreibung auf einzelne Bereiche beschränkt werden,

7. die Kassenanordnungen, die Aufgaben und die Organisation der Gemeindekasse und der Sonderkassen, den Zahlungsverkehr, die Verwaltung der Kassenmittel, der Wertgegenstände und anderer Gegenstände, die Buchführung sowie die Möglichkeit, daß die Buchführung und die Verwahrung von Wertgegenständen von den Kassengeschäften abgetrennt werden können,

8. den Inhalt und die Gestaltung der Jahresrechnung und die Abwicklung der Vorjahresergebnisse,

9. den Aufbau und die Verwaltung, die Wirtschaftsführung, das Rechnungswesen und die Prüfung der Eigenbetriebe,

10. die Prüfung der Jahresrechnungen und der Jahresabschlüsse, die Prüfung der Gemeindekasse und der Sonderkassen, die Abschlußprüfung und die Freistellung von der Abschlußprüfung, die Prüfung von Verfahren der automatisierten Datenverarbeitung im Bereich des Finanzwesens der Gemeinden, die Rechte und Pflichten der Prüfer, die über Prüfungen zu erstellenden Berichte und deren weitere Behandlung sowie die Organisation der staatlichen Rechnungsprüfungsstellen der Landratsämter,

11. das Verfahren bei der Errichtung der Kommunalunternehmen und den Aufbau, die Verwaltung, die Wirtschaftsführung sowie das Rechnungs- und Prüfungswesen der Kommunalunternehmen.

[3]Das Staatsministerium des Innern wird weiter ermächtigt, im Einvernehmen mit dem Staatsministerium für Arbeit und Sozialordnung, Familie, Frauen und Gesundheit und mit dem Staatsministerium der

Finanzen die Wirtschaftsführung der Krankenhäuser und der Pflegeeinrichtungen der Gemeinden durch Rechtsverordnung zu regeln.

(2) ¹Das Staatsministerium des Innern erläßt die erforderlichen Verwaltungsvorschriften und gibt Muster, insbesondere für
1. die Haushaltssatzung und die Nachtragshaushaltssatzung,
2. die Gliederung und die Gruppierung des Haushaltsplans und des Finanzplans,
3. die Form des Haushaltsplans und seiner Anlagen, des Finanzplans und des Investitionsprogramms,
4. die Gliederung, die Gruppierung und die Form der Vermögensnachweise,
5. die Kassenanordnungen, die Buchführung, die Jahresrechnung und ihre Anlagen,
6. die Gliederung und die Form des Wirtschaftsplans und seiner Anlagen, des Finanzplans und des Investitionsprogramms, des Jahresabschlusses, der Anlagenachweise und der Erfolgsübersicht für Eigenbetriebe und für Krankenhäuser mit kaufmännischem Rechnungswesen,

im Allgemeinen Ministerialblatt bekannt. ²Es kann solche Muster für verbindlich erklären. ³Die Zuordnung der Einnahmen und Ausgaben in die Gliederung und die Gruppierung des Haushaltsplans und des Finanzplans und die Zuordnung der vermögenswirksamen Vorgänge in die Gliederung und die Gruppierung der Vermögensnachweise kann durch Verwaltungsvorschrift in gleicher Weise verbindlich festgelegt werden. ⁴Die Verwaltungsvorschriften zur Gliederung und Gruppierung des Haushaltsplans und des Finanzplans sind im Einvernehmen mit dem Staatsministerium der Finanzen zu erlassen.

Art. 124 Einschränkung von Grundrechten

Auf Grund dieses Gesetzes können die Grundrechte auf Freiheit der Person und der Unverletzlichkeit der Wohnung eingeschränkt werden (Art. 2 Abs. 2, Art. 13 des Grundgesetzes, Art. 102 und 106 Abs. 3 der Verfassung).

Landkreisordnung für den Freistaat Bayern (Landkreisordnung - LkrO)

in der Fassung der Bekanntmachung vom 22. August 1998
(GVBl. S. 827; BayRS 2020-3-1-I), zuletzt geändert durch Gesetz
vom 28. März 2000 (GVBl. S. 136)

Inhaltsübersicht

ERSTER TEIL

Wesen und Aufgaben des Landkreises

Seite

1. Abschnitt:	Begriff, Benennung und Hoheitszeichen	
	Art. 1 Begriff	124
	Art. 2 Name; Sitz der Kreisverwaltung	124
	Art. 3 Wappen und Fahnen; Dienstsiegel	124
2. Abschnitt:	Wirkungskreis	
	Art. 4 Wirkungskreis im allgemeinen	125
	Art. 5 Eigene Angelegenheiten	125
	Art. 6 Übertragene Angelegenheiten	125
3. Abschnitt:	Kreisgebiet	
	Art. 7 Gebietsumfang	126
	Art. 8 Änderungen und Zuständigkeit	126
	Art. 9 Folgen der Änderungen	127
	Art. 10 Bekanntmachung; Gebühren	128
4. Abschnitt:	Kreisangehörige	
	Art. 11 Kreiseinwohner und Kreisbürger	128
	Art. 12 Wahl des Kreistags	128
	Art. 12a Bürgerbegehren und Bürgerentscheid	128
	Art. 12b Bürgerantrag	131
	Art. 13 Ehrenamtliche Tätigkeit der Kreisbürger	132
	Art. 14 Sorgfalts- und Verschwiegenheitspflicht	133
	Art. 14a Entschädigung	134
	Art. 15 Benutzung öffentlicher Einrichtungen; Tragung der Kreislasten	135
5. Abschnitt:	Kreishoheit	
	Art. 16 Umfang der Kreishoheit	136
	Art. 17 Kreisrecht	136

LkrO, Inhaltsübersicht

		Seite
Art. 18	Inhalt der Satzungen	136
Art. 19	*(aufgehoben)*	
Art. 20	Inkrafttreten; Ausfertigung und Bekanntmachung	137
Art. 21	Verwaltungsverfügungen; Zwangsmaßnahmen	138

ZWEITER TEIL

Verfassung und Verwaltung des Landkreises

1. Abschnitt: Kreisorgane und ihre Hilfskräfte
   - Art. 22 Hauptorgane 138

   a) Der Kreistag
   - Art. 23 Rechtsstellung; Aufgaben des Kreistags 139
   - Art. 24 Zusammensetzung des Kreistags 139
   - Art. 25 Einberufung des Kreistags 140

   b) Der Kreisausschuß und die weiteren Ausschüsse
   - Art. 26 Aufgaben des Kreisausschusses 141
   - Art. 27 Zusammensetzung 141
   - Art. 28 Einberufung 142
   - Art. 29 Weitere Ausschüsse 142
   - Art. 30 Dem Kreistag vorbehaltene Angelegenheiten 142

   c) Der Landrat und sein Stellvertreter
   - Art. 31 Der Landrat 144
   - Art. 32 Der gewählte Stellvertreter des Landrats 144
   - Art. 33 Vorsitz im Kreistag; Vollzug der Beschlüsse . 145
   - Art. 34 Zuständigkeit des Landrats 145
   - Art. 35 Vertretung des Landkreises nach außen; Verpflichtungsgeschäfte 146
   - Art. 36 Weitere Stellvertreter des Landrats 146

   d) Das Landratsamt und die Kreisbediensteten
   - Art. 37 Landratsamt 146
   - Art. 38 Kreisbedienstete 147
   - Art. 39 Stellenplan 148

2. Abschnitt: Geschäftsgang
   - Art. 40 Geschäftsordnung 148
   - Art. 41 Sitzungszwang; Beschlußfähigkeit 149
   - Art. 42 Teilnahme- und Abstimmungspflicht; Ordnungsgeld gegen Säumige 149

			Seite
	Art. 43	Ausschluß wegen persönlicher Beteiligung	149
	Art. 44	Einschränkung des Vertretungsrechts	150
	Art. 45	Form der Beschlußfassung; Wahlen	150
	Art. 46	Öffentlichkeit	151
	Art. 47	Handhabung der Ordnung	151
	Art. 48	Niederschrift	151
	Art. 49	Geschäftsgang der Ausschüsse	152
3. Abschnitt:	Verwaltungsgrundsätze und Verwaltungsaufgaben		
	Art. 50	Gesetzmäßigkeit; Unparteilichkeit	152
	Art. 50a	Geheimhaltung	152
	Art. 51	Aufgaben des eigenen Wirkungskreises	153
	Art. 52	Übernahme von Gemeindeaufgaben	154
	Art. 53	Aufgaben des übertragenen Wirkungskreises	154
	Art. 54	Zuständigkeit für den Gesetzesvollzug	154

DRITTER TEIL

Landkreiswirtschaft

1. Abschnitt:	Haushaltswirtschaft		
	Art. 55	Allgemeine Haushaltsgrundsätze	155
	Art. 56	Grundsätze der Einnahmebeschaffung	155
	Art. 57	Haushaltssatzung	156
	Art. 58	Haushaltsplan	156
	Art. 59	Erlaß der Haushaltssatzung	157
	Art. 60	Überplanmäßige und außerplanmäßige Ausgaben	158
	Art. 61	Verpflichtungsermächtigungen	158
	Art. 62	Nachtragshaushaltssatzungen	159
	Art. 63	Vorläufige Haushaltsführung	159
	Art. 64	Finanzplanung	160
2. Abschnitt:	Kreditwesen		
	Art. 65	Kredite	161
	Art. 66	Kreditähnliche Verpflichtungen; Sicherheiten	162
	Art. 67	Kassenkredite	163
3. Abschnitt:	Vermögenswirtschaft		
a) Allgemeines			
	Art. 68	Erwerb und Verwaltung von Vermögen	163
	Art. 69	Veräußerung von Vermögen	163

LkrO, Inhaltsübersicht

		Seite
Art. 70	Rücklagen	164
Art. 71	Zwangsvollstreckung in Landkreisvermögen wegen einer Geldforderung	164

b) Vom Landkreis verwaltete nicht rechtsfähige (fiduziarische) Stiftungen

Art. 72	Begriff; Verwaltung	165
Art. 73	Änderung des Verwendungszwecks; Aufhebung der Zweckbestimmung	165

4. Abschnitt: Unternehmen des Landkreises

Art. 74	Rechtsformen	166
Art. 75	Allgemeine Zulässigkeit von Unternehmen und Beteiligungen	166
Art. 76	Eigenbetriebe	167
Art. 77	Selbständige Kommunalunternehmen des öffentlichen Rechts	168
Art. 78	Organe des Kommunalunternehmens; Personal	169
Art. 79	Sonstige Vorschriften für Kommunalunternehmen	171
Art. 80	Unternehmen in Privatrechtsform	172
Art. 81	Vertretung des Landkreises in Unternehmen in Privatrechtsform	173
Art. 82	Sonstige Vorschriften für Unternehmen in Privatrechtsform	173
Art. 83	Grundsätze für die Führung von Unternehmen des Landkreises	175
Art. 84	Anzeigepflichten	175
Art. 85	*(aufgehoben)*	

5. Abschnitt: Kassen- und Rechnungswesen

Art. 86	Kreiskasse	176
Art. 87	Übertragung von Kassen- und Rechnungsgeschäften	177
Art. 88	Rechnungslegung	177

6. Abschnitt: Prüfungswesen

Art. 89	Örtliche Prüfungen	178
Art. 90	Rechnungsprüfungsamt	178
Art. 91	Überörtliche Prüfungen	179
Art. 92	Inhalt der Rechnungs- und Kassenprüfungen	180
Art. 93	Abschlußprüfung	181

VIERTER TEIL
Staatliche Aufsicht und Rechtsmittel

		Seite
1. Abschnitt:	Rechtsaufsicht und Fachaufsicht	
	Art. 94 Sinn der staatlichen Aufsicht	181
	Art. 95 Inhalt und Grenzen der Aufsicht	182
	Art. 96 Rechtsaufsichtsbehörden	182
	Art. 97 Informationsrecht	182
	Art. 98 Beanstandungsrecht	182
	Art. 99 Recht der Ersatzvornahme	183
	Art. 100 Bestellung eines Beauftragten	183
	Art. 101 Fachaufsichtsbehörden	183
	Art. 102 Befugnisse der Fachaufsicht	184
	Art. 103 Genehmigungsbehörde	184
	Art. 103a Ausnahmegenehmigungen	184
2. Abschnitt:	Rechtsmittel	
	Art. 104 *(aufgehoben)*	
	Art. 105 Erlaß des Widerspruchsbescheids (§ 73 der Verwaltungsgerichtsordnung – VwGO)	185
	Art. 106 *(aufgehoben)*	

FÜNFTER TEIL
Übergangs- und Schlußvorschriften

Art. 107 Einwohnerzahl 185
Art. 108 Inkrafttreten 186
Art. 109 Ausführungsvorschriften 186
Art. 110 Einschränkung von Grundrechten 188

ERSTER TEIL
Wesen und Aufgaben des Landkreises

1. ABSCHNITT
Begriff, Benennung und Hoheitszeichen

Art. 1 Begriff

¹Die Landkreise sind Gebietskörperschaften mit dem Recht, überörtliche Angelegenheiten, deren Bedeutung über das Kreisgebiet nicht hinausgeht, im Rahmen der Gesetze zu ordnen und zu verwalten. ²Ihr Gebiet bildet zugleich den Bereich der unteren staatlichen Verwaltungsbehörde.

Art. 2 Name; Sitz der Kreisverwaltung

Der Sitz der Kreisverwaltung und der Name des Landkreises werden nach Anhörung des Kreistags mit Zustimmung des Landtags durch Rechtsverordnung der Staatsregierung bestimmt.

Art. 3 Wappen und Fahnen; Dienstsiegel

(1) ¹Die Landkreise können ihre geschichtlichen Wappen und Fahnen führen. ²Sie sind verpflichtet, sich bei der Änderung bestehender und der Annahme neuer Wappen und Fahnen von der Generaldirektion der Staatlichen Archive Bayerns beraten zu lassen und, soweit sie deren Stellungnahme nicht folgen wollen, den Entwurf der Rechtsaufsichtsbehörde vorzulegen.

(2) ¹Landkreise mit eigenem Wappen führen dieses in ihrem Dienstsiegel. ²Die übrigen Landkreise führen in ihrem Dienstsiegel das kleine Staatswappen.

(3) Von Dritten dürfen Wappen und Fahnen des Landkreises nur mit dessen Genehmigung verwendet werden.

2. ABSCHNITT
Wirkungskreis

Art. 4 Wirkungskreis im allgemeinen

(1) Den Landkreisen steht die Erfüllung der auf das Kreisgebiet beschränkten öffentlichen Aufgaben zu, die über die Zuständigkeit oder das Leistungsvermögen der kreisangehörigen Gemeinden hinausgehen, soweit es sich nicht um Staatsaufgaben handelt.

(2) Die Aufgaben der Landkreise sind eigene oder übertragene Angelegenheiten.

Art. 5 Eigene Angelegenheiten

(1) Der eigene Wirkungskreis der Landkreise umfaßt die Angelegenheiten der durch das Kreisgebiet begrenzten überörtlichen Gemeinschaft.

(2) ¹In Angelegenheiten des eigenen Wirkungskreises handeln die Landkreise nach eigenem Ermessen. ²Sie sind nur an die gesetzlichen Vorschriften gebunden.

Art. 6 Übertragene Angelegenheiten

(1) Der übertragene Wirkungskreis der Landkreise umfaßt die staatlichen Aufgaben, die das Gesetz den Landkreisen zur Besorgung im Auftrag des Staates zuweist.

(2) Für die Erledigung übertragener Angelegenheiten können die zuständigen Staatsbehörden den Landkreisen Weisungen erteilen.

(3) ¹Den Landkreisen können Angelegenheiten auch zur selbständigen Besorgung übertragen werden. ²Art. 5 Abs. 2 ist hierbei sinngemäß anzuwenden.

(4) Bei der Zuweisung von Angelegenheiten sind gleichzeitig die notwendigen Mittel zur Verfügung zu stellen.

3. ABSCHNITT
Kreisgebiet

Art. 7 Gebietsumfang

Die Gesamtfläche der dem Landkreis zugeteilten Gemeinden und gemeindefreien Gebiete bildet das Kreisgebiet.

Art. 8 Änderungen und Zuständigkeit

(1) ¹Aus Gründen des öffentlichen Wohls können Landkreise in ihrem Bestand oder Gebiet geändert werden. ²Änderungen im Gebiet müssen insbesondere auf die Leistungsfähigkeit der beteiligten Landkreise Rücksicht nehmen. ³Art. 5 Abs. 3 und Art. 5a Abs. 1 der Gemeindeordnung (GO) bleiben unberührt.

(2) Änderungen im Bestand von Landkreisen werden mit Zustimmung des Landtags durch Rechtsverordnung der Staatsregierung vorgenommen.

(3) ¹Änderungen im Gebiet von Landkreisen werden mit Zustimmung des Landtags durch Rechtsverordnung der Staatsregierung vorgenommen, wenn mindestens eine ganze Gemeinde oder ein ganzes gemeindefreies Gebiet umgegliedert wird. ²Sonstige Gebietsänderungen werden durch Rechtsverordnung der Regierung, wenn sie mit einer Änderung im Gebiet von Bezirken verbunden sind, durch Rechtsverordnung des Staatsministeriums des Innern vorgenommen.

(4) ¹Im Verfahren nach Absatz 2 oder 3 können Änderungen nach Art. 11 GO, die mit Änderungen im Bestand oder Gebiet von Landkreisen rechtlich oder sachlich zuammenhängen, miterledigt werden, soweit die Änderungen gemäß Art. 12 Abs. 1 Satz 2 GO durch Rechtsverordnung vorgenommen werden können. ²Die nach Art. 12 Abs. 2 und Art. 13 Abs. 1 GO notwendigen Regelungen trifft die Regierung.

(5) ¹Vor der Änderung sind die beteiligten Landkreise sowie die Gemeinden und die Eigentümer der gemeindefreien Grundstücke

im Änderungsgebiet zu hören. ²Den Kreisbürgern, deren Kreiszugehörigkeit wechselt, soll Gelegenheit gegeben werden, zu der Änderung in geheimer Abstimmung Stellung zu nehmen.

Art. 9 Folgen der Änderungen

(1) ¹In den Fällen des Art. 8 Abs. 2 und 3 Satz 1 regelt das Staatsministerium des Innern, in den Fällen des Art. 8 Abs. 3 Satz 2 regelt die zuständige Beörde die mit der Änderung zusammenhängenden Fragen der Fortgeltung des Kreisrechts durch Rechtsverordnung. ²Soweit keine Regelung nach Satz 1 getroffen ist, gilt das Kreisrecht in seinem bisherigen Geltungsbereich fort. ³Die nach Satz 1 zuständige Behörde regelt ferner die mit der Änderung zusammenhängenden weiteren Rechts- und Verwaltungsfragen; sie kann insbesondere eine Neuwahl oder Ergänzung des Kreistags für den Rest der Wahlzeit anordnen.

(2) ¹Bei Änderungen im Gebiet werden die vermögensrechtlichen Verhältnisse durch Übereinkunft der beteiligten Landkreise und kreisfreien Gemeinden geregelt. ²Der Übereinkunft kommt in dem in ihr bestimmten Zeitpunkt, frühestens jedoch mit Rechtswirksamkeit der Änderung, unmittelbar rechtsbegründende Wirkung zu. ³Kommt eine Übereinkunft nicht zustande, so entscheiden das Verwaltungsgericht und in der Berufungsinstanz der Verwaltungsgerichtshof als Schiedsgerichte.

(3) ¹Bei Änderungen im Bestand wird in der Rechtsverordnung nach Art. 8 Abs. 2 ein Landkreis als Gesamtrechtsnachfolger bestimmt. ²Die Bestimmung hat unmittelbar rechtsbegründende Wirkung. ³Wird das Gebiet eines Landkreises auf mehrere Landkreise oder kreisfreie Gemeinden aufgeteilt, so findet zwischen dem Gesamtrechtsnachfolger und den anderen Landkreisen oder kreisfreien Gemeinden, denen Gebiet des aufgeteilten Landkreises zugeteilt wurde, eine Auseinandersetzung nach besonderen gesetzlichen Vorschriften statt.

(4) Soweit der Aufenthalt Voraussetzung für Rechte und Pflichten ist, gilt der vor der Änderung liegende Aufenthalt im Änderungsgebiet als Aufenthalt im neuen Landkreis.

Art. 10   Bekanntmachung; Gebühren

(1) Rechtsverordnungen der Regierung nach Art. 8 Abs. 3 Satz 2 und nach Art. 9 Abs. 1 Satz 1 sind im Amtsblatt der Regierung bekanntzumachen.

(2) Für Änderungen nach Art. 8 und Rechtshandlungen, die aus Anlaß solcher Änderungen erforderlich sind, werden landesrechtlich geregelte Abgaben nicht erhoben.

4. ABSCHNITT
Kreisangehörige

Art. 11   Kreiseinwohner und Kreisbürger

(1) ¹Kreisangehörige sind alle Kreiseinwohner. ²Sie haben gegenüber dem Landkreis die gleichen Rechte und Pflichten. ³Ausnahmen bedürfen eines besonderen Rechtstitels.

(2) Kreisbürger sind alle Kreisangehörigen, die das Wahlrecht für die Kreiswahlen besitzen.

Art. 12   Wahl des Kreistags

Die Kreisbürger wählen auf die Dauer von sechs Jahren die Kreisräte.

Art. 12 a   Bürgerbegehren und Bürgerentscheid

(1) Die Kreisbürger können über Angelegenheiten des eigenen Wirkungskreises des Landkreises einen Bürgerentscheid beantragen (Bürgerbegehren).

(2) Der Kreistag kann beschließen, daß über eine Angelegenheit des eigenen Wirkungskreises des Landkreises ein Bürgerentscheid stattfindet.

Art. 12 a LkrO

(3) Ein Bürgerentscheid findet nicht statt über Angelegenheiten, die kraft Gesetz dem Landrat obliegen, über Fragen der inneren Organisation der Kreisverwaltung, über die Rechtsverhältnisse der Kreisräte, des Landrates und der Kreisbediensteten und über die Haushaltssatzung.

(4) ¹Das Bürgerbegehren muss beim Landkreis eingereicht werden und eine mit Ja oder Nein zu entscheidende Fragestellung und eine Begründung enthalten sowie bis zu drei Personen benennen, die berechtigt sind, die Unterzeichnenden zu vertreten. ²Für den Fall ihrer Verhinderung oder ihres Ausscheidens können auf den Unterschriftslisten zusätzlich stellvertretende Personen benannt werden.

(5) ¹Das Bürgerbegehren kann nur von Personen unterzeichnet werden, die am Tage der Einreichung des Bürgerbegehrens Kreisbürger sind. ²Für die Feststellung der Zahl der gültigen Unterschriften sind die von den Gemeinden zum Stand dieses Tages anzulegenden Bürgerverzeichnisse maßgebend. ³Die Unterschriften für ein Bürgerbegehren müssen getrennt nach Gemeinden gesammelt werden. ⁴Enthält eine Liste auch Unterschriften von Kreisbürgern aus einer anderen Gemeinde, sind diese Unterschriften ungültig.

(6) Ein Bürgerbegehren muss in Landkreisen bis zu 100 000 Einwohnern von mindestens 6. v. H., im übrigen von mindestens 5 v. H. der Kreisbürger unterschrieben sein.

(7) ¹Ist eine kreisangehörige Gemeinde von einer Maßnahme des Landkreises besonders betroffen, so kann ein Bürgerentscheid über diese Maßnahme auch von den Bürgern dieser Gemeinde beantragt werden. ²Dieses Bürgerbegehren muß von mindestens 25 vom Hundert der Gemeindebürger unterzeichnet sein. ³Die Vorschriften der Absätze 1 bis 5 finden entsprechend Anwendung.

(8) ¹Über die Zulässigkeit des Bürgerbegehrens entscheidet der Kreistag unverzüglich, spätestens innerhalb eines Monats nach Einreichung des Bürgerbegehrens. ²Gegen die Entscheidung können

LkrO Art. 12 a

die vertretungsberechtigten Personen des Bürgerbegehrens ohne Vorverfahren Klage erheben.

(9) Ist die Zulässigkeit des Bürgerbegehrens festgestellt, darf bis zur Durchführung des Bürgerentscheids eine dem Begehren entgegenstehende Entscheidung der Kreisorgane nicht mehr getroffen oder mit dem Vollzug einer derartigen Entscheidung nicht mehr begonnen werden, es sei denn, zu diesem Zeitpunkt haben rechtliche Verpflichtungen des Landkreises hierzu bestanden.

(10) ¹Der Bürgerentscheid ist innerhalb von drei Monaten nach der Feststellung der Zulässigkeiten des Bürgerbegehrens durchzuführen; der Kreistag kann die Frist im Einvernehmen mit den vertretungsberechtigten Personen des Bürgerbegehrens um höchstens drei Monate verlängern. ²Die Kosten des Bürgerentscheids trägt der Landkreis. ³Stimmberechtigt ist jeder Kreisbürger. ⁴Die Möglichkeit der brieflichen Abstimmung ist zu gewährleisten.

(11) ¹Bei einem Bürgerentscheid ist die gestellte Frage in dem Sinn entschieden, in dem sie von der Mehrheit der abgegebenen gültigen Stimmen beantwortet wurde, sofern diese Mehrheit in Landkreisen bis zu 100 000 Einwohnern mindestens 15 v. H., mit mehr als 100 000 Einwohnern mindestens 10 v. H. der Stimmberechtigten beträgt. ²Bei Stimmengleichheit gilt die Frage als mit Nein beantwortet. ³Sollen an einem Tag mehrere Bürgerentscheide stattfinden, hat der Kreistag eine Stichfrage für den Fall zu beschließen, dass die gleichzeitig zur Abstimmung gestellten Fragen in einer miteinander nicht zu vereinbarenden Weise beantwortet werden (Stichentscheid). ⁴Es gilt dann diejenige Entscheidung, für die sich im Stichentscheid die Mehrheit der abgegebenen gültigen Stimmen ausspricht. ⁵Bei Stimmengleichheit im Stichentscheid gilt der Bürgerentscheid, dessen Frage mit der höchsten Stimmenzahl mehrheitlich beantwortet worden ist.

(12) ¹Der Bürgerentscheid hat die Wirkung eines Beschlusses des Kreistages. ²Der Bürgerentscheid kann innerhalb eines Jahres nur durch einen neuen Bürgerentscheid abgeändert werden, es sei denn,

dass sich die dem Bürgerentscheid zugrunde liegende Sach- oder Rechtslage wesentlich geändert hat.

(13) ¹Der Bürgerentscheid entfällt, wenn der Kreistag die Durchführung der mit dem Bürgerbegehren verlangten Maßnahme beschließt. ²Für einen Beschluss nach Satz 1 gilt die Bindungswirkung des Absatzes 12 Satz 2 entsprechend.

(14) ¹Die im Kreistag und die von den vertretungsberechtigten Personen des Bürgerbegehrens vertretenen Auffassungen zum Gegenstand des Bürgerentscheids dürfen in Veröffentlichungen und Veranstaltungen des Landkreises nur in gleichem Umfang dargestellt werden. ²Zur Information der Bürgerinnen und Bürger werden vom Landkreis den Beteiligten die gleichen Möglichkeiten wie bei Kreistagswahlen eröffnet.

(15) Das Ergebnis des Bürgerentscheids ist im Landkreis in der ortsüblichen Weise bekanntzumachen.

(16) ¹Die Gemeinden wirken im erforderlichen Umfang bei der Überprüfung von Bürgerbegehren und bei der Durchführung von Bürgerentscheiden mit. ²Der Landkreis erstattet den Gemeinden die dadurch entstehenden besonderen Aufwendungen.

(17) ¹Die Landkreise können das Nähere durch Satzung regeln. ²Das Recht auf freies Unterschriftensammeln darf nicht eingeschränkt werden.

Art. 12 b   Bürgerantrag

(1) ¹Die Kreisbürger können beantragen, dass das zuständige Kreisorgan eine Kreisangelegenheit behandelt (Bürgerantrag). ²Ein Bürgerantrag darf nicht Angelegenheiten zum Gegenstand haben, für die innerhalb eines Jahres vor Antragseinreichung bereits ein Bürgerantrag gestellt worden ist.

(2) ¹Der Bürgerantrag muss beim Landkreis eingereicht werden, eine Begründung enthalten und bis zu drei Personen benennen, die berechtigt sind, die Unterzeichnenden zu vertreten. ²Für den Fall ih-

rer Verhinderung oder ihres Ausscheidens können auf den Unterschriftenlisten zusätzlich stellvertretende Personen benannt werden.

(3) ¹Der Bürgerantrag muss von mindestens 1 v. H. der Kreiseinwohner unterschrieben sein. ²Unterschriftsberechtigt sind die Kreisbürger.

(4) Über die Zulässigkeit eines Bürgerantrags entscheidet das für die Behandlung der Angelegenheit zuständige Kreisorgan innerhalb eines Monats seit der Einreichung des Bürgerantrags.

(5) Ist die Zulässigkeit des Bürgerantrags festgestellt, hat ihn das zuständige Kreisorgan innerhalb von drei Monaten zu behandeln.

Art. 13   Ehrenamtliche Tätigkeit der Kreisbürger

(1) ¹Die Kreisbürger nehmen nach den gesetzlichen Vorschriften an der Verwaltung des Landkreises teil. ²Sie sind zur Übernahme von Ehrenämtern verpflichtet.

(2) ¹Die Kreisbürger können die Übernahme von Ehrenämtern nur aus wichtigen Gründen ablehnen. ²Als wichtiger Grund ist es insbesondere anzusehen, wenn der Verpflichtete durch sein Alter, seine Berufs- oder Familienverhältnisse, seinen Gesundheitszustand oder sonstige in seiner Person liegende Umstände an der Übernahme des Amts verhindert ist.

(3) Wer die Übernahme eines Ehrenamts ohne wichtigen Grund ablehnt, kann mit Ordnungsgeld bis zu eintausend Deutsche Mark belegt werden.

(4) Die Vorschriften in den Absätzen 2 und 3 gelten entsprechend für die Niederlegung von Ehrenämtern; für die Niederlegung des Amts des gewählten Stellvertreters des Landrats gelten die besonderen gesetzlichen Vorschriften.

Art. 14 Sorgfalts- und Verschwiegenheitspflicht

(1) Ehrenamtlich tätige Kreisbürger sind verpflichtet, ihre Obliegenheiten gewissenhaft wahrzunehmen.

(2) ¹Sie haben über die ihnen bei ihrer ehrenamtlichen Tätigkeit bekanntgewordenen Angelegenheiten Verschwiegenheit zu bewahren; das gilt nicht für Mitteilungen im amtlichen Verkehr oder über Tatsachen, die offenkundig sind oder ihrer Bedeutung nach keiner Geheimhaltung bedürfen. ²Sie dürfen die Kenntnis der nach Satz 1 geheimzuhaltenden Angelegenheiten nicht unbefugt verwerten. ³Sie haben auf Verlangen des Kreistags amtliche Schriftstücke, Zeichnungen, bildliche Darstellungen und Aufzeichnungen jeder Art über dienstliche Vorgänge herauszugeben, auch soweit es sich um Wiedergaben handelt. ⁴Diese Verpflichtungen bestehen auch nach Beendigung des Ehrenamts fort. ⁵Die Herausgabepflicht trifft auch die Hinterbliebenen und Erben.

(3) ¹Ehrenamtlich tätige Kreisbürger dürfen ohne Genehmigung über Angelegenheiten, über die sie Verschwiegenheit zu bewahren haben, weder vor Gericht noch außergerichtlich aussagen oder Erklärungen abgeben. ²Die Genehmigung erteilt der Landrat. ³Über die Versagung der Genehmigung, als Zeuge auszusagen, entscheidet die Rechtsaufsichtsbehörde; im übrigen gelten Art. 84 Abs. 3 und 4 des Bayerischen Verwaltungsverfahrensgesetzes.

(4) ¹Wer den Verpflichtungen der Absätze 1, 2 oder 3 Satz 1 schuldhaft zuwiderhandelt, kann im Einzelfall mit Ordnungsgeld bis zu fünfhundert Deutsche Mark, bei unbefugter Offenbarung personenbezogener Daten bis zu eintausend Deutsche Mark, belegt werden; die Verantwortlichkeit nach anderen gesetzlichen Vorschriften bleibt unberührt. ²Die Haftung gegenüber dem Landkreis richtet sich nach den für den Landrat geltenden Vorschriften und tritt nur ein, wenn Vorsatz oder grobe Fahrlässigkeit zur Last liegt. ³Der Landkreis stellt die Verantwortlichen von der Haftung frei, wenn sie von Dritten unmittelbar in Anspruch genommen werden

und der Schaden weder vorsätzlich noch grob fahrlässig verursacht worden ist.

(5) Für den gewählten Stellvertreter des Landrats gelten die besonderen gesetzlichen Vorschriften.

Art. 14a Entschädigung

(1) ¹Ehrenamtlich tätige Bürger des Landkreises haben Anspruch auf angemessene Entschädigung. ²Das Nähere wird durch Satzung bestimmt. ³Auf die Entschädigung kann nicht verzichtet werden. ⁴Der Anspruch ist nicht übertragbar.

(2) Ehrenamtlich tätige Kreisbürger erhalten ferner für die nach Maßgabe näherer Bestimmung in der Satzung zur Wahrnehmung des Ehrenamts notwendige Teilnahme an Sitzungen und Besprechungen oder anderen Veranstaltungen folgende Ersatzleistungen:
1. Angestellten und Arbeitern wird der ihnen entstandene nachgewiesene Verdienstausfall ersetzt.
2. ¹Selbständig Tätige können für die ihnen entstehende Zeitversäumnis eine Verdienstausfallentschädigung erhalten. ²Die Entschädigung wird auf der Grundlage eines satzungsmäßig festgelegten Pauschalsatzes gewährt. ³Wegezeiten können in angemessenem Umfang berücksichtigt werden.
3. ¹Personen, die keine Ersatzansprüche nach Nummern 1 und 2 haben, denen aber im beruflichen oder häuslichen Bereich ein Nachteil entsteht, der in der Regel nur durch das Nachholen versäumter Arbeit oder die Inanspruchnahme einer Hilfskraft ausgeglichen werden kann, können eine Entschädigung erhalten. ²Die Entschädigung wird auf der Grundlage eines satzungsmäßig festgelegten Pauschalsatzes gewährt. ³Der Pauschalsatz darf nicht höher sein als der Pauschalsatz nach Nummer 2. ⁴Wegezeiten können in angemessenem Umfang berücksichtigt werden.

(3) ¹Vergütungen für Tätigkeiten, die ehrenamtlich tätige Kreisbürger kraft Amts oder auf Vorschlag oder Veranlassung des Land-

kreises in einem Aufsichtsrat, Vorstand oder sonstigen Organ oder Gremium eines privatrechtlich oder öffentlich-rechtlich organisierten Unternehmens wahrnehmen, sind an den Landkreis abzuführen, soweit sie insgesamt einen Betrag von 9600 Deutsche Mark im Kalenderjahr übersteigen. ²Vom Landkreis veranlasst sind auch Tätigkeiten, die von einem Unternehmen, an dem er unmittelbar oder mittelbar ganz oder mehrheitlich beteiligt ist, einem ehrenamtlich tätigen Kreisbürger übertragen werden. ³Der Betrag verdoppelt sich für Vorsitzende des Aufsichtsrats oder eines vergleichbaren Organs der in Satz 1 genannten Unternehmen und erhöht sich für deren Stellvertreter um 50 v.H. ⁴Bei der Festsetzung des abzuführenden Betrags sind von den Vergütungen Aufwendungen abzusetzen, die im Zusammenhang mit der Tätigkeit nachweislich entstanden sind. ⁵Die Ablieferungsregelungen nach dem beamtenrechtlichen Nebentätigkeitsrecht finden keine Anwendung.

Art. 15 Benutzung öffentlicher Einrichtungen; Tragung der Kreislasten

(1) Alle Kreisangehörigen sind nach den bestehenden allgemeinen Vorschriften berechtigt, die öffentlichen Einrichtungen des Landkreises zu benutzen, und verpflichtet, die Kreislasten zu tragen.

(2) ¹Mehrere technisch selbständige Anlagen des Landkreises, die demselben Zweck dienen, können eine Einrichtung oder einzelne rechtlich selbständige Einrichtungen bilden. ²Der Landkreis entscheidet das durch Satzung; trifft er keine Regelung, liegt nur eine Einrichtung vor.

(3) Auswärts wohnende Personen haben für ihren Grundbesitz oder ihre gewerblichen Niederlassungen im Kreisgebiet gegenüber dem Landkreis die gleichen Rechte und Pflichten wie im Landkreis wohnende Grundbesitzer und Gewerbetreibende.

(4) Die Vorschriften in den Absätzen 1 und 3 finden auf juristische Personen und auf Personenvereinigungen entsprechende Anwendung.

(5) Die Benutzung der öffentlichen, dem Gemeingebrauch dienenden Einrichtungen steht nach Maßgabe der bestehenden Vorschriften jedermann zu.

5. ABSCHNITT
Kreishoheit

Art. 16 Umfang der Kreishoheit

(1) Die Hoheitsgewalt des Landkreises umfaßt das Kreisgebiet und seine gesamte Bevölkerung (Kreishoheit).

(2) ¹Die Landkreise haben das Recht, ihr Finanzwesen im Rahmen der gesetzlichen Bestimmungen selbst zu regeln. ²Sie sind insbesondere befugt, zur Deckung des für die Erfüllung ihrer Aufgaben notwendigen Finanzbedarfs Abgaben nach Maßgabe der Gesetze zu erheben, soweit ihre sonstigen Einnahmen nicht ausreichen. ³Zu diesem Zweck ist ihnen das Recht zur Erhebung eigener Steuern und sonstiger Abgaben in ausreichendem Maß zu gewährleisten.

(3) Der Staat hat den Landkreisen zur Erfüllung ihrer Aufgaben weitere Mittel im Rahmen des Staatshaushalts zuzuweisen.

Art. 17 Kreisrecht

¹Die Landkreise können zur Regelung ihrer Angelegenheiten Satzungen erlassen. ²Satzungen zur Regelung übertragener Angelegenheiten, bewehrte Satzungen (Art. 18 Abs. 2) und Verordnungen sind nur in den gesetzlich bestimmten Fällen zulässig. ³In solchen Satzungen und in Verordnungen soll ihre besondere Rechtsgrundlage angegeben werden.

Art. 18 Inhalt der Satzungen

(1) In den Satzungen können die Landkreise insbesondere
1. die Benutzung ihres Eigentums und ihrer öffentlichen Einrichtungen regeln,

2. aus Gründen des öffentlichen Wohls, insbesondere zur Abwehr von Gefahren für die Sicherheit oder Gesundheit der Kreisangehörigen, den Anschluß- und Benutzungszwang für Einrichtungen des Landkreises anordnen,
3. bestimmen, daß bei öffentlichen Notständen, insbesondere wenn es die Sicherheit des Verkehrs erfordert, Hand- und Spanndienste unter angemessener Berücksichtigung der wirtschaftlichen Verhältnisse der Pflichtigen angeordnet werden können.

(2) ¹In den Satzungen kann die Ersatzvornahme auf Kosten säumiger Verpflichteter für zulässig erklärt werden. ²In den Fällen des Absatzes 1 Nrn. 1 und 2 können in der Satzung Zuwiderhandlungen als Ordnungswidrigkeiten mit Geldbuße bis zu fünftausend Deutsche Mark bedroht werden (bewehrte Satzung).

(3) In Satzungen nach Absatz 1 Nr. 1 und 2 und in Satzungen, die auf Grund anderer Gesetze, die auf diesen Artikel verweisen, erlassen werden, kann bestimmt werden, daß die vom Landkreis mit dem Vollzug dieser Satzungen beauftragten Personen berechtigt sind, zur Überwachung der Pflichten, die sich nach diesen Satzungen und Gesetzen ergeben, zu angemessener Tageszeit Grundstücke, Gebäude, Anlagen, Einrichtungen, Wohnungen und Wohnräume im erforderlichen Umfang zu betreten.

Art. 19 *(aufgehoben)*

Art. 20 Inkrafttreten; Ausfertigung und Bekanntmachung

(1) ¹Satzungen treten eine Woche nach ihrer Bekanntmachung in Kraft. ²In der Satzung kann ein anderer Zeitpunkt bestimmt werden, in bewehrten Satzungen und anderen Satzungen, die nicht mit rückwirkender Kraft erlassen werden dürfen, jedoch frühestens der auf die Bekanntmachung folgende Tag.

(2) Satzungen sind auszufertigen und im Amtsblatt des Landkreises oder des Landratsamts, sonst im Amtsblatt der Regierung oder des Bezirks oder im Staatsanzeiger bekanntzumachen.

Art. 21 Verwaltungsverfügungen; Zwangsmaßnahmen

(1) Die Landkreise können im eigenen und im übertragenen Wirkungskreis die zur Durchführung von Gesetzen, Rechtsverordnungen und Satzungen notwendigen Einzelverfügungen erlassen und unter Anwendung der gesetzlichen Zwangsmittel vollziehen.

(2) ¹Verwaltungsakte, Ladungen oder sonstige Mitteilungen, die auf Grund von Rechtsvorschriften außerhalb dieses Gesetzes amtlich, öffentlich oder ortsüblich bekanntzumachen sind, hat der Landkreis oder das Landratsamt wie Satzungen des Landkreises bekanntzumachen. ²Sind Pläne, Karten oder sonstige Nachweise Bestandteil einer Mitteilung nach Satz 1, so kann die Bekanntmachung unbeschadet anderer Vorschriften auch dadurch bewirkt werden, daß die Mitteilung mit den Nachweisen auf die Dauer von zwei Wochen im Landratsamt ausgelegt wird; der Gegenstand der Mitteilung sowie Ort und Zeit der Auslegung sind mindestens eine Woche vorher nach Satz 1 bekanntzumachen.

(3) Geldbußen und Verwarnungsgelder, die auf Grund bewehrter Satzungen und Verordnungen festgesetzt werden, fließen in die Kreiskasse.

ZWEITER TEIL
Verfassung und Verwaltung des Landkreises

1. ABSCHNITT
Kreisorgane und ihre Hilfskräfte

Art. 22 Hauptorgane

Der Landkreis wird durch den Kreistag verwaltet, soweit nicht vom Kreistag bestellte Ausschüsse (Art. 26 ff.) über Kreisangelegenheiten beschließen oder der Landrat selbständig entscheidet (Art. 34).

a) Der Kreistag

Art. 23 Rechtsstellung; Aufgaben des Kreistags

(1) ¹Der Kreistag ist die Vertretung der Kreisbürger. ²Er entscheidet im Rahmen des Art. 22 über alle wichtigen Angelegenheiten der Kreisverwaltung.

(2) ¹Der Kreistag überwacht die gesamte Kreisverwaltung, insbesondere auch die Ausführung seiner Beschlüsse. ²Jedem Kreisrat muß durch das Landratsamt Auskunft erteilt werden.

Art. 24 Zusammensetzung des Kreistags

(1) Der Kreistag besteht aus dem Landrat und den Kreisräten.

(2) ¹Die Zahl der Kreisräte beträgt in Landkreisen

mit bis zu	75 000 Einwohnern 50,
mit mehr als 75 000	bis 150 000 Einwohnern 60,
mit mehr als	150 000 Einwohnern 70.

²Sinkt die Einwohnerzahl in einem Landkreis unter eine der in Satz 1 genannten Einwohnergrenzen, so ist die Zahl der Kreisräte erst in der übernächsten Wahlzeit auf die gesetzlich vorgeschriebene Zahl zu verringern. ³Die Kreisräte sind ehrenamtlich tätig.

(3) ¹Kreisräte können nicht sein:

1. Beamte und leitende oder hauptberufliche Angestellte des Landkreises und des Landratsamts,

2. leitende Beamte und leitende Angestellte von juristischen Personen oder sonstigen Organisationen des öffentlichen oder privaten Rechts, an denen der Landkreis mit mehr als 50 v.H. beteiligt ist; eine Beteiligung am Stimmrecht genügt,

3. Beamte und Angestellte der Rechtsaufsichtsbehörden, die unmittelbar mit Aufgaben der Rechtsaufsicht befaßt sind,

4. der Landrat eines anderen Kreises,
5. der Oberbürgermeister einer kreisfreien Gemeinde.

²Satz 1 ist nicht anzuwenden, wenn der Beamte während der Dauer des Ehrenamts ohne Dienstbezüge beurlaubt ist oder wenn seine Rechte und Pflichten aus dem Dienstverhältnis wegen der Wahl in eine gesetzgebende Körperschaft ruhen; dies gilt für Angestellte entsprechend.

(4) ¹Alle Kreisräte sind alsbald nach ihrer Berufung in feierlicher Form zu vereidigen. ²Die Eidesformel lautet:

„Ich schwöre Treue dem Grundgesetz für die Bundesrepublik Deutschland und der Verfassung des Freistaates Bayern. Ich schwöre, den Gesetzen gehorsam zu sein und meine Amtspflichten gewissenhaft zu erfüllen. Ich schwöre, die Rechte der Selbstverwaltung zu wahren und ihren Pflichten nachzukommen, so wahr mir Gott helfe."

³Der Eid kann auch ohne die Worte „so wahr mir Gott helfe" geleistet werden. ⁴Erklärt ein Kreisrat, daß er aus Glaubens- oder Gewissensgründen keinen Eid leisten könne, so hat er an Stelle der Worte „ich schwöre" die Worte „ich gelobe" zu sprechen oder das Gelöbnis mit einer dem Bekenntnis seiner Religionsgemeinschaft oder der Überzeugung seiner Weltanschauungsgemeinschaft entsprechenden, gleichwertigen Beteuerungsformel einzuleiten. ⁵Den Eid nimmt der Landrat ab. ⁶Die Eidesleistung entfällt für die Kreisräte, die im Anschluß an ihre Amtszeit wieder zum Kreisrat des gleichen Landkreises gewählt wurden.

Art. 25 Einberufung des Kreistags

(1) Der Kreistag wird vom Landrat, erstmals binnen vier Wochen nach der Wahl, einberufen.

(2) ¹In dringenden Fällen kann der Kreistag zu außerordentlichen Sitzungen einberufen werden. ²Er ist einzuberufen, wenn es der

Kreisausschuß oder ein Drittel der Kreisräte unter Bezeichnung des Verhandlungsgegenstands beantragt.

b) Der Kreisausschuß und die weiteren Ausschüsse

Art. 26   Aufgaben des Kreisausschusses

¹Der Kreisausschuß ist ein vom Kreistag bestellter ständiger Ausschuß. ²Er bereitet die Verhandlungen des Kreistags vor und erledigt an seiner Stelle die ihm vom Kreistag übertragenen Angelegenheiten.

Art. 27   Zusammensetzung

(1) ¹Der Kreisausschuß besteht aus dem Landrat und den Kreisräten. ²Die Zahl der Kreisräte beträgt in Landkreisen

mit bis zu	75 000 Einwohnern 10,
mit mehr als 75 000	bis 150 000 Einwohnern 12,
mit mehr als	150 000 Einwohnern 14.

(2) ¹Die Mitglieder des Kreisausschusses werden vom Kreistag für die Dauer der Wahlzeit aus seiner Mitte bestellt. ²Hierbei hat der Kreistag dem Stärkeverhältnis der in ihm vertretenen Parteien und Wählergruppen Rechnung zu tragen. ³Haben dabei mehrere Parteien oder Wählergruppen gleichen Anspruch auf einen Sitz, so ist statt eines Losentscheids auch der Rückgriff auf die Zahl der bei der Wahl auf diese Parteien oder Wählergruppen abgegebenen Stimmen zulässig. ⁴Die Bestellung anderer als der von den Parteien und Wählergruppen vorgeschlagenen Personen ist nicht zulässig. ⁵Kreisräte können sich zur Entsendung gemeinsamer Vertreter in den Kreisausschuß zusammenschließen.

(3) ¹Während der Wahlzeit im Kreistag eintretende Änderungen des Stärkeverhältnisses der Parteien und Wählergruppen sind auszugleichen. ²Scheidet ein Mitglied aus der von ihm vertretenen Partei oder Wählergruppe aus, so verliert es seinen Sitz im Kreisausschuß.

Art. 28   Einberufung

¹Der Kreisausschuß wird vom Landrat nach Bedarf einberufen. ²Er muß einberufen werden, wenn es die Hälfte der Mitglieder unter Angabe des Beratungsgegenstands schriftlich beantragt.

Art. 29   Weitere Ausschüsse

(1) ¹Der Kreistag kann im Bedarfsfall weitere vorberatende und beschließende Ausschüsse bilden. ²Die Zusammensetzung der Ausschüsse regelt der Kreistag in der Geschäftsordnung (Art. 40). ³Art. 27 Abs. 2 und 3 und Art. 28 gelten entsprechend.

(2) Ausschüsse nach Absatz 1 können vom Kreistag jederzeit aufgelöst werden.

Art. 30   Dem Kreistag vorbehaltene Angelegenheiten

(1) Der Kreistag kann dem Kreisausschuß und den weiteren beschließenden Ausschüssen folgende in diesem Gesetz geregelten Angelegenheiten nicht übertragen:

1. die Beschlußfassung über den Sitz der Kreisverwaltung und den Namen des Landkreises (Art. 2 Abs. 1),
2. *(aufgehoben)*
3. die Annahme und Änderung von Wappen und Fahnen (Art. 3 Abs. 1),

Art. 30 LkrO

4. die Beschlußfassung über Änderungen von bewohntem Kreisgebiet,
5. die Entscheidung über die Übernahme und die Niederlegung von Ehrenämtern und über die Erhebung von Ordnungsgeld wegen unbegründeter Ablehnung von Ehrenämtern (Art. 13),
6. die Erhebung von Ordnungsgeld bei Verstößen ehrenamtlich tätiger Kreisbürger gegen die Sorgfalts- und Verschwiegenheitspflicht (Art. 14 Abs. 3),
7. die Festsetzung der Entschädigung für ehrenamtlich tätige Kreisbürger (Art. 14a),
8. die Festsetzung öffentlicher Abgaben und Gebühren,
9. den Erlaß, die Änderung und die Aufhebung von Satzungen, bewehrten Satzungen und Verordnungen,
10. die Bestellung des Kreisausschusses und die Übertragung von Aufgaben auf den Kreisausschuß (Art. 26 und 27),
11. die Bildung, Besetzung und Auflösung weiterer Ausschüsse (Art. 29),
12. die Beschlußfassung in beamten-, besoldungs-, versorgungs- und disziplinarrechtlichen Angelegenheiten des Landrats und des gewählten Stellvertreters des Landrats, soweit nicht das Gesetz über kommunale Wahlbeamte oder die Bayerische Disziplinarordnung etwas anderes bestimmen,
13. die Aufstellung der Richtlinien über die laufenden Angelegenheiten (Art. 34 Abs. 1),
14. die Wahl des Stellvertreters des Landrats und die Regelung der weiteren Stellvertretung (Art. 32 und 36),
15. den Erlaß der Geschäftsordnung für den Kreistag (Art. 40),
16. die Übernahme von Selbstverwaltungsaufgaben kreisangehöriger Gemeinden (Art. 52 Abs. 2),
17. die Beschlußfassung über die Haushaltssatzung, über die Nachtragshaushaltssatzungen sowie die Beschlußfassung über die Aufnahme von zusätzlichen Krediten während der vorläufigen Haushaltsführung (Art. 59, 62 und 63 Abs. 2),

18. die Beschlußfassung über den Finanzplan (Art. 64),
19. die Feststellung der Jahresrechnung und der Jahresabschlüsse der Eigenbetriebe und der Krankenhäuser mit kaufmännischem Rechnungswesen sowie die Beschlußfassung über die Entlastung (Art. 88),
20. Entscheidungen über Unternehmen der Landkreise im Sinne von Art. 84,
21. die hinsichtlich der Eigenbetriebe dem Kreistag im übrigen vorbehaltenen Angelegenheiten (Art. 76),
22. die Bestellung und die Abberufung des Leiters des Rechnungsprüfungsamts sowie seines Stellvertreters.

(2) Alle übrigen in diesem Gesetz geregelten Angelegenheiten können vom Kreistag dem Kreisausschuß oder weiteren beschließenden Ausschüssen übertragen werden.

c) Der Landrat und sein Stellvertreter

Art. 31   Der Landrat

(1) Der Landrat ist Beamter des Landkreises; er ist Beamter auf Zeit. ²Er wird für eine Amtszeit von sechs Jahren von den Kreisbürgern gewählt.

(2) Das Nähere über das Beamtenverhältnis des Landrats bestimmt das Gesetz über kommunale Wahlbeamte.

Art. 32   Der gewählte Stellvertreter des Landrats

(1) ¹Der Kreistag wählt aus seiner Mitte für die Dauer seiner Wahlzeit den Stellvertreter des Landrats. ²Der gewählte Stellvertreter des Landrats ist Ehrenbeamter des Landkreises.

(2) ¹Zum Stellvertreter des Landrats sind die Kreisräte wählbar, welche die Voraussetzungen für die Wahl zum Landrat erfüllen; abweichend hiervon ist auch wählbar, wer am Tag des Beginns der Amtszeit das 65. Lebensjahr vollendet hat. ²Für die Wahl des Stellvertreters des Landrats gilt Art. 45 Abs. 3.

(3) Das Nähere über das Beamtenverhältnis des gewählten Stellvertreters des Landrats bestimmt das Gesetz über kommunale Wahlbeamte.

(4) Endet das Beamtenverhältnis eines gewählten Stellvertreters des Landrats während der Wahlzeit des Kreistags, so findet für den Rest der Wahlzeit innerhalb von drei Monaten eine Neuwahl statt.

Art. 33   Vorsitz im Kreistag; Vollzug der Beschlüsse

¹Der Landrat führt den Vorsitz im Kreistag, im Kreisausschuß und in den weiteren Ausschüssen. ²Er vollzieht die gefaßten Beschlüsse. ³Ist der Landrat verhindert oder persönlich beteiligt, so handelt sein Vertreter.

Art. 34   Zuständigkeit des Landrats

(1) ¹Der Landrat erledigt in eigener Zuständigkeit
1. die laufenden Angelegenheiten, die für den Landkreis keine grundsätzliche Bedeutung haben und keine erheblichen Verpflichtungen erwarten lassen,
2. die Angelegenheiten des Landkreises, die im Interesse der Sicherheit der Bundesrepublik oder eines ihrer Länder geheimzuhalten sind.

²Für die laufenden Angelegenheiten nach Satz 1 Nr. 1, die nicht unter Nummer 2 fallen, kann der Kreistag Richtlinien aufstellen.

(2) ¹Der Kreistag kann dem Landrat durch die Geschäftsordnung weitere Angelegenheiten zur selbständigen Erledigung übertragen. ²Das gilt nicht für Angelegenheiten, die nach Art. 30 Abs. 1 nicht auf beschließende Ausschüsse übertragen werden können. ³Der Kreistag kann dem Landrat übertragene Angelegenheiten im Einzelfall nicht wieder an sich ziehen; das Recht des Kreistags, die Übertragung allgemein zu widerrufen, bleibt unberührt.

(3) ¹Der Landrat ist befugt, an Stelle des Kreistags, des Kreisausschusses und der weiteren Ausschüsse dringliche Anordnungen zu treffen und unaufschiebbare Geschäfte zu besorgen. ²Hiervon hat er

dem Kreistag oder dem Ausschuß in der nächsten Sitzung Kenntnis zu geben.

Art. 35 Vertretung des Landkreises nach außen; Verpflichtungsgeschäfte

(1) Der Landrat vertritt den Landkreis nach außen.

(2) ¹Erklärungen, durch welche der Landkreis verpflichtet werden soll, bedürfen der Schriftform; das gilt nicht für ständig wiederkehrende Geschäfte des täglichen Lebens, die finanziell von unerheblicher Bedeutung sind. ²Die Erklärungen sind durch den Landrat oder seinen Stellvertreter unter Angabe der Amtsbezeichnung handschriftlich zu unterzeichnen. ³Sie können auf Grund einer diesen Erfordernissen entsprechenden Vollmacht auch von Bediensteten des Landratsamts unterzeichnet werden.

(3) ¹Verletzt der Landrat in Ausübung der ihm anvertrauten öffentlichen Gewalt schuldhaft die ihm einem anderen gegenüber obliegende Amtspflicht, so haftet für die Folgen der Staat, wenn es sich um reine Staatsangelegenheiten handelt. ²Im übrigen haftet der Landkreis.

Art. 36 Weitere Stellvertreter des Landrats

Die weitere Stellvertretung des Landrats regelt der Kreistag durch Beschluß; es können nur Deutsche im Sinn des Art. 116 Abs. 1 des Grundgesetzes bestellt werden.

d) Das Landratsamt und die Kreisbediensteten

Art. 37 Landratsamt

(1) ¹Das Landratsamt ist Kreisbehörde. ²Soweit es rein staatliche Aufgaben, insbesondere die staatliche Aufsicht über die kreisangehörigen Gemeinden und über sonstige Körperschaften, Stiftungen und Anstalten des öffentlichen Rechts wahrnimmt, ist es Staatsbehörde.

Art. 38 LkrO

(2) Geeignete staatliche Aufgaben sind mit Ausnahme der staatlichen Aufsicht durch Einzelgesetze auf die Kreisverwaltung zu übertragen.

(3) ¹Jedem Landratsamt wird mindestens ein Staatsbeamter mit der Befähigung für den höheren Verwaltungsdienst oder für das Richteramt zugeteilt. ²Er soll als juristischer Sachverständiger zu den Sitzungen des Kreistags, des Kreisausschusses und der weiteren Ausschüsse zugezogen werden. ³Nach Bedarf werden Staatsbeamte des gehobenen, des mittleren und des einfachen Dienstes zugewiesen. ⁴Die Staatsbeamten unterstehen der Dienstaufsicht des Landrats.

(4) Der Landrat kann seine Befugnisse in Angelegenheiten der laufenden Verwaltung teilweise den Staatsbediensteten oder den Kreisbediensteten übertragen und hierbei entsprechende Zeichnungsvollmacht erteilen; eine darüber hinausgehende Übertragung bedarf der Zustimmung des Kreistags.

(5) Für die Haftung der Staats- und Kreisbediensteten gegenüber Dritten gilt Art. 35 Abs. 3 entsprechend.

(6) Im Vollzug der Staatsaufgaben wird der Landrat als Organ des Staates tätig und untersteht lediglich den Weisungen seiner vorgesetzten Dienststellen.

Art. 38 Kreisbedienstete

(1) ¹Der Kreistag ist zuständig,
1. die Beamten des Landkreises zu ernennen, zu befördern, zu einem anderen Dienstherrn abzuordnen oder zu versetzen, in den Ruhestand zu versetzen und zu entlassen,
2. die Angestellten und Arbeiter des Landkreises einzustellen, höherzugruppieren und zu entlassen.

²Der Kreistag kann diese Befugnisse dem Kreisausschuß oder einem weiteren beschließenden Ausschuß übertragen.

(2) ¹Befugnisse nach Absatz 1 Satz 1 kann der Kreistag auf den Landrat übertragen für

1. Beamte des einfachen, des mittleren und des gehobenen Dienstes und für Beamte der ersten beiden Ämter des höheren Dienstes,
2. Angestellte, deren Vergütung mit der Besoldung der in Nummer 1 genannten Beamten vergleichbar ist,
3. Arbeiter.

²Ein solcher Beschluß bedarf der Mehrheit der stimmberechtigten Mitglieder des Kreistags; falls der Beschluß nicht mit dieser Mehrheit wieder aufgehoben wird, gilt er bis zum Ende der Wahlzeit des Kreistags. ³Art. 37 Abs. 4 findet Anwendung.

(3) ¹Dienstvorgesetzter der Kreisbeamten ist der Landrat. ²Er führt die Dienstaufsicht über die Kreisbediensteten.

(4) ¹Die Arbeitsbedingungen, Vergütungen (Gehälter und Löhne) der Angestellten und Arbeiter müssen angemessen sein. ²Sie sind angemessen, wenn sie für die Angestellten dem Bundes-Angestelltentarifvertrag (BAT) und für die Arbeiter dem Bundesmanteltarifvertrag für Arbeiter gemeindlicher Verwaltungen und Betriebe (BMT-G) und den ergänzenden Tarifverträgen in der für die kommunalen Arbeitgeber in Bayern geltenden Fassung oder Tarifverträgen wesentlich gleichen Inhalts entsprechen.

Art. 39 Stellenplan

¹Der Stellenplan (Art. 58 Abs. 2 Satz 2) ist einzuhalten. ²Abweichungen sind nur im Rahmen des Art. 62 Abs. 3 Nr. 2 zulässig.

2. ABSCHNITT

Geschäftsgang

Art. 40 Geschäftsordnung

(1) Der Kreistag gibt sich eine Geschäftsordnung.

(2) Die Geschäftsordnung muß Bestimmungen über die Frist und Form der Einladung zu den Sitzungen sowie über den Geschäftsgang des Kreistags, des Kreisausschusses und der weiteren Ausschüsse enthalten.

(3) Im Rahmen der Geschäftsordnung leitet und verteilt der Landrat die Geschäfte.

Art. 41 Sitzungszwang; Beschlußfähigkeit

(1) Der Kreistag beschließt in Sitzungen.

(2) Er ist beschlußfähig, wenn sämtliche Mitglieder ordnungsgemäß geladen sind und die Mehrheit der Mitglieder anwesend und stimmberechtigt ist.

(3) ¹Wird der Kreistag zum zweiten Mal zur Verhandlung über denselben Gegenstand zusammengerufen, so ist er ohne Rücksicht auf die Zahl der Erschienenen beschlußfähig. ²Bei der zweiten Einladung muß auf diese Bestimmung hingewiesen werden.

Art. 42 Teilnahme- und Abstimmungspflicht; Ordnungsgeld gegen Säumige

(1) ¹Die Kreisräte sind verpflichtet, an den Sitzungen und Abstimmungen teilzunehmen und die ihnen zugewiesenen Geschäfte zu übernehmen. ²Im Kreistag darf sich niemand der Stimme enthalten.

(2) ¹Gegen Kreisräte, die sich diesen Verpflichtungen ohne genügende Entschuldigung entziehen, kann der Kreistag Ordnungsgeld bis zu fünfhundert Deutsche Mark im Einzelfall verhängen. ²Das Ordnungsgeld fließt in die Kreiskasse.

Art. 43 Ausschluß wegen persönlicher Beteiligung

(1) ¹Mitglieder des Kreistags können an der Beratung und Abstimmung nicht teilnehmen, wenn der Beschluß ihnen selbst, ihren Ehegatten, einem Verwandten oder Verschwägerten bis zum dritten Grad oder einer von ihnen kraft Gesetzes oder Vollmacht vertretenen natürlichen oder juristischen Person einen unmittelbaren Vorteil oder Nachteil bringen kann. ²Gleiches gilt, wenn ein Mitglied des Kreistags in anderer als öffentlicher Eigenschaft ein Gutachten abgegeben hat.

(2) Absatz 1 gilt nicht
1. für Wahlen,
2. für Beschlüsse, mit denen der Kreistag eine Person zum Mitglied eines Ausschusses bestellt oder sie zur Wahrnehmung von Interessen des Landkreises in eine andere Einrichtung entsendet, dafür vorschlägt oder daraus abberuft.

(3) Ob die Voraussetzungen des Absatzes 1 vorliegen, entscheidet der Kreistag ohne Mitwirkung des persönlich Beteiligten.

(4) Die Mitwirkung eines wegen persönlicher Beteiligung ausgeschlossenen Mitglieds hat die Ungültigkeit des Beschlusses nur zur Folge, wenn sie für das Abstimmungsergebnis entscheidend war.

Art. 44 Einschränkung des Vertretungsrechts

Mitglieder des Kreistags dürfen Ansprüche Dritter gegen den Landkreis nur als gesetzliche Vertreter geltend machen.

Art. 45 Form der Beschlußfassung; Wahlen

(1) [1]Beschlüsse des Kreistags werden in offener Abstimmung mit Mehrheit der Abstimmenden gefaßt. [2]Bei Stimmengleichheit ist der Antrag abgelehnt.

(2) [1]Kein Kreisrat darf zu irgendeiner Zeit wegen seiner Abstimmung gerichtlich oder dienstlich verfolgt oder sonst außerhalb des Kreistags zur Verantwortung gezogen werden. [2]Die Haftung gegenüber dem Landkreis ist nicht ausgeschlossen, wenn das Abstimmungsverhalten eine vorsätzliche Pflichtverletzung darstellt. [3]Die Verantwortlichkeit nach bundesrechtlichen Vorschriften bleibt unberührt.

(3) [1]Wahlen werden in geheimer Abstimmung vorgenommen. [2]Sie sind nur gültig, wenn sämtliche Mitglieder unter Angabe des Gegenstands geladen sind und die Mehrheit von ihnen anwesend und stimmberechtigt ist. [3]Gewählt ist, wer mehr als die Hälfte der abgegebenen gültigen Stimmen erhält. [4]Neinstimmen und leere Stimmzettel sind ungültig. [5]Ist mindestens die Hälfte der abgegebenen Stimmen ungültig, ist die Wahl zu wiederholen. [6]Ist die Mehrheit der abgege-

benen Stimmen gültig und erhält keiner der Bewerber mehr als die Hälfte der abgegebenen gültigen Stimmen, so tritt Stichwahl unter den beiden Bewerbern mit den höchsten Stimmenzahlen ein. ⁷Bei Stimmengleichheit in der Stichwahl entscheidet das Los.

(4) Absatz 3 gilt für alle Entscheidungen des Kreistags, die in diesem Gesetz oder in anderen Rechtsvorschriften als Wahlen bezeichnet werden.

Art. 46 Öffentlichkeit

(1) Zeitpunkt und Ort der Sitzungen des Kreistags sind unter Angabe der Tagesordnung, spätestens am fünften Tag vor der Sitzung, öffentlich bekanntzumachen.

(2) ¹Die Sitzungen sind öffentlich, soweit nicht Rücksichten auf das Wohl der Allgemeinheit oder auf berechtigte Ansprüche einzelner entgegenstehen. ²Über den Ausschluß der Öffentlichkeit wird in geheimer Sitzung beraten und entschieden. ³Durch die Geschäftsordnung kann festgelegt werden, daß bestimmte Angelegenheiten grundsätzlich in nichtöffentlicher Sitzung behandelt werden.

(3) Die in nichtöffentlicher Sitzung gefaßten Beschlüsse sind der Öffentlichkeit bekanntzugeben, sobald die Gründe für die Geheimhaltung weggefallen sind.

Art. 47 Handhabung der Ordnung

(1) ¹Der Vorsitzende handhabt die Ordnung und übt das Hausrecht aus. ²Er ist berechtigt, Zuhörer, welche die Ordnung stören, entfernen zu lassen. ³Er kann mit Zustimmung des Kreistags Kreisräte, welche die Ordnung fortgesetzt erheblich stören, von der Sitzung ausschließen.

(2) Wird durch einen bereits von einer früheren Sitzung ausgeschlossenen Kreisrat die Ordnung innerhalb von zwei Monaten neuerdings erheblich gestört, so kann ihm der Kreistag für zwei weitere Sitzungen die Teilnahme untersagen.

Art. 48 Niederschrift

(1) ¹Die Verhandlungen des Kreistags sind niederzuschreiben. ²Die Niederschrift muß Tag und Ort der Sitzung, die anwesenden

Kreisräte, die behandelten Gegenstände, die Beschlüsse und das Abstimmungsergebnis ersehen lassen. ³Jedes Mitglied kann verlangen, daß in der Niederschrift festgehalten wird, wie es abgestimmt hat.

(2) ¹Die Kreisräte können jederzeit die Niederschrift einsehen und sich Abschriften der in öffentlicher Sitzung gefaßten Beschlüsse erteilen lassen. ²Die Einsicht in die Niederschriften über öffentliche Sitzungen steht allen Kreisbürgern frei.

Art. 49   Geschäftsgang der Ausschüsse

Die Vorschriften der Art. 41 bis 48 finden auf den Geschäftsgang des Kreisausschusses und der weiteren beschließenden Ausschüsse entsprechende Anwendung.

3. ABSCHNITT
Verwaltungsgrundsätze und Verwaltungsaufgaben

Art. 50   Gesetzmäßigkeit; Unparteilichkeit

¹Die Verwaltungstätigkeit des Landkreises muß mit der Verfassung und den Gesetzen im Einklang stehen. ²Sie darf nur von sachlichen Gesichtspunkten geleitet sein.

Art. 50a   Geheimhaltung

(1) ¹Alle Angelegenheiten, die im Interesse der Sicherheit oder anderer wichtiger Belange der Bundesrepublik oder eines ihrer Länder Unbefugten nicht bekannt werden dürfen, sind von den Landkreisen geheimzuhalten. ²Die in anderen Rechtsvorschriften geregelte Verpflichtung zur Verschwiegenheit bleibt unberührt.

(2) ¹Zur Geheimhaltung der in Absatz 1 Satz 1 bezeichneten Angelegenheiten haben die Landkreise die notwendigen Vorkehrungen zu treffen. ²Sie haben insoweit auch die für die Behörden des Freistaates Bayern geltenden Verwaltungsvorschriften zu beachten. ³Das Staatsministerium des Innern kann hierzu Richtlinien aufstellen und Weisungen erteilen, die nicht der Einschränkung nach Art. 95 Abs. 2 Satz 2 unterliegen.

Art. 51 LkrO

(3) ¹Der Landrat ist zu Beginn seiner Amtszeit durch die Rechtsaufsichtsbehörde schriftlich besonders zu verpflichten, die in Absatz 1 Satz 1 genannten Angelegenheiten geheimzuhalten und die hierfür geltenden Vorschriften zu beachten. ²In gleicher Weise hat der Landrat seinen Stellvertreter zu verpflichten. ³Kreisbedienstete hat er zu verpflichten, bevor sie mit den in Absatz 1 Satz 1 genannten Angelegenheiten befaßt werden.

Art. 51 Aufgaben des eigenen Wirkungskreises

(1) Im eigenen Wirkungskreis sollen die Landkreise in den Grenzen ihrer Leistungsfähigkeit die öffentlichen Einrichtungen schaffen, die für das wirtschaftliche, soziale und kulturelle Wohl ihrer Einwohner nach den Verhältnissen des Kreisgebiets erforderlich sind; hierbei sind die Belange des Natur- und Umweltschutzes zu berücksichtigen.

(2) Im Rahmen des Absatzes 1 sind die Landkreise, unbeschadet bestehender Verbindlichkeiten Dritter, verpflichtet, nach Maßgabe der gesetzlichen Vorschriften die erforderlichen Maßnahmen auf den Gebieten der Straßenverwaltung, der Feuersicherheit, des Gesundheitswesens sowie der öffentlichen Fürsorge und Wohlfahrtspflege zu treffen oder die nötigen Leistungen für solche Maßnahmen aufzuwenden.

(3) ¹Die Landkreise sind, unbeschadet bestehender Verbindlichkeiten Dritter, in den Grenzen ihrer Leistungsfähigkeit verpflichtet,
1. die erforderlichen Krankenhäuser zu errichten und zu unterhalten und die Hebammenhilfe für die Bevölkerung sicherzustellen,
2. die aus Gründen des öffentlichen Wohls erforderlichen Einrichtungen zur Versorgung mit Trinkwasser herzustellen und zu unterhalten, soweit eine solche Aufgabe überörtlicher Natur ist und daher aus tatsächlichen oder wirtschaftlichen Gründen die Errichtung einer zentralen Einrichtung für das gesamte oder überwiegende Kreisgebiet geboten ist,
3. Gartenkultur und Landespflege unbeschadet anderer gesetzlicher Vorschriften zu fördern.

²Sonstige gesetzlich festgelegte Verpflichtungen der Landkreise bleiben unberührt.

(4) Übersteigt eine Pflichtaufgabe die Leistungsfähigkeit eines Landkreises, so ist diese Aufgabe in kommunaler Zusammenarbeit zu erfüllen.

Art. 52 Übernahme von Gemeindeaufgaben

(1) Auf Antrag kreisangehöriger Gemeinden können die Landkreise deren Aufgaben des eigenen Wirkungskreises (Art. 57 GO) übernehmen, wenn und solange diese das Leistungsvermögen der beteiligten Gemeinden übersteigen.

(2) Der Beschluß bedarf einer Mehrheit von zwei Dritteln der gesetzlichen Mitgliederzahl des Kreistags.

Art. 53 Aufgaben des übertragenen Wirkungskreises

(1) ¹Im übertragenen Wirkungskreis haben die Landkreise die staatlichen Verwaltungsaufgaben, die auf die Kreisverwaltung nach Art. 37 Abs. 2 durch Einzelgesetze übertragen werden, zu erfüllen. ²Unberührt bleibt die Zuständigkeit des Landratsamts als Staatsbehörde (Art. 37 Abs. 1 Satz 2) und die Zuständigkeit von Sonderbehörden.

(2) Zur Erledigung der staatlichen Aufgaben stellen die Landkreise die erforderlichen Einrichtungen zur Verfügung.

Art. 54 Zuständigkeit für den Gesetzesvollzug

(1) Der Vollzug der gesetzlichen Vorschriften im eigenen und im übertragenen Wirkungskreis und die Durchführung der gesetzmäßigen Anordnungen und Weisungen der Staatsbehörden obliegen dem Kreistag oder dem Kreisausschuß, in den Fällen des Art. 34 dem Landrat.

(2) Hält der Landrat Entscheidungen des Kreistags oder seiner Ausschüsse für rechtswidrig, so hat er sie zu beanstanden, ihren Vollzug auszusetzen und, soweit erforderlich, die Entscheidung der Rechtsaufsichtsbehörde (Art. 96) herbeizuführen.

DRITTER TEIL
Landkreiswirtschaft

1. ABSCHNITT
Haushaltswirtschaft

Art. 55 Allgemeine Haushaltsgrundsätze

(1) ¹Der Landkreis hat seine Haushaltswirtschaft so zu planen und zu führen, daß die stetige Erfüllung seiner Aufgaben gesichert ist. ²Dabei ist den Erfordernissen des gesamtwirtschaftlichen Gleichgewichts Rechnung zu tragen.

(2) ¹Die Haushaltswirtschaft ist sparsam und wirtschaftlich zu planen und zu führen. ²Aufgaben sollen in geeigneten Fällen daraufhin untersucht werden, ob und in welchem Umfang sie durch nichtkommunale Stellen, insbesondere durch private Dritte oder unter Heranziehung Dritter, mindestens ebenso gut erledigt werden können.

Art. 56 Grundsätze der Einnahmebeschaffung

(1) Der Landkreis erhebt Abgaben nach den gesetzlichen Vorschriften.

(2) Er hat die zur Erfüllung seiner Aufgaben erforderlichen Einnahmen

1. soweit vertretbar und geboten aus besonderen Entgelten für die von ihm erbrachten Leistungen,
2. im übrigen aus Steuern und durch die Kreisumlage

zu beschaffen, soweit die sonstigen Einnahmen nicht ausreichen.

(3) Der Landkreis darf Kredite nur aufnehmen, wenn eine andere Finanzierung nicht möglich ist oder wirtschaftlich unzweckmäßig wäre.

Art. 57 Haushaltssatzung

(1) ¹Der Landkreis hat für jedes Haushaltsjahr eine Haushaltssatzung zu erlassen. ²Die Haushaltssatzung kann Festsetzungen für zwei Haushaltsjahre, nach Jahren getrennt enthalten.

(2) ¹Die Haushaltssatzung enthält die Festsetzung

1. des Haushaltsplans unter Angabe des Gesamtbetrags der Einnahmen und der Ausgaben des Haushaltsjahres,
2. des Gesamtbetrags der vorgesehenen Kreditaufnahmen für Investitionen und Investitionsförderungsmaßnahmen (Kreditermächtigungen),
3. des Gesamtbetrags der vorgesehenen Ermächtigungen zum Eingehen von Verpflichtungen, die künftige Haushaltsjahre mit Ausgaben für Investitionen und Investitionsförderungsmaßnahmen belasten (Verpflichtungsermächtigungen),
4. der Kreisumlage (Umlagesoll und Umlagesätze) und der Abgabesätze, die für jedes Haushaltsjahr neu festzusetzen sind,
5. des Höchstbetrags der Kassenkredite.

²Die Angaben nach Satz 1 Nrn. 2, 3 und 5 sind getrennt für das Haushaltswesen des Landkreises und die Wirtschaftsführung von Eigenbetrieben zu machen. ³Die Haushaltssatzung kann weitere Vorschriften enthalten, die sich auf die Einnahmen und Ausgaben und den Stellenplan des Haushaltsjahres beziehen.

(3) Die Haushaltssatzung tritt mit Beginn des Haushaltsjahres in Kraft und gilt für das Haushaltsjahr.

(4) Haushaltsjahr ist das Kalenderjahr, soweit für einzelne Bereiche durch Gesetz oder Rechtsverordnung nichts anderes bestimmt ist.

Art. 58 Haushaltsplan

(1) ¹Der Haushaltsplan enthält alle im Haushaltsjahr für die Erfüllung der Aufgaben des Landkreises

1. zu erwartenden Einnahmen,

2. voraussichtlich zu leistenden Ausgaben und
3. voraussichtlich benötigten Verpflichtungsermächtigungen.

²Die Vorschriften über die Einnahmen, Ausgaben und Verpflichtungsermächtigungen der Eigenbetriebe des Landkreises bleiben unberührt.

(2) ¹Der Haushaltsplan ist in einen Verwaltungshaushalt und einen Vermögenshaushalt zu gliedern. ²Der Stellenplan für die Beamten und Angestellten des Landkreises ist Teil des Haushaltsplans. ³Die bei der Sparkasse beschäftigten Beamten und Angestellten sind in diesem Stellenplan nicht auszuweisen, wenn und soweit nach Sparkassenrecht ein verbindlicher Stellenplan aufzustellen ist.

(3) ¹Der Haushaltsplan muß ausgeglichen sein. ²Er ist Grundlage für die Haushaltswirtschaft des Landkreises und nach Maßgabe dieses Gesetzes und der auf Grund dieses Gesetzes erlassenen Vorschriften für die Haushaltsführung verbindlich. ³Ansprüche und Verbindlichkeiten Dritter werden durch ihn weder begründet noch aufgehoben.

Art. 59 Erlaß der Haushaltssatzung

(1) Der Kreistag beschließt über die Haushaltssatzung samt ihren Anlagen in öffentlicher Sitzung.

(2) Die Haushaltssatzung ist mit ihren Anlagen spätestens einen Monat vor Beginn des Haushaltsjahres der Rechtsaufsichtsbehörde vorzulegen.

(3) ¹Haushaltssatzungen mit genehmigungspflichtigen Bestandteilen sind sogleich nach der Genehmigung amtlich bekanntzumachen. ²Haushaltssatzungen ohne solche Bestandteile sind frühestens einen Monat nach der Vorlage an die Rechtsaufsichtsbehörde amtlich bekanntzumachen, sofern nicht die Rechtsaufsichtsbehörde die Satzung beanstandet. ³Gleichzeitig ist der Haushaltsplan eine Woche lang öffentlich aufzulegen; darauf ist in der amtlichen Bekanntmachung der Haushaltssatzung hinzuweisen.

Art. 60 Überplanmäßige und außerplanmäßige Ausgaben

(1) ¹Überplanmäßige und außerplanmäßige Ausgaben sind nur zulässig, wenn sie unabweisbar sind und die Deckung gewährleistet ist. ²Sind sie erheblich, sind sie vom Kreistag zu beschließen.

(2) Absatz 1 findet entsprechende Anwendung auf Maßnahmen, durch die im Haushaltsplan nicht vorgesehene Verbindlichkeiten des Landkreises entstehen können.

(3) Art. 62 Abs. 2 bleibt unberührt.

(4) ¹Für Investitionen, die im folgenden Jahr fortgesetzt werden, sind überplanmäßige Ausgaben in nicht erheblichem Umfang auch dann zulässig, wenn ihre Deckung im laufenden Jahr nur durch Erlaß einer Nachtragshaushaltssatzung möglich wäre, die Deckung aber im folgenden Jahr gewährleistet ist. ²Hierüber entscheidet der Kreistag.

(5) Der Kreistag kann Richtlinien über die Abgrenzungen aufstellen.

Art. 61 Verpflichtungsermächtigungen

(1) Verpflichtungen zur Leistung von Ausgaben für Investitionen und Investitionsförderungsmaßnahmen in künftigen Jahren dürfen nur eingegangen werden, wenn der Haushaltsplan hierzu ermächtigt.

(2) Die Verpflichtungsermächtigungen dürfen in der Regel zu Lasten der dem Haushaltsjahr folgenden drei Jahre vorgesehen werden, in Ausnahmefällen bis zum Abschluß einer Maßnahme; sie sind nur zulässig, wenn durch sie der Ausgleich künftiger Haushalte nicht gefährdet wird.

(3) Die Verpflichtungsermächtigungen gelten bis zum Ende des Haushaltsjahres und, wenn die Haushaltssatzung für das folgende Haushaltsjahr nicht rechtzeitig amtlich bekannt gemacht wird, bis zum Erlaß dieser Haushaltssatzung.

(4) Der Gesamtbetrag der Verpflichtungsermächtigungen bedarf im Rahmen der Haushaltssatzung der Genehmigung, wenn in den Jahren, zu deren Lasten sie vorgesehen sind, Kreditaufnahmen geplant sind.

Art. 62 Nachtragshaushaltssatzungen

(1) ¹Die Haushaltssatzung kann nur bis zum Ablauf des Haushaltsjahres durch Nachtragshaushaltssatzung geändert werden. ²Für die Nachtragshaushaltssatzung gelten die Vorschriften für die Haushaltssatzung entsprechend.

(2) Der Landkreis hat unverzüglich eine Nachtragshaushaltssatzung zu erlassen, wenn

1. sich zeigt, daß trotz Ausnutzung jeder Sparmöglichkeit ein Fehlbetrag entstehen wird und der Haushaltsausgleich nur durch eine Änderung der Haushaltssatzung erreicht werden kann,
2. bisher nicht veranschlagte oder zusätzliche Ausgaben bei einzelnen Haushaltsstellen in einem im Verhältnis zu den Gesamtausgaben erheblichen Umfang geleistet werden müssen,
3. Ausgaben des Vermögenshaushalts für bisher nicht veranschlagte Investitionen oder Investitionsförderungsmaßnahmen geleistet werden sollen,
4. Beamte oder Angestellte eingestellt, befördert oder in eine höhere Vergütungsgruppe eingestuft werden sollen und der Stellenplan die entsprechenden Stellen nicht enthält.

(3) Absatz 2 Nrn. 2 bis 4 finden keine Anwendung auf

1. den Erwerb von beweglichen Sachen des Anlagevermögens und Baumaßnahmen, soweit die Ausgaben nicht erheblich und unabweisbar sind,
2. Abweichungen vom Stellenplan und die Leistung höherer Personalausgaben, die auf Grund des Beamten- oder Tarifrechts oder für die Erfüllung neuer Aufgaben notwendig werden.

Art. 63 Vorläufige Haushaltsführung

(1) Ist die Haushaltssatzung bei Beginn des Haushaltsjahres noch nicht bekanntgemacht, so darf der Landkreis

1. Ausgaben leisten, zu deren Leistung er rechtlich verpflichtet ist oder die für die Weiterführung notwendiger Aufgaben unaufschiebbar sind; er darf insbesondere Bauten, Beschaffungen und sonstige Leistungen des Vermögenshaushalts, für die im Haushaltsplan eines Vorjahres Beträge vorgesehen waren, fortsetzen,
2. die in der Haushaltssatzung jährlich festzusetzenden Abgaben nach den Sätzen des Vorjahres erheben,
3. Kredite umschulden.

(2) ¹Reichen die Deckungsmittel für die Fortsetzung der Bauten, der Beschaffungen und der sonstigen Leistungen des Vermögenshaushalts nach Absatz 1 Nr. 1 nicht aus, darf der Landkreis Kredite für Investitionen und Investitionsförderungsmaßnahmen bis zu einem Viertel des durchschnittlichen Betrags der für die beiden Vorjahre festgesetzten Kredite aufnehmen. ²Er bedarf dazu der Genehmigung. ³Art. 65 Abs. 2 Sätze 2 und 3 gelten entsprechend.

(3) Der Stellenplan des Vorjahres gilt weiter, bis die Haushaltssatzung für das neue Jahr erlassen ist.

Art. 64 Finanzplanung

(1) ¹Der Landkreis hat seiner Haushaltswirtschaft eine fünfjährige Finanzplanung zugrundezulegen. ²Das erste Planungsjahr der Finanzplanung ist das laufende Haushaltsjahr.

(2) Als Unterlage für die Finanzplanung ist ein Investitionsprogramm aufzustellen.

(3) Im Finanzplan sind Umfang und Zusammensetzung der voraussichtlichen Ausgaben und die Deckungsmöglichkeiten darzustellen.

(4) Der Finanzplan ist dem Kreistag spätestens mit dem Entwurf der Haushaltssatzung vorzulegen.

(5) Der Finanzplan und das Investitionsprogramm sind jährlich der Entwicklung anzupassen und fortzuführen.

2. ABSCHNITT
Kreditwesen

Art. 65 Kredite

(1) Kredite dürfen unter der Voraussetzung des Art. 56 Abs. 3 nur im Vermögenshaushalt und nur für Investitionen, für Investitionsförderungsmaßnahmen und zur Umschuldung aufgenommen werden.

(2) [1]Der Gesamtbetrag der vorgesehenen Kreditaufnahmen für Investitionen und Investitionsförderungsmaßnahmen bedarf im Rahmen der Haushaltssatzung der Genehmigung (Gesamtgenehmigung). [2]Die Genehmigung soll unter dem Gesichtspunkt einer geordneten Haushaltswirtschaft erteilt oder versagt werden; sie kann unter Bedingungen und Auflagen erteilt werden. [3]Sie ist in der Regel zu versagen, wenn die Kreditverpflichtungen mit der dauernden Leistungsfähigkeit des Landkreises nicht im Einklang stehen.

(3) Die Kreditermächtigung gilt bis zum Ende des auf das Haushaltsjahr folgenden Jahres und, wenn die Haushaltssatzung für das übernächste Jahr nicht rechtzeitig amtlich bekanntgemacht wird, bis zum Erlaß dieser Haushaltssatzung.

(4) [1]Die Aufnahme der einzelnen Kredite bedarf der Genehmigung (Einzelgenehmigung), sobald die Kreditaufnahmen für die Landkreise nach § 19 des Gesetzes zur Förderung der Stabilität und des Wachstums der Wirtschaft beschränkt worden sind. [2]Die Einzelgenehmigung kann nach Maßgabe der Kreditbeschränkungen versagt werden.

(5) [1]Das Staatsministerium des Innern kann im Einvernehmen mit den Staatsministerien der Finanzen und für Wirtschaft, Verkehr und Technologie durch Rechtsverordnung die Aufnahme von Krediten von der Genehmigung (Einzelgenehmigung) abhängig machen, wenn der Konjunkturrat für die öffentliche Hand nach § 18 Abs. 2 des Gesetzes zur Förderung der Stabilität und des Wachstums der

Wirtschaft eine Beschränkung der Kreditaufnahme durch die Gemeinden und Gemeindeverbände empfohlen hat. ²Die Genehmigung ist zu versagen, wenn dies zur Abwehr einer Störung des gesamtwirtschaftlichen Gleichgewichts geboten ist oder wenn die Kreditbedingungen wirtschaftlich nicht vertretbar sind. ³Solche Rechtsverordnungen sind auf längstens ein Jahr zu befristen.

(6) ¹Der Landkreis darf zur Sicherung des Kredits keine Sicherheiten bestellen. ²Die Rechtsaufsichtsbehörde kann Ausnahmen zulassen, wenn die Bestellung von Sicherheiten der Verkehrsübung entspricht.

Art. 66 Kreditähnliche Verpflichtungen; Sicherheiten

(1) Der Abschluß von Rechtsgeschäften, die der Kreditaufnahme wirtschaftlich gleichkommen, bedarf der Genehmigung.

(2) ¹Der Landkreis darf Bürgschaften, Gewährverträge und Verpflichtungen aus verwandten Rechtsgeschäften, die ein Einstehen für fremde Schuld oder für den Eintritt oder Nichteintritt bestimmter Umstände zum Gegenstand haben, nur zur Erfüllung seiner Aufgaben übernehmen. ²Die Rechtsgeschäfte bedürfen der Genehmigung, wenn sie nicht im Rahmen der laufenden Verwaltung abgeschlossen werden.

(3) Der Landkreis bedarf zur Bestellung von Sicherheiten zugunsten Dritter der Genehmigung.

(4) Für die Genehmigung gelten Art. 65 Abs. 2 Sätze 2 und 3 entsprechend.

(5) Das Staatsministerium des Innern kann im Einvernehmen mit dem Staatsministerium der Finanzen durch Rechtsverordnung Rechtsgeschäfte von der Genehmigung freistellen,

1. die die Landkreise zur Erfüllung bestimmter Aufgaben eingehen oder

2. die für die Landkreise keine besondere Belastung bedeuten oder

3. die ihrer Natur nach regelmäßig wiederkehren.

Art. 67 Kassenkredite

(1) ¹Zur rechtzeitigen Leistung seiner Ausgaben kann der Landkreis Kassenkredite bis zu dem in der Haushaltssatzung festgesetzten Höchstbetrag aufnehmen, soweit für die Kasse keine anderen Mittel zur Verfügung stehen. ²Diese Ermächtigung gilt über das Haushaltsjahr hinaus bis zum Erlaß der neuen Haushaltssatzung.

(2) Der in der Haushaltssatzung festgesetzte Höchstbetrag soll für die Haushaltswirtschaft ein Sechstel der im Verwaltungshaushalt veranschlagten Einnahmen und für den Eigenbetrieb ein Sechstel der im Erfolgsplan vorgesehenen Erträge nicht übersteigen.

3. ABSCHNITT
Vermögenswirtschaft

a) Allgemeines

Art. 68 Erwerb und Verwaltung von Vermögen

(1) Der Landkreis soll Vermögensgegenstände nur erwerben, wenn das zur Erfüllung seiner Aufgaben erforderlich ist.

(2) ¹Die Vermögensgegenstände sind pfleglich und wirtschaftlich zu verwalten und ordnungsgemäß nachzuweisen. ²Bei Geldanlagen ist auf eine ausreichende Sicherheit zu achten; sie sollen einen angemessenen Ertrag bringen.

Art. 69 Veräußerung von Vermögen

(1) ¹Der Landkreis darf Vermögensgegenstände, die er zur Erfüllung seiner Aufgaben nicht braucht, veräußern. ²Vermögensgegenstände dürfen in der Regel nur zu ihrem vollen Wert veräußert werden.

(2) ¹Für die Überlassung der Nutzung eines Vermögensgegenstands gilt Absatz 1 entsprechend. ²Ausnahmen sind insbesondere zulässig bei der Vermietung von Gebäuden zur Sicherung preiswerten Wohnens und zur Sicherung der Existenz kleiner und ertragsschwacher Gewerbebetriebe.

(3) ¹Die Verschenkung und die unentgeltliche Überlassung von Landkreisvermögen sind unzulässig (Art. 12 Abs. 2 Satz 2 der Verfassung). ²Die Veräußerung oder Überlassung von Landkreisvermögen in Erfüllung von Kreisaufgaben oder herkömmlicher Anstandspflichten fällt nicht unter dieses Verbot.

(4) Landkreisvermögen darf nur im Rahmen der Aufgabenerfüllung des Landkreises und nur dann in Stiftungsvermögen eingebracht werden, wenn der mit der Stiftung verfolgte Zweck auf andere Weise nicht erreicht werden kann.

Art. 70 Rücklagen

¹Der Landkreis hat für Zwecke des Vermögenshaushalts und zur Sicherung der Haushaltswirtschaft Rücklagen in angemessener Höhe zu bilden. ²Rücklagen für andere Zwecke sind zulässig.

Art. 71 Zwangsvollstreckung in Landkreisvermögen wegen einer Geldforderung

(1) ¹Der Gläubiger einer bürgerlich-rechtlichen Geldforderung gegen den Landkreis muß, soweit er nicht dingliche Rechte verfolgt, vor der Einleitung der Zwangsvollstreckung wegen dieser Forderung der Rechtsaufsichtsbehörde eine beglaubigte Abschrift des vollstreckbaren Titels zustellen. ²Die Zwangsvollstreckung darf erst einen Monat nach der Zustellung an die Rechtsaufsichtsbehörde beginnen.

(2) Absatz 1 gilt entsprechend für öffentlich-rechtliche Geldforderungen, soweit nicht Sondervorschriften bestehen.

(3) Über das Vermögen des Landkreises findet ein Insolvenz-*, Konkurs- oder gerichtliches Vergleichsverfahren nicht statt.

b) Vom Landkreis verwaltete nichtrechtsfähige (fiduziarische) Stiftungen

Art. 72 Begriff; Verwaltung

(1) Vermögenswerte, die der Landkreis von Dritten unter der Auflage entgegennimmt, sie zu einem bestimmten öffentlichen Zweck zu verwenden, ohne daß eine rechtsfähige Stiftung entsteht, sind ihrer Zweckbestimmung gemäß nach den für das Kreisvermögen geltenden Vorschriften zu verwalten.

(2) ¹Die Vermögenswerte sind in ihrem Bestand ungeschmälert zu erhalten. ²Sie sind vom übrigen Kreisvermögen getrennt zu verwalten und so anzulegen, daß sie für ihren Verwendungszweck verfügbar sind.

(3) ¹Der Ertrag darf nur für den Stiftungszweck verwendet werden. ²Ist eine Minderung eingetreten, so sollen die Vermögensgegenstände aus dem Ertrag wieder ergänzt werden.

Art. 73 Änderung des Verwendungszwecks; Aufhebung der Zweckbestimmung

¹Soweit eine Änderung des Verwendungszwecks oder die Aufhebung der Zweckbestimmung zulässig ist, beschließt hierüber der Kreistag. ²Der Beschluß bedarf der Genehmigung.

---

* Die Einfügung des Worts „Insolvenz-" tritt am 1. Januar 1999 in Kraft (§ 9 Abs. 1 Satz 2 des Gesetzes zur Änderung des kommunalen Wirtschaftsrechts und anderer kommunalrechtlicher Vorschriften vom 24. Juli 1998, GVBl S. 424).

4. ABSCHNITT
Unternehmen des Landkreises

Art. 74 Rechtsformen

Der Landkreis kann Unternehmen außerhalb seiner allgemeinen Verwaltung in folgenden Rechtsformen betreiben:
1. als Eigenbetrieb,
2. als selbständiges Kommunalunternehmen des öffentlichen Rechts,
3. in den Rechtsformen des Privatrechts.

Art. 75 Allgemeine Zulässigkeit von Unternehmen und Beteiligungen

(1) ¹Der Landkreis darf ein Unternehmen im Sinn von Art. 74 nur errichten, übernehmen oder wesentlich erweitern, wenn
1. ein öffentlicher Zweck das Unternehmen erfordert, insbesondere wenn der Landkreis mit ihm gesetzliche Verpflichtungen oder seine Aufgaben gemäß Art. 51 erfüllen will,
2. das Unternehmen nach Art und Umfang in einem angemessenen Verhältnis zur Leistungsfähigkeit des Landkreises und zum voraussichtlichen Bedarf steht,
3. die dem Unternehmen zu übertragenden Aufgaben für die Wahrnehmung außerhalb der allgemeinen Verwaltung geeignet sind,
4. bei einem Tätigwerden außerhalb der kommunalen Daseinsvorsorge der Zweck nicht ebenso gut und wirtschaftlich durch einen anderen erfüllt wird oder erfüllt werden kann.

²Alle Tätigkeiten oder Tätigkeitsbereiche, mit denen der Landkreis oder seine Unternehmen an dem vom Wettbewerb beherrschten Wirtschaftsleben teilnehmen, um Gewinn zu erzielen, entsprechen keinem öffentlichen Zweck. ³Soweit Unternehmen entgegen Satz 2 vor dem 1. September 1998 errichtet oder übernommen wurden, dürfen sie weitergeführt, jedoch nicht erweitert werden.

Art. 76 LkrO

(2) Der Landkreis darf mit seinen Unternehmen außerhalb des Kreisgebiets nur tätig werden, wenn dafür die Voraussetzungen des Absatzes 1 vorliegen und die berechtigten Interessen der betroffenen kommunalen Gebietskörperschaften gewahrt sind.

(3) ¹Für die Beteiligung des Landkreises an einem Unternehmen gilt Absatz 1 entsprechend. ²Absatz 2 gilt entsprechend, wenn sich der Landkreis an einem auch außerhalb seines Gebiets tätigen Unternehmen in einem Ausmaß beteiligt, das den auf das Kreisgebiet entfallenden Anteil an den Leistungen des Unternehmens erheblich übersteigt.

(4) ¹Bankunternehmen darf der Landkreis weder errichten noch sich an ihnen beteiligen. ²Für das öffentliche Sparkassenwesen verbleibt es bei den besonderen Vorschriften.

Art. 76 Eigenbetriebe

(1) Eigenbetriebe sind Unternehmen des Landkreises, die außerhalb der allgemeinen Verwaltung als Sondervermögen ohne eigene Rechtspersönlichkeit geführt werden.

(2) Für Eigenbetriebe bestellt der Kreistag eine Werkleitung und einen Werkausschuß.

(3) ¹Die Werkleitung führt die laufenden Geschäfte des Eigenbetriebs. ²Sie ist insoweit zur Vertretung nach außen befugt; der Kreistag kann ihr mit Zustimmung des Landrats weitere Vertretungsbefugnisse übertragen. ³Die Werkleitung ist Dienstvorgesetzter der Beamten im Eigenbetrieb und führt die Dienstaufsicht über sie und die im Eigenbetrieb tätigen Angestellten und Arbeiter. ⁴Der Kreistag kann mit Zustimmung des Landrats der Werkleitung für Beamte, Angestellte und Arbeiter im Eigenbetrieb personalrechtliche Befugnisse in entsprechender Anwendung von Art. 38 Abs. 2 übertragen.

(4) ¹Im übrigen beschließt über die Angelegenheiten des Eigenbetriebs der Werkausschuß, soweit nicht der Kreistag sich die Entscheidung allgemein vorbehält oder im Einzelfall an sich zieht. ²Der

Werkausschuß ist ein beschließender Ausschuß im Sinn der Art. 29 und 49. ³Im Fall des Art. 38 Abs. 1 Satz 2 sollen Befugnisse gegenüber Beamten, Angestellten und Arbeitern im Eigenbetrieb auf den Werkausschuß übertragen werden.

(5) ¹Die Art. 55, 56, 61, 63 bis 66, 67 Abs. 1, Art. 68, 69, 71, 86 Abs. 4 und Art. 87 gelten entsprechend. ²Im Rahmen der gesetzlichen Vorschriften werden die Angelegenheiten des Eigenbetriebs durch eine Betriebssatzung geregelt.

(6) ¹Der Landkreis kann Einrichtungen innerhalb der allgemeinen Verwaltung (Regiebetriebe) ganz oder teilweise nach den Vorschriften über die Wirtschaftsführung der Eigenbetriebe führen, wenn die Abweichung von den allgemeinen kommunalwirtschaftlichen Vorschriften nach Art und Umfang der Einrichtung zweckmäßig ist. ²Hierbei können auch Regelungen getroffen werden, die von einzelnen für Eigenbetriebe geltenden Vorschriften abweichen.

Art. 77 Selbständige Kommunalunternehmen des öffentlichen Rechts

(1) ¹Der Landkreis kann selbständige Unternehmen in der Rechtsform einer Anstalt des öffentlichen Rechts (Kommunalunternehmen) errichten oder bestehende Regie- und Eigenbetriebe im Weg der Gesamtrechtsnachfolge in Kommunalunternehmen umwandeln. ²Das Kommunalunternehmen kann sich nach Maßgabe der Unternehmenssatzung an anderen Unternehmen beteiligen, wenn das dem Unternehmenszweck dient.

(2) ¹Der Landkreis kann dem Kommunalunternehmen einzelne oder alle mit einem bestimmten Zweck zusammenhängende Aufgaben ganz oder teilweise übertragen. ²Er kann nach Maßgabe des Art. 18 durch gesonderte Satzung einen Anschluß- und Benutzungszwang zugunsten des Kommunalunternehmens festlegen und das Unternehmen zur Durchsetzung entsprechend Art. 21 ermächtigen. ³Er kann ihm auch das Recht einräumen, an seiner Stelle Satzungen und, soweit Landesrecht zu deren Erlaß ermächtigt, auch

Art. 78 LkrO

Verordnungen für das übertragene Aufgabengebiet zu erlassen; Art. 20 gilt sinngemäß.

(3) ¹Der Landkreis regelt die Rechtsverhältnisse des Kommunalunternehmens durch eine Unternehmenssatzung. ²Die Unternehmenssatzung muß Bestimmungen über den Namen und die Aufgaben des Unternehmens, die Anzahl der Mitglieder des Vorstands und des Verwaltungsrats und die Höhe des Stammkapitals enthalten. ³Der Landkreis hat die Unternehmenssatzung und deren Änderungen gemäß Art. 20 Abs. 2 bekanntzumachen. ⁴Das Kommunalunternehmen entsteht am Tag nach der Bekanntmachung, wenn nicht in der Unternehmenssatzung ein späterer Zeitpunkt bestimmt ist.

(4) Der Landkreis haftet für die Verbindlichkeiten des Kommunalunternehmens unbeschränkt, soweit nicht Befriedigung aus dessen Vermögen zu erlangen ist (Gewährträgerschaft).

Art. 78   Organe des Kommunalunternehmens; Personal

(1) ¹Das Kommunalunternehmen wird von einem Vorstand in eigener Verantwortung geleitet, soweit nicht gesetzlich oder durch die Unternehmenssatzung etwas anderes bestimmt ist. ²Der Vorstand vertritt das Kommunalunternehmen nach außen. ³Der Landkreis hat darauf hinzuwirken, daß jedes Vorstandsmitglied vertraglich verpflichtet wird, die ihm im Geschäftsjahr jeweils gewährten Bezüge im Sinn von § 285 Nr. 9 Buchst. a des Handelsgesetzbuchs dem Landkreis jährlich zur Veröffentlichung mitzuteilen.

(2) ¹Die Geschäftsführung des Vorstands wird von einem Verwaltungsrat überwacht. ²Der Verwaltungsrat bestellt den Vorstand auf höchstens fünf Jahre; eine erneute Bestellung ist zulässig. ³Er entscheidet außerdem über

1. den Erlaß von Satzungen und Verordnungen gemäß Art. 77 Abs. 2 Satz 3,

2. die Feststellung des Wirtschaftsplans und des Jahresabschlusses,

3. die Festsetzung allgemein geltender Tarife und Entgelte für die Leistungsnehmer,
4. die Beteiligung des Kommunalunternehmens an anderen Unternehmen,
5. die Bestellung des Abschlußprüfers,
6. die Ergebnisverwendung.

⁴Im Fall des Satzes 3 Nr. 1 unterliegt der Verwaltungsrat den Weisungen des Kreistags. ⁵Die Unternehmenssatzung kann vorsehen, daß der Kreistag den Mitgliedern des Verwaltungsrats auch in bestimmten anderen Fällen Weisungen erteilen kann. ⁶Die Abstimmung entgegen der Weisung berührt die Gültigkeit des Beschlusses des Verwaltungsrats nicht.

(3) ¹Der Verwaltungsrat besteht aus dem vorsitzenden Mitglied und den übrigen Mitgliedern. ²Den Vorsitz führt der Landrat; mit seiner Zustimmung kann der Kreistag eine andere Person zum vorsitzenden Mitglied bestellen. ³Das vorsitzende Mitglied nach Satz 2 Halbsatz 2 und die übrigen Mitglieder des Verwaltungsrats werden vom Kreistag für sechs Jahre bestellt. ⁴Die Amtszeit von Mitgliedern des Verwaltungsrats, die dem Kreistag angehören, endet mit dem Ende der Wahlzeit oder dem vorzeitigen Ausscheiden aus dem Kreistag. ⁵Die Mitglieder des Verwaltungsrats üben ihr Amt bis zum Amtsantritt der neuen Mitglieder weiter aus. ⁶Mitglieder des Verwaltungsrats können nicht sein:

1. Beamte und hauptberufliche Angestellte des Kommunalunternehmens,
2. leitende Beamte und leitende Angestellte von juristischen Personen oder sonstigen Organisationen des öffentlichen oder privaten Rechts, an denen das Kommunalunternehmen mit mehr als 50 v. H. beteiligt ist; eine Beteiligung am Stimmrecht genügt,
3. Beamte und Angestellte der Rechtsaufsichtsbehörde, die unmittelbar mit Aufgaben der Aufsicht über das Kommunalunternehmen befaßt sind.

Art. 79 LkrO

(4) ¹Das Kommunalunternehmen hat das Recht, Dienstherr von Beamten zu sein, wenn es auf Grund einer Aufgabenübertragung nach Art. 77 Abs. 2 hoheitliche Befugnisse ausübt. ²Wird es aufgelöst, hat der Landkreis die Beamten und Versorgungsempfänger zu übernehmen. ³Wird das Unternehmensvermögen ganz oder teilweise auf andere juristische Personen des öffentlichen Rechts mit Dienstherrnfähigkeit übertragen, so gilt für die Übernahme und die Rechtsstellung der Beamten und Versorgungsempfänger des Kommunalunternehmens Kapitel II Abschnitt III des Beamtenrechtsrahmengesetzes.

(5) ¹Beamten in einem Regie- oder Eigenbetrieb, der nach Art. 77 Abs. 1 Satz 1 ganz oder teilweise in ein Kommunalunternehmen umgewandelt wird, kann im dienstlichen oder öffentlichen Interesse mit ihrer Zustimmung eine ihrem Amt entsprechende Tätigkeit bei dem Kommunalunternehmen zugewiesen werden. ²Die Zuweisung bedarf nicht der Zustimmung des Beamten, wenn dringende öffentliche Interessen sie erfordern. ³Die Rechtsstellung des Beamten bleibt unberührt. ⁴Über die Zuweisung entscheidet die oberste Dienstbehörde.

Art. 79 Sonstige Vorschriften für Kommunalunternehmen

(1) Der Jahresabschluß und der Lagebericht werden nach den für große Kapitalgesellschaften geltenden Vorschriften des Handelsgesetzbuchs aufgestellt und geprüft, sofern nicht weitergehende gesetzliche Vorschriften gelten oder andere gesetzliche Vorschriften entgegenstehen.

(2) Die Organe der Rechnungsprüfung der Landkreise haben das Recht, sich zur Klärung von Fragen, die bei der Prüfung nach Art. 92 Abs. 4 Sätze 2 und 3 auftreten, unmittelbar zu unterrichten und zu diesem Zweck den Betrieb, die Bücher und Schriften des Kommunalunternehmens einzusehen.

(3) Die Art. 3 Abs. 2, Art. 55, 56, 63, 64, 68, 69, 71 und 87 und die Vorschriften des Vierten Teils über die staatliche Aufsicht und die Rechtsmittel sind sinngemäß anzuwenden.

(4) Das Unternehmen ist zur Vollstreckung von Verwaltungsakten in demselben Umfang berechtigt wie der Landkreis, wenn es auf Grund einer Aufgabenübertragung nach Art. 77 Abs. 2 hoheitliche Befugnisse ausübt und bei der Aufgabenübertragung nichts Abweichendes geregelt wird.

Art. 80 Unternehmen in Privatrechtsform

(1) [1]Unternehmen des Landkreises in Privatrechtsform und Beteiligungen des Landkreises an Unternehmen in Privatrechtsform sind nur zulässig, wenn

1. im Gesellschaftsvertrag oder in der Satzung sichergestellt ist, daß das Unternehmen den öffentlichen Zweck gemäß Art. 75 Abs. 1 Satz 1 Nr. 1 erfüllt,
2. der Landkreis angemessenen Einfluß im Aufsichtsrat oder in einem entsprechenden Gremium erhält,
3. die Haftung des Landkreises auf einen bestimmten, seiner Leistungsfähigkeit angemessenen Betrag begrenzt wird; die Rechtsaufsichtsbehörde kann von der Haftungsbegrenzung befreien.

[2]Zur Sicherstellung des öffentlichen Zwecks von Gesellschaften mit beschränkter Haftung soll im Gesellschaftsvertrag oder in der Satzung bestimmt werden, daß die Gesellschafterversammlung auch über den Erwerb und die Veräußerung von Unternehmen und Beteiligungen und über den Abschluß und die Änderung von Unternehmensverträgen beschließt. [3]In der Satzung von Aktiengesellschaften soll bestimmt werden, daß zum Erwerb und zur Veräußerung von Unternehmen und Beteiligungen die Zustimmung des Aufsichtsrats notwendig ist.

(2) Der Landkreis darf dem Erwerb von Unternehmen und Beteiligungen durch Unternehmen in Privatrechtsform, an denen er unmittelbar oder mittelbar beteiligt ist, nur unter entsprechender Anwendung der für ihn selbst geltenden Vorschriften zustimmen.

Art. 81 Vertretung des Landkreises in Unternehmen in Privatrechtsform

(1) ¹Der Landrat vertritt den Landkreis in der Gesellschafterversammlung oder einem entsprechenden Organ. ²Mit Zustimmung des Landrats und seines gewählten Stellvertreters kann der Kreistag eine andere Person zur Vertretung widerruflich bestellen.

(2) ¹Der Landkreis soll bei der Ausgestaltung des Gesellschaftsvertrags oder der Satzung darauf hinwirken, daß ihm das Recht eingeräumt wird, Mitglieder in einen Aufsichtsrat oder ein entsprechendes Gremium zu entsenden, soweit das zur Sicherung eines angemessenen Einflusses notwendig ist. ²Vorbehaltlich entgegenstehender gesetzlicher Vorschriften haben Personen, die vom Landkreis entsandt oder auf seine Veranlassung gewählt wurden, den Landkreis über alle wichtigen Angelegenheiten möglichst frühzeitig zu unterrichten und ihm auf Verlangen Auskunft zu erteilen. ³Soweit zulässig, soll sich der Landkreis ihnen gegenüber Weisungsrechte im Gesellschaftsvertrag oder der Satzung vorbehalten.

(3) ¹Wird die Person, die den Landkreis vertritt oder werden die in Absatz 2 genannten Personen aus ihrer Tätigkeit haftbar gemacht, stellt der Landkreis sie von der Haftung frei. ²Bei Vorsatz oder grober Fahrlässigkeit kann der Landkreis Rückgriff nehmen, es sei denn, das schädigende Verhalten beruhte auf seiner Weisung. ³Die Sätze 1 und 2 gelten entsprechend für Personen, die auf Veranlassung des Landkreises als nebenamtliche Mitglieder des geschäftsführenden Unternehmensorgans bestellt sind.

Art. 82 Sonstige Vorschriften für Unternehmen in Privatrechtsform

(1) ¹Gehören dem Landkreis Anteile an einem Unternehmen in dem in § 53 des Haushaltsgrundsätzegesetzes (HGrG) bezeichneten Umfang, so hat er

1. darauf hinzuwirken, daß in sinngemäßer Anwendung der für Eigenbetriebe geltenden Vorschriften für jedes Wirtschaftsjahr ein

LkrO Art. 82

Wirtschaftsplan aufgestellt und der Wirtschaftsführung eine fünfjährige Finanzplanung zugrundegelegt wird,

2. dafür Sorge zu tragen, daß der Jahresabschluß und der Lagebericht nach den für große Kapitalgesellschaften geltenden Vorschriften des Handelsgesetzbuchs aufgestellt und geprüft werden, sofern nicht weitergehende gesetzliche Vorschriften gelten oder andere gesetzliche Vorschriften entgegenstehen,

3. die Rechte nach § 53 Abs. 1 HGrG auszuüben,

4. darauf hinzuwirken, daß ihm und dem Bayerischen Kommunalen Prüfungsverband die in § 54 HGrG vorgesehenen Befugnisse eingeräumt werden,

5. darauf hinzuwirken, daß jedes Mitglied des geschäftsführenden Unternehmensorgans vertraglich verpflichtet wird, die ihm im Geschäftsjahr jeweils gewährten Bezüge im Sinn von § 285 Nr. 9 Buchst. a des Handelsgesetzbuchs dem Landkreis jährlich zur Veröffentlichung entsprechend Absatz 3 Satz 2 mitzuteilen.

²Die Rechtsaufsichtsbehörde kann Ausnahmen zulassen.

(2) ¹Ist eine Beteiligung des Landkreises an einem Unternehmen keine Mehrheitsbeteiligung im Sinn des § 53 HGrG, so soll der Landkreis, soweit sein Interesse das erfordert, darauf hinwirken, daß in der Satzung oder im Gesellschaftsvertrag dem Landkreis die Rechte nach § 53 Abs. 1 HGrG und dem Landkreis und dem Bayerischen Kommunalen Prüfungsverband die Befugnisse nach § 54 HGrG eingeräumt werden. ²Bei mittelbaren Beteiligungen gilt dies nur, wenn die Beteiligung den vierten Teil der Anteile übersteigt und einer Gesellschaft zusteht, an der der Landkreis allein oder zusammen mit anderen Gebietskörperschaften oder deren Zusammenschlüssen mit Mehrheit im Sinn des § 53 HGrG beteiligt ist.

(3) ¹Der Landkreis hat jährlich einen Bericht über seine Beteiligungen an Unternehmen in einer Rechtsform des Privatrechts zu erstellen, wenn ihm mindestens der zwanzigste Teil der Anteile eines Unternehmens gehört. ²Der Beteiligungsbericht soll insbesondere

Angaben über die Erfüllung des öffentlichen Zwecks, die Beteiligungsverhältnisse, die Zusammensetzung der Organe der Gesellschaft, die Bezüge der einzelnen Mitglieder des geschäftsführenden Unternehmensorgans gemäß Absatz 1 Nr. 5, die Ertragslage und die Kreditaufnahme enthalten. ³Haben die Mitglieder des geschäftsführenden Unternehmensorgans ihr Einverständnis mit der Veröffentlichung ihrer Einzelbezüge nicht erklärt, sind ihre Gesamtbezüge so zu veröffentlichen, wie sie von der Gesellschaft nach den Vorschriften des Handelsgesetzbuchs in den Anhang zum Jahresabschluß aufgenommen werden. ⁴Der Bericht ist dem Kreistag vorzulegen. ⁵Der Landkreis weist ortsüblich darauf hin, daß jeder Einsicht in den Bericht nehmen kann.

Art. 83 Grundsätze für die Führung von Unternehmen des Landkreises

(1) ¹Eigenbetriebe und Kommunalunternehmen sind unter Beachtung betriebswirtschaftlicher Grundsätze und des Grundsatzes der Sparsamkeit und Wirtschaftlichkeit so zu führen, daß der öffentliche Zweck erfüllt wird. ²Entsprechendes gilt für die Steuerung und Überwachung von Unternehmen in Privatrechtsform, an denen der Landkreis mit mehr als 50 v. H. beteiligt ist; bei einer geringeren Beteiligung soll der Landkreis darauf hinwirken.

(2) Unternehmen des Landkreises dürfen keine wesentliche Schädigung und keine Aufsaugung selbständiger Betriebe in Landwirtschaft, Handwerk, Handel, Gewerbe und Industrie bewirken.

Art. 84 Anzeigepflichten

¹Entscheidungen des Landkreises über

1. die Errichtung, Übernahme und wesentliche Erweiterung sowie die Änderung der Rechtsform oder der Aufgaben von Unternehmen des Landkreises,

2. die unmittelbare oder mittelbare Beteiligung des Landkreises an Unternehmen,

3. die gänzliche oder teilweise Veräußerung von Unternehmen oder Beteiligungen des Landkreises,

4. die Auflösung von Kommunalunternehmen

sind der Rechtsaufsichtsbehörde rechtzeitig, mindestens aber sechs Wochen vor ihrem Vollzug, vorzulegen. ²In den Fällen des Satzes 1 Nrn. 2 und 3 besteht keine Anzeigepflicht, wenn die Entscheidung weniger als den zwanzigsten Teil der Anteile des Unternehmens betrifft. ³Aus der Vorlage muß zu ersehen sein, ob die gesetzlichen Voraussetzungen erfüllt sind. ⁴Die Unternehmenssatzung von Kommunalunternehmen ist der Rechtsaufsichtsbehörde stets vorzulegen.

Art. 85 *(aufgehoben)*

5. ABSCHNITT
Kassen- und Rechnungswesen

Art. 86 Kreiskasse

(1) Die Kreiskasse erledigt alle Kasssengeschäfte des Landkreises.

(2) ¹Der Landkreis hat einen Kassenverwalter und einen Stellvertreter zu bestellen. ²Diese Verpflichtung entfällt, wenn er seine Kassengeschäfte ganz durch eine Stelle außerhalb der Landkreisverwaltung besorgen läßt. ³Die Anordnungsbefugten der Landkreisverwaltung, der Leiter und die Prüfer des Rechnungsprüfungsamts können nicht gleichzeitig die Aufgaben eines Kassenverwalters oder seines Stellvertreters wahrnehmen.

(3) Der Kassenverwalter und sein Stellvertreter dürfen weder miteinander noch mit den Anordnungsbefugten der Landkreisverwaltung, dem Leiter und den Prüfern des Rechnungsprüfungsamts durch ein Angehörigenverhältnis im Sinn des Art. 20 Abs. 5 des Bayerischen Verwaltungsverfahrensgesetzes verbunden sein.

Art. 87, 88 LkrO

(4) ¹Sonderkassen sollen mit der Kreiskasse verbunden werden. ²Ist eine Sonderkasse nicht mit der Kreiskasse verbunden, gelten für den Verwalter der Sonderkasse und dessen Stellvertreter die Absätze 2 und 3 entsprechend.

Art. 87 Übertragung von Kassen- und Rechnungsgeschäften

Der Landkreis kann das Ermitteln von Ansprüchen und von Zahlungsverpflichtungen, das Vorbereiten der entsprechenden Kassenanordnungen, die Kassengeschäfte und das Rechnungswesen ganz oder zum Teil von einer Stelle außerhalb der Landkreisverwaltung besorgen lassen, wenn die ordnungsgemäße und sichere Erledigung und die Prüfung nach den für den Landkreis geltenden Vorschriften gewährleistet sind.

Art. 88 Rechnungslegung

(1) ¹In der Jahresrechnung ist das Ergebnis der Haushaltswirtschaft einschließlich des Stands des Vermögens und der Verbindlichkeiten zu Beginn und am Ende des Haushaltsjahres nachzuweisen. ²Die Jahresrechnung ist durch einen Rechenschaftsbericht zu erläutern.

(2) Die Jahresrechnung ist innerhalb von vier Monaten nach Abschluß des Haushaltsjahres aufzustellen und sodann dem Kreisausschuß vorzulegen.

(3) Nach Durchführung der örtlichen Prüfung (Art. 89) und Aufklärung etwaiger Unstimmigkeiten stellt der Kreistag die Jahresrechnung in öffentlicher Sitzung alsbald fest.

(4) ¹Nach Durchführung der überörtlichen Prüfung der Jahresrechnung und der Jahresabschlüsse (Art. 91) und Aufklärung etwaiger Unstimmigkeiten beschließt der Keistag in öffentlicher Sitzung alsbald über die Entlastung. ²Verweigert der Kreistag die Entlastung

oder spricht er sie mit Einschränkungen aus, so hat er die dafür maßgebenden Gründe anzugeben.

(5) Die Kreisräte können jederzeit die Berichte über die Prüfungen einsehen.

6. ABSCHNITT
Prüfungswesen

Art. 89 Örtliche Prüfungen

(1) ¹Die Jahresrechnung und die Jahresabschlüsse der Eigenbetriebe und der Krankenhäuser mit kaufmännischem Rechnungswesen werden von einem Rechnungsprüfungsausschuß geprüft (örtliche Rechnungsprüfung). ²Über die Beratungen sind Niederschriften aufzunehmen.

(2) Der Kreistag bildet aus seiner Mitte einen Rechnungsprüfungsausschuß mit mindestens drei und höchstens sieben Mitgliedern und bestimmt ein Ausschußmitglied zum Vorsitzenden; Art. 33 Satz 1 findet keine Anwendung.

(3) ¹Zur Prüfung der Jahresrechnung und der Jahresabschlüsse können Sachverständige zugezogen werden. ²Das Rechnungsprüfungsamt ist umfassend als Sachverständiger heranzuziehen.

(4) Die örtliche Prüfung der Jahresrechnung und der Jahresabschlüsse ist innerhalb von zwölf Monaten nach Abschluß des Haushaltsjahres durchzuführen.

(5) ¹Die örtliche Kassenprüfung obliegt dem Landrat. ²Er bedient sich des Rechnungsprüfungsamts.

Art. 90 Rechnungsprüfungsamt

(1) Landkreise müssen ein Rechnungsprüfungsamt einrichten.

(2) ¹Das Rechnungsprüfungsamt ist bei der örtlichen Rechnungsprüfung dem Kreistag und bei den örtlichen Kassenprüfungen dem Landrat unmittelbar verantwortlich. ²Der Kreistag und der Landrat

Art. 91 LkrO

können besondere Aufträge zur Prüfung der Verwaltung erteilen. ³Das Rechnungsprüfungsamt ist bei der Wahrnehmung seiner Aufgaben unabhängig und nur dem Gesetz unterworfen. ⁴Im übrigen bleiben die Befugnisse des Landrats unberührt, dem das Rechnungsprüfungsamt unmittelbar untersteht.

(3) ¹Der Kreistag bestellt den Leiter, seinen Stellvertreter und die Prüfer des Rechnungsprüfungsamts und beruft sie ab. ²Der Kreistag kann den Leiter des Rechnungsprüfungsamts und seinen Stellvertreter gegen ihren Willen nur mit einer Mehrheit von zwei Dritteln der gesetzlichen Zahl der Mitglieder des Kreistags abberufen, wenn sie ihre Aufgabe nicht ordnungsgemäß erfüllen. ³Die Abberufung von Prüfern des Rechnungsprüfungsamts gegen ihren Willen bedarf einer Mehrheit von zwei Dritteln der stimmberechtigten Kreisräte.

(4) ¹Der Leiter des Rechnungsprüfungsamts muß Beamter auf Lebenszeit sein. ²Er muß mindestens die Befähigung für den gehobenen nichttechnischen Verwaltungsdienst und die für sein Amt erforderliche Erfahrung und Eignung besitzen.

(5) ¹Der Leiter, sein Stellvertreter und die Prüfer des Rechnungsprüfungsamts dürfen eine andere Stellung in dem Landkreis nur innehaben, wenn das mit ihren Prüfungsaufgaben vereinbar ist. ²Sie dürfen Zahlungen für den Landkreis weder anordnen noch ausführen. ³Für den Leiter des Rechnungsprüfungsamts und seinen Stellvertreter gilt außerdem Art. 86 Abs. 3 entsprechend.

Art. 91 Überörtliche Prüfungen

(1) Die überörtlichen Rechnungs- und Kassenprüfungen werden vom Bayerischen Kommunalen Prüfungsverband (überörtliches Prüfungsorgan) durchgeführt.

(2) Die überörtliche Rechnungsprüfung findet alsbald nach der Feststellung der Jahresrechnung und der Jahresabschlüsse der Eigenbetriebe und der Krankenhäuser mit kaufmännischem Rechnungswesen statt.

Art. 92 Inhalt der Rechnungs- und Kassenprüfungen

(1) Die Rechnungsprüfung erstreckt sich auf die Einhaltung der für die Wirtschaftsführung geltenden Vorschriften und Grundsätze, insbesondere darauf, ob

1. die Haushaltssatzung und der Haushaltsplan eingehalten worden sind,
2. die Einnahmen und Ausgaben begründet und belegt sind sowie die Jahresrechnung und die Vermögensnachweise ordnungsgemäß aufgestellt sind,
3. wirtschaftlich und sparsam verfahren wird,
4. die Aufgaben mit geringerem Personal- oder Sachaufwand oder auf andere Weise wirksamer erfüllt werden können.

(2) ¹Die Wirtschaftsführung der Krankenhäuser einschließlich der Jahresabschlüsse unterliegen der Rechnungsprüfung. ²Absatz 1 gilt entsprechend.

(3) ¹Die Rechnungsprüfung umfaßt auch die Wirtschaftsführung der Eigenbetriebe unter entsprechender Anwendung des Absatzes 1. ²Dabei ist auf das Ergebnis der Abschlußprüfung (Art. 93) mit abzustellen.

(4) ¹Im Rahmen der Rechnungsprüfung wird die Betätigung des Landkreises bei Unternehmen in einer Rechtsform des privaten Rechts, an denen der Landkreis unmittelbar oder mittelbar beteiligt ist, unter Beachtung kaufmännischer Grundsätze mitgeprüft. ²Entsprechendes gilt bei Erwerbs- und Wirtschaftsgenossenschaften, in denen der Landkreis Mitglied ist, sowie bei Kommunalunternehmen. ³Die Rechnungsprüfung umfaßt ferner die Buch-, Betriebs- und sonstigen Prüfungen, die sich der Landkreis bei der Hingabe eines Darlehens oder sonst vorbehalten hat.

(5) Durch Kassenprüfungen werden die ordnungsmäßige Erledigung der Kassengeschäfte, die ordnungsmäßige Einrichtung der Kassen und das Zusammenwirken mit der Verwaltung geprüft.

Art. 93 Abschlußprüfung

(1) Der Jahresabschluß und der Lagebericht eines Eigenbetriebs und eines Kommunalunternehmens sollen spätestens innerhalb von neun Monaten nach Schluß des Wirtschaftsjahres durch einen sachverständigen Prüfer (Abschlußprüfer) geprüft sein.

(2) Die Abschlußprüfung wird vom Bayerischen Kommunalen Prüfungsverband oder von einem Wirtschaftsprüfer oder von einer Wirtschaftsprüfungsgesellschaft durchgeführt.

(3) ¹Die Abschlußprüfung erstreckt sich auf die Vollständigkeit und Ordnungsmäßigkeit des Jahresabschlusses unter Einbeziehung der Buchführung und des Lageberichts. ²Dabei werden auch geprüft

1. die Ordnungsmäßigkeit der Geschäftsführung,
2. die Entwicklung der Vermögens- und Ertragslage sowie die Liquidität und Rentabilität,
3. die verlustbringenden Geschäfte und die Ursachen der Verluste, wenn diese Geschäfte und die Ursachen für die Vermögens- und Ertragslage von Bedeutung waren,
4. die Ursachen eines in der Gewinn- und Verlustrechnung ausgewiesenen Jahresfehlbetrags.

VIERTER TEIL
Staatliche Aufsicht und Rechtsmittel

1. ABSCHNITT
Rechtsaufsicht und Fachaufsicht

Art. 94 Sinn der staatlichen Aufsicht

Die Aufsichtsbehörden sollen die Landkreise bei der Erfüllung ihrer Aufgaben verständnisvoll beraten, fördern und schützen sowie die Entschlußkraft und die Selbstverwaltung der Kreisorgane stärken.

Art. 95 Inhalt und Grenzen der Aufsicht

(1) In den Angelegenheiten des eigenen Wirkungskreises (Art. 5) beschränkt sich die staatliche Aufsicht darauf, die Erfüllung der gesetzlich festgelegten und übernommenen öffentlich-rechtlichen Aufgaben und Verpflichtungen der Landkreise und die Gesetzmäßigkeit ihrer Verwaltungstätigkeit zu überwachen (Rechtsaufsicht).

(2) ¹In den Angelegenheiten des übertragenen Wirkungskreises (Art. 6) erstreckt sich die staatliche Aufsicht auch auf die Handhabung des Verwaltungsermessens der Landkreise (Fachaufsicht). ²Eingriffe in das Verwaltungsermessen sind auf die Fälle zu beschränken, in denen

1. das Gemeinwohl oder öffentlich-rechtliche Ansprüche einzelner eine Weisung oder Entscheidung erfordern oder
2. die Bundesregierung nach Art. 84 Abs. 5 oder Art. 85 Abs. 3 des Grundgesetzes eine Weisung erteilt.

Art. 96 Rechtsaufsichtsbehörden

¹Die Rechtsaufsicht über die Landkreise obliegt der Regierung. ²Das Staatsministerium des Innern ist obere Rechtsaufsichtsbehörde der Landkreise.

Art. 97 Informationsrecht

¹Die Rechtsaufsichtsbehörde ist befugt, sich jederzeit über alle Angelegenheiten des Landkreises zu unterrichten. ²Sie kann insbesondere Anstalten und Einrichtungen des Landkreises besichtigen, die Geschäfts- und Kassenführung prüfen sowie Berichte und Akten einfordern.

Art. 98 Beanstandungsrecht

¹Die Rechtsaufsichtsbehörde kann rechtswidrige Beschlüsse und Verfügungen des Landkreises beanstanden und ihre Aufhebung oder Änderung verlangen. ²Bei Nichterfüllung öffentlich-rechtli-

cher Aufgaben oder Verpflichtungen kann die Rechtsaufsichtsbehörde den Landkreis zur Durchführung der notwendigen Maßnahmen auffordern.

Art. 99 Recht der Ersatzvornahme

¹Kommt der Landkreis binnen einer ihm gesetzten angemessenen Frist den Anordnungen der Rechtsaufsichtsbehörde nicht nach, so kann diese die notwendigen Maßnahmen an Stelle des Landkreises verfügen und vollziehen. ²Die Kosten trägt der Landkreis.

Art. 100 Bestellung eines Beauftragten

(1) Ist der geordnete Gang der Verwaltung durch Beschlußunfähigkeit des Kreistags oder durch seine Weigerung, gesetzmäßige Anordnungen der Rechtsaufsichtsbehörde auszuführen, ernstlich behindert, so kann die Rechtsaufsichtsbehörde den Landrat ermächtigen, bis zur Behebung des gesetzwidrigen Zustands für den Landkreis zu handeln.

(2) ¹Weigert sich der Landrat oder ist er aus tatsächlichen oder rechtlichen Gründen verhindert, die Aufgaben nach Absatz 1 wahrzunehmen, so beauftragt die Rechtsaufsichtsbehörde den gewählten Stellvertreter des Landrats, für den Landkreis zu handeln, solange es erforderlich ist. ² Ist kein gewählter Stellvertreter des Landrats vorhanden oder ist auch er verhindert oder nicht handlungswillig, so handelt die Rechtsaufsichtsbehörde für den Landkreis.

(3) Die Staatsregierung kann ferner, wenn sich der gesetzwidrige Zustand anders nicht beheben lässt, den Kreistag auflösen und dessen Neuwahl anordnen.

Art. 101 Fachaufsichtsbehörden

¹Die Zuständigkeit zur Führung der Fachaufsicht auf den einzelnen Gebieten des übertragenen Wirkungskreises bestimmt sich nach den hierfür geltenden besonderen Vorschriften. ²Soweit solche

besonderen Vorschriften nicht bestehen, obliegt den Rechtsaufsichtsbehörden auch die Führung der Fachaufsicht.

Art. 102 Befugnisse der Fachaufsicht

(1) ¹Die Fachaufsichtsbehörden können sich über Angelegenheiten des übertragenen Wirkungskreises in gleicher Weise wie die Rechtsaufsichtsbehörden unterrichten (Art. 97). ²Sie können ferner dem Landkreis für die Behandlung übertragener Angelegenheiten unter Beachtung des Art. 95 Abs. 2 Satz 2 Weisungen erteilen. ³Zu weitergehenden Eingriffen in die Landkreisverwaltung sind die Fachaufsichtsbehörden unbeschadet der Entscheidung über Widersprüche (Art. 105 Nr. 2) nicht befugt.

(2) Die Rechtsaufsichtsbehörden sind verpflichtet, die Fachaufsichtsbehörden bei der Durchführung ihrer gesetzlichen Aufgaben nötigenfalls unter Anwendung der in den Art. 99 und 100 festgelegten Befugnisse zu unterstützen.

Art. 103 Genehmigungsbehörde

(1) Die in diesem Gesetz vorgeschriebenen Genehmigungen erteilt, soweit nicht anderes bestimmt ist, die Rechtsaufsichtsbehörde (Art. 96).

(2) Beschlüsse sowie Geschäfte des bürgerlichen Rechts erlangen Rechtswirksamkeit erst mit der Erteilung der nach diesem Gesetz erforderlichen Genehmigung.

(3) Die Anträge auf Erteilung der Genehmigungen sind ohne schuldhafte Verzögerung zu verbescheiden.

Art. 103a Ausnahmegenehmigungen

¹Das Staatsministerium des Innern kann im Interesse der Weiterentwicklung der kommunalen Selbstverwaltung zur Erprobung neuer Modelle der Steuerung und des Haushalts- und Rechnungswesens auf Antrag im Einzelfall Ausnahmen von organisations- und haushaltsrechtlichen Regelungen dieses Gesetzes und der nach

Art. 109 erlassenen Vorschriften genehmigen. ²Die Genehmigung ist zu befristen. ³Bedingungen und Auflagen sind insbesondere zulässig, um die Vergleichbarkeit des Kommunalrechtsvollzugs auch im Rahmen einer Erprobung möglichst zu wahren und die Ergebnisse der Erprobung für Gemeinden, für andere Landkreise und für Bezirke nutzbar zu machen.

2. ABSCHNITT
Rechtsmittel

Art. 104 (aufgehoben)

Art. 105 Erlaß des Widerspruchsbescheids
(§ 73 der Verwaltungsgerichtsordnung – VwGO)

Den Widerspruchsbescheid erläßt

1. in Angelegenheiten des eigenen Wirkungskreises die Rechtsaufsichtsbehörde, die dabei auf die Prüfung der Rechtmäßigkeit beschränkt ist; zuvor hat die Selbstverwaltungsbehörde nach § 72 VwGO auch die Zweckmäßigkeit zu überprüfen,

2. in Angelegenheiten des übertragenen Wirkungskreises die Fachaufsichtsbehörde; ist Fachaufsichtsbehörde eine oberste Landesbehörde, so entscheidet die Behörde, die den Verwaltungsakt erlassen hat; Art. 95 Abs. 2 Satz 2 findet keine Anwendung.

Art. 106 (aufgehoben)

FÜNFTER TEIL
Übergangs- und Schlußvorschriften

Art. 107 Einwohnerzahl

Soweit nach diesem Gesetz oder einer aufgrund dieses Gesetzes erlassenen Rechtsverordnung die Einwohnerzahl von rechtlicher

Bedeutung ist, ist die Einwohnerzahl maßgebend, die bei der letzten Wahl der Kreisräte zugrunde gelegt wurde.

Art. 108 Inkrafttreten

(1) ¹Dieses Gesetz ist dringlich. ²Es tritt am 14. Februar 1952 in Kraft.*

(2) *(gegenstandslos)*

Art. 109 Ausführungsvorschriften

(1) ¹Das Staatsministerium des Innern erläßt die zum Vollzug dieses Gesetzes erforderlichen Ausführungsvorschriften. ²Es wird insbesondere ermächtigt, im Einvernehmen mit dem Staatsministerium der Finanzen durch Rechtsverordnungen zu regeln:

1. den Inhalt und die Gestaltung des Haushaltsplans einschließlich des Stellenplans, der Finanzplanung und des Investitionsprogramms, ferner die Veranschlagung von Einnahmen, Ausgaben und Verpflichtungsermächtigungen für einen vom Haushaltsjahr abweichenden Wirtschaftszeitraum,
2. die Ausführung des Haushaltsplans, die Anordnung von Zahlungen, die Haushaltsüberwachung, die Stundung, die Niederschlagung und den Erlaß von Ansprüchen und die Behandlung von Kleinbeträgen,
3. die Ausschreibung von Lieferungen und Leistungen und die Vergabe von Aufträgen,
4. die Bildung, vorübergehende Inanspruchnahme und Verwendung von Rücklagen und deren Mindesthöhe,
5. die Geldanlagen und ihre Sicherung,

---

* Diese Vorschrift betrifft das Inkrafttreten des Gesetzes in der ursprünglichen Fassung vom 16. 2. 1952 (GVBl. S. 39). Der Zeitpunkt des Inkrafttretens der späteren Änderungen ergibt sich aus den jeweiligen Änderungsgesetzen.

LkrO Art. 109

6. die Erfassung, den Nachweis, die Bewertung und die Abschreibung der Vermögensgegenstände; dabei kann die Bewertung und Abschreibung auf einzelne Bereiche beschränkt werden,

7. die Kassenanordnungen, die Aufgaben und die Organisation der Kreiskasse und der Sonderkassen, den Zahlungsverkehr, die Verwaltung der Kassenmittel, der Wertgegenstände und anderer Gegenstände, die Buchführung sowie die Möglichkeit, daß die Buchführung und die Verwahrung von Wertgegenständen von den Kassengeschäften abgetrennt werden können,

8. den Inhalt und die Gestaltung der Jahresrechnung und die Abwicklung der Vorjahresergebnisse,

9. den Aufbau und die Verwaltung, die Wirtschaftsführung, das Rechnungswesen und die Prüfung der Eigenbetriebe,

10. die Prüfung der Jahresrechnungen und der Jahresabschlüsse, die Prüfung der Kreiskasse und der Sonderkassen, die Abschlußprüfung und die Freistellung von der Abschlußprüfung, die Prüfung von Verfahren der automatisierten Datenverarbeitung im Bereich des Finanzwesens der Landkreise, die Rechte und Pflichten der Prüfer, die über Prüfungen zu erstellenden Berichte und deren weitere Behandlung sowie die Organisation der staatlichen Rechnungsprüfungsstellen der Landratsämter,

11. das Verfahren bei der Errichtung der Kommunalunternehmen und den Aufbau, die Verwaltung, die Wirtschaftsführung sowie das Rechnungs- und Prüfungswesen der Kommunalunternehmen.

³Das Staatsministerium des Innern wird weiter ermächtigt, im Einvernehmen mit dem Staatsministerium für Arbeit und Sozialordnung, Familie, Frauen und Gesundheit und mit dem Staatsministerium der Finanzen die Wirtschaftsführung der Krankenhäuser und der Pflegeeinrichtungen der Landkreise durch Rechtsverordnung zu regeln.

(2) ¹Das Staatsministerium des Innern erläßt die erforderlichen Verwaltungsvorschriften und gibt Muster, insbesondere für

1. die Haushaltssatzung und die Nachtragshaushaltssatzung,
2. die Gliederung und die Gruppierung des Haushaltsplans und des Finanzplans,
3. die Form des Haushaltsplans und seiner Anlagen, des Finanzplans und des Investitionsprogramms,
4. die Gliederung, die Gruppierung und die Form der Vermögensnachweise,
5. die Kassenanordnungen, die Buchführung, die Jahresrechnung und ihre Anlagen,
6. die Gliederung und die Form des Wirtschaftsplans und seiner Anlagen, des Finanzplans und des Investitionsprogramms, des Jahresabschlusses, der Anlagenachweise und der Erfolgsübersicht für Eigenbetriebe und für Krankenhäuser mit kaufmännischem Rechnungswesen,

im Allgemeinen Ministerialblatt bekannt. ²Es kann solche Muster für verbindlich erklären. ³Die Zuordnung der Einnahmen und Ausgaben in die Gliederung und die Gruppierung des Haushaltsplans und des Finanzplans und die Zuordnung der vermögenswirksamen Vorgänge in die Gliederung und die Gruppierung der Vermögensnachweise kann durch Verwaltungsvorschrift in gleicher Weise verbindlich festgelegt werden. ⁴Die Verwaltungsvorschriften zur Gliederung und Gruppierung des Haushaltsplans und des Finanzplans sind im Einvernehmen mit dem Staatsministerium der Finanzen zu erlassen.

Art. 110 Einschränkung von Grundrechten

Auf Grund dieses Gesetzes können die Grundrechte auf Freiheit der Person und der Unverletzlichkeit der Wohnung eingeschränkt werden (Art. 2 Abs. 2, Art. 13 des Grundgesetzes, Art. 102 und 106 Abs. 3 der Verfassung).

Verwaltungsgemeinschaftsordnung für den Freistaat Bayern (Verwaltungsgemeinschaftsordnung – VGemO)

geändert durch Gesetz vom 10. Juni 1994 (GVBl. S. 426; BayRS 2020-2-1-I)

Vorbemerkung:
Die Verordnung über Aufgaben der Mitgliedsgemeinden von Verwaltungsgemeinschaften ist als Fußnote zu Art. 4 Abs. 1 VGemO abgedruckt.

Inhaltsübersicht

ERSTER TEIL
Die Verwaltungsgemeinschaft

		Seite
Art. 1	Wesen und Rechtsform	190
Art. 2	Bildung und Erweiterung von Verwaltungsgemeinschaften	190
Art. 3	Bestimmungen von Name und Sitz	191
Art. 4	Aufgaben	191
Art. 5	Mitwirkung der Gemeinden	193
Art. 6	Organe der Verwaltungsgemeinschaft	193
Art. 7	Bedienstete der Verwaltungsgemeinschaft	194
Art. 8	Deckung des Finanzbedarfs	195
Art. 9	Auflösung und Entlassung	195
Art. 10	Bekanntmachung; Anwendung des Gesetzes über die kommunale Zusammenarbeit	196

ZWEITER TEIL
Übergangs- und Schlußvorschriften

Art. 11	Übergangsvorschriften	197
Art. 12	Inkrafttreten	197

ERSTER TEIL
Die Verwaltungsgemeinschaft

Art. 1 Wesen und Rechtsform

(1) ¹Die Verwaltungsgemeinschaft ist ein Zusammenschluß benachbarter kreisangehöriger Gemeinden unter Aufrechterhaltung des Bestands der beteiligten Gemeinden. ²Sie erfüllt öffentliche Aufgaben nach Maßgabe der folgenden Bestimmungen und dient der Stärkung der Leistungs- und Verwaltungskraft ihrer Mitglieder.

(2) ¹Die Verwaltungsgemeinschaft ist eine Körperschaft des öffentlichen Rechts. ²Sie kann Dienstherr von Beamten sein.

Art. 2 Bildung und Erweiterung von Verwaltungsgemeinschaften

(1) Verwaltungsgemeinschaften können gebildet werden,
1. wenn die beteiligten Gemeinden einverstanden sind,
2. gegen den Willen beteiligter Gemeinden, wenn Gründe des öffentlichen Wohls vorliegen; die beteiligten Gemeinden sind vorher zu hören.

(2) Eine Gemeinde kann in eine bestehende Verwaltungsgemeinschaft aufgenommen werden,
1. wenn die Gemeinde, die Verwaltungsgemeinschaft und deren Mitgliedsgemeinden einverstanden sind,
2. gegen den Willen der Gemeinde, der Verwaltungsgemeinschaft oder einer Mitgliedsgemeinde, wenn Gründe des öffentlichen Wohls vorliegen; die Gemeinde, die Verwaltungsgemeinschaft und deren Mitgliedsgemeinschaft sind vorher zu hören.

(3) Verwaltungsgemeinschaften werden durch Gesetz gebildet oder erweitert.

(4) Die mit der Bildung oder Erweiterung von Verwaltungsgemeinschaften zusammenhängenden Rechts- und Verwaltungsfragen regelt die Regierung.

(5) ¹Im Fall der Bildung einer Verwaltungsgemeinschaft dürfen bis zur Bekanntmachung ihrer ersten Haushaltssatzung ausgabenwirksame Maßnahmen nur getroffen werden, wenn und soweit sie für eine ordnungsgemäße Aufgabenerfüllung unerläßlich sind; insoweit dürfen Ausgaben geleistet werden. ²Bis zum gleichen Zeitpunkt kann die Verwaltungsgemeinschaft nach Maßgabe des Art. 8 Abs. 1 Sätze 1 und 2 eine vorläufige Umlage erheben. ³Sie kann ferner einen vorläufigen Höchstbetrag für Kassenkredite festsetzen. ⁴Der Stellenplan gilt insoweit als festgesetzt, als Beamte und Angestellte von Mitgliedsgemeinden übernommen werden.

Art. 3 Bestimmung von Name und Sitz

(1) Name und Sitz einer neuen Verwaltungsgemeinschaft werden durch Rechtsverordnung der Regierung bestimmt, sofern das nach Art. 2 Abs. 3 erlassene Gesetz dazu nichts bestimmt.

(2) Die Regierung kann durch Rechtsverordnung den Namen und den Sitz einer bestehenden Verwaltungsgemeinschaft ändern, wenn ein dringendes öffentliches Bedürfnis für die Änderung besteht; die Verwaltungsgemeinschaft ist vorher zu hören.

Art. 4 Aufgaben

(1) ¹Die Verwaltungsgemeinschaft nimmt alle Angelegenheiten des übertragenen Wirkungskreises ihrer Mitgliedsgemeinden wahr, ausgenommen den Erlaß von Sßl82 atzungen und Verordnungen. ²Die Mitgliedsgemeinden sind über die sie betreffenden Vorgänge im übertragenen Wirkungskreis zu informieren. ³Das Staatsministerium des Innern kann durch Rechtsverordnung* allgemein bestimmen, daß einzelne Aufgaben des übertragenen Wirkungskreises bei den Mitgliedsgemeinden verbleiben.

(2) ¹Die Mitgliedsgemeinden der Verwaltungsgemeinschaft erfüllen die Aufgaben des eigenen Wirkungskreises. ²Die Verwaltungsgemeinschaft führt dabei die Aufgaben nach den folgenden Sätzen 3

---

* Fußnote siehe nächste Seite.

* Zu Art. 4 Abs. 1 Satz 3 VGemO wurde die V über Aufgaben der Mitgliedsgemeinden von Verwaltungsgemeinschaften vom 30. 4. 1995 (GVBl. S. 259; BayRS 2020-2-1-1-I) erlassen:

§ 1

Bei den Mitgliedsgemeinden von Verwaltungsgemeinschaften verbleiben folgende Aufgaben des übertragenen Wirkungskreises:

1. die Aufgaben der unteren Bauaufsichtsbehörde nach Art. 65 Abs. 2 und 3, die Erklärung nach Art. 70 Abs. 1 Satz 1 Nr. 3, die Stellungnahmen nach Art. 74 Abs. 1 und Art. 93 Abs. 3 und die Erklärung des Einvernehmens nach Art. 77 Abs. 2 der Bayerischen Bauordnung,
2. die Wahrnehmung der Aufgaben der Katastrophenschutzbehörde bei fehlender Verbindung zur Kreisverwaltungsbehörde nach Art. 2 Abs. 1 Satz 2 des Bayerischen Katastrophenschutzgesetzes,
3. die Unterstützung benachbarter Gemeinden bei unaufschiebbaren Vorkehrungen zur Anwendung von Wasser- und Eisgefahr nach Art. 66 Abs. 1 des Bayerischen Wassergesetzes,
4. die Aufstellung der Vorschlagslisten für Schöffen nach § 36 des Gerichtsverfassungsgesetzes,
5. die Wahrnehmung der Aufgaben der örtlichen Straßenverkehrsbehörde nach Art. 2 Nr. 1, Art. 3 des Gesetzes über Zuständigkeiten im Verkehrswesen,
6. die Vornahme des Sühneversuchs in Privatklageverfahren nach Art. 49 des Gesetzes zur Ausführung des Gerichtsverfassungsgesetzes und von Verfahrensgesetzen des Bundes,
7. die Durchführung des Zertifizierungsverfahrens sowie des Kontrollverfahrens für Hopfen und Hopfenerzeugnisse, die nicht der Zertifizierung unterliegen, und die amtliche Aufsicht in den Zertifizierungsstellen außerhalb der gemeindlichen Siegelhallen nach § 5 Nr. 3 der Verordnung über Zuständigkeiten zur Ausführung von Verordnungen der Europäischen Gemeinschaften im Geschäftsbereich des Bayerischen Staatsministeriums für Ernährung, Landwirtschaft und Forsten,
8. der Vollzug von Satzungen und Verordnungen des übertragenen Wirkungskreises,
9. die Entscheidung über Gastschulverhältnisse nach Art. 43 Abs. 1 des Bayerischen Gesetzes über das Erziehungs- und Unterrichtswesen,
10. die Anordnung von Ausnahmen von der Sperrzeit für einzelne Betriebe nach § 11 der Gaststättenverordnung.

§ 2

[1]Diese Verordnung tritt am 1. Juni 1995 in Kraft. [2]Gleichzeitig tritt die Verordnung über Aufgaben der Mitgliedsgemeinden von Verwaltungsgemeinschaften vom 25. September 1979 (BayRS 2020-2-1-1-I), zuletzt geändert durch Verordnung vom 24. August 1993 (GVBl. S. 641), außer Kraft.

Art. 5, 6 VGemO

und 4 als Behörde der jeweiligen Mitgliedsgemeinde nach deren Weisung aus; der erste Bürgermeister kann die Mitgliedsgemeinde auch insoweit vertreten. ³Der Verwaltungsgemeinschaft obliegen die verwaltungsmäßige Vorbereitung und der verwaltungsmäßige Vollzug der Beschlüsse der Mitgliedsgmeinden sowie die Besorgung der laufenden Verwaltungsangelegenheiten, die für die Mitgliedsgemeinden keine grundsätzliche Bedeutung haben und keine erheblichen Verpflichtungen erwarten lassen. ⁴Das gleiche gilt für die Aufgaben, die nach Absatz 1 bei den Mitgliedsgemeinden verbleiben.

(3) Die Mitgliedsgemeinden können durch Zweckvereinbarung einzelne Aufgaben und Befugnisse des eigenen Wirkungskreises auf die Verwaltungsgemeinschaft übertragen.

(4) ¹Mit dem Inkrafttreten des Gesetzes (Art. 2 Abs. 3) tritt die Verwaltungsgemeinschaft an die Stelle von Zweckverbänden, die aus denselben Mitgliedern wie die Verwaltungsgemeinschaft bestehen; solche Zweckverbände können nicht neu gebildet werden. ²Andere Zweckverbände können ihre Verwaltungsaufgaben (Absatz 2) durch Zweckvereinbarung auf die Verwaltungsgemeinschaft übertragen. ³Die Aufgaben und Befugnisse von Verbänden, die nicht auf Grund des Gesetzes über die kommunale Zusammenarbeit, sondern auf Grund anderer Rechtsvorschriften gebildet sind, können nach Maßgabe der für sie geltenden Vorschriften auf die Verwaltungsgemeinschaft übertragen werden.

(5) Die Verwaltungsgemeinschaft soll ihre Mitgliedsgemeinden bei der Erfüllung der übrigen gemeindlichen Aufgaben beraten.

Art. 5 Mitwirkung der Gemeinden

Die Mitgliedsgemeinden sind verpflichtet, die Verwaltungsgemeinschaft bei der Durchführung ihrer Aufgaben zu unterstützen.

Art. 6 Organe der Verwaltungsgemeinschaft

(1) Die Verwaltungsgemeinschaft wird durch die Gemeinschaftsversammlung verwaltet, soweit nicht der Gemeinschaftsvorsitzende zuständig ist.

(2) ¹Die Gemeinschaftsversammlung besteht aus den Vertretern der Mitgliedsgemeinden. ²Vertreter sind die ersten Bürgermeister und je ein Gemeinderatsmitglied; für jedes volle Tausend ihrer Einwohner entsenden die Mitgliedsgemeinden ein weiteres Gemeinderatsmitglied. ³Die ersten Bürgermeister werden im Fall der Verhinderung durch ihre Stellvertreter vertreten. ⁴Für jedes der übrigen Mitglieder der Gemeinschaftsversammlung ist für den Fall, daß es verhindert ist oder den ersten Bürgermeister nach Satz 3 vertritt, ein Stellvertreter aus der Mitte des Gemeinderats zu bestellen. ⁵Bei der Bestellung der übrigen Mitglieder und ihrer Stellvertreter gelten Art. 33 Abs. 1 Sätze 2 bis 5 der Gemeindeordnung (GO) entsprechend. ⁶Jede Mitgliedsgemeinde hat so viele einzeln abzugebende Stimmen, als Vertreter von ihr anwesend sind.

(3) ¹Die Gemeinschaftsversammlung wählt aus ihrer Mitte einen der ersten Bürgermeister zum Gemeinschaftsvorsitzenden und einen oder zwei Stellvertreter, und zwar je auf die Dauer ihres gemeindlichen Amts. ²Die Vertreter der Mitgliedsgemeinden sind insoweit an Weisungen nicht gebunden.

(4) ¹Für die Aufgaben und Befugnisse des Gemeinschaftsvorsitzenden gelten die Vorschriften über die Zuständigkeit des Verbandsvorsitzenden eines Zweckverbands entsprechend. ²Er führt die Dienstaufsicht über die Dienstkräfte der Verwaltungsgemeinschaft und ist Dienstvorgesetzter ihrer Beamten.

Art. 7 Bedienstete der Verwaltungsgemeinschaft

(1) ¹Die Verwaltungsgemeinschaft stellt das fachlich geeignete Verwaltungspersonal an, das erforderlich ist, um den ordnungsmäßigen Gang der Geschäfte zu gewährleisten. ²Unbeschadet der Verpflichtung nach Satz 1 muß die Verwaltungsgemeinschaft mindestens einen Beamten mit der Befähigung für den gehobenen Verwaltungsdienst haben.

(2) ¹Der Gemeinschaftsvorsitzende kann dem Leiter der Geschäftsstelle laufende Angelegenheiten zur selbständigen Erledigung übertragen. ²Der Leiter der Geschäftsstelle nimmt an den Sitzungen der Gemeinschaftsversammlung beratend teil.

(3) Verwaltungsgemeinschaften, die versorgungsberechtigte Beamte und Angestellte haben, sind Mitglieder des Bayerischen Versorgungsverbands.

Art. 8 Deckung des Finanzbedarfs

(1) ¹Die Verwaltungsgemeinschaft erhebt von ihren Mitgliedsgemeinden eine Umlage, soweit ihre sonstigen Einnahmen nicht ausreichen, um ihren Finanzbedarf zu decken. ²Die Umlage wird für die Aufgaben nach Art. 4 Abs. 1 und 2 nach dem Verhältnis der Einwohnerzahl der Mitgliedsgemeinden bemessen; maßgebend ist die auf der Grundlage der letzten Volkszählung fortgeschriebene Einwohnerzahl nach dem Stand vom 30. Juni des vorausgegangenen Jahres. ³Durch einstimmigen Beschluß der Gemeinschaftsversammlung kann eine andere Regelung getroffen werden. ⁴Die Regierung soll für die Bemessung der Umlage ein anderes Verhältnis festlegen oder die Umlage für eine oder mehrere Mitgliedsgemeinden abweichend von Satz 2 festsetzen, wenn das erforderlich ist, um eine unbillige Härte zu vermeiden. ⁵Der Kostenersatz für die Wahrnehmung der Aufgaben nach Art. 4 Abs. 3 und 4 Satz 2 bleibt der besonderen Regelung in der Zweckvereinbarung vorbehalten. ⁶In den Fällen des Art. 4 Abs. 4 Sätze 1 und 3 verbleibt es bei der bisherigen Kostenregelung, soweit sie nicht durch Beschluß der Gemeinschaftsversammlung mit den Stimmenzahlen der Mitglieder des früheren Verbands aufgehoben wird.

(2) ¹Die Verwaltungsgemeinschaft ist verpflichtet, eine Haushaltssatzung zu erlassen. ²Die Höhe der Umlage ist für jedes Rechnungsjahr durch Beschluß der Gemeinschaftsversammlung in der Haushaltssatzung festzusetzen.

Art. 9 Auflösung und Entlassung

(1) Aus Gründen des öffentlichen Wohls kann
1. eine Verwaltungsgemeinschaft aufgelöst werden,
2. eine Mitgliedsgemeinde aus einer Verwaltungsgemeinschaft entlassen werden.

VGemO Art. 9, 10

(2) ¹Maßnahmen nach Absatz 1 werden durch Gesetz vorgenommen. ²Die Verwaltungsgemeinschaft und die Mitgliedsgemeinden sind vorher zu hören.

(3) Die mit der Auflösung oder Entlassung zusammenhängenden Rechts- und Verwaltungsfragen regelt die Regierung.

(4) ¹Im Fall der Auflösung der Verwaltungsgemeinschaft bestimmt die Regierung eine Gemeinde oder eine neu entstehende Verwaltungsgemeinschaft zur Gesamtrechtsnachfolgerin, die im Bereich der bisherigen Verwaltungsgemeinschaft deren Geschäfte einschließlich der Rechnungslegung abwickelt. ²Über das Ergebnis der Haushaltswirtschaft und das Vermögen setzen sich die bisherigen Mitgliedsgemeinden durch Übereinkunft auseinander. ³Im Fall der Entlassung einer Mitgliedsgemeinde findet eine Auseinandersetzung zwischen der Verwaltungsgemeinschaft und der entlassenen Gemeinde statt. ⁴Der Übereinkunft kommt mit dem in ihr bestimmten Zeitpunkt, frühestens jedoch mit Rechtswirksamkeit der Auflösung oder Entlassung, unmittelbar rechtsbegründende Wirkung zu. ⁵Kommt eine Übereinkunft nicht zustande, so entscheiden das Verwaltungsgericht und in der Berufungsinstanz der Verwaltungsgerichtshof als Schiedsgerichte.

Art. 10 Bekanntmachung; Anwendung des Gesetzes über die kommunale Zusammenarbeit

(1) ¹Rechtsvorschriften der Verwaltungsgemeinschaft sind im Amtsblatt der Verwaltungsgemeinschaft amtlich bekanntzumachen. ²Unterhält die Verwaltungsgemeinschaft kein Amtsblatt, so sind die Rechtsvorschriften im Amtsblatt des Landkreises oder des Landratsamts, sonst in anderen regelmäßig erscheinenden Druckwerken amtlich bekanntzumachen. ³Die amtliche Bekanntmachung kann auch dadurch bewirkt werden, daß die Rechtsvorschrift in der Geschäftsstelle der Verwaltungsgemeinschaft niedergelegt und die Niederlegung durch Anschlag an den für öffentliche Bekanntmachungen allgemein bestimmten Stellen oder durch Mitteilung in einer Tageszeitung bekanntgegeben wird; diese Form der Bekanntmachung ist nur zulässig, wenn sämtliche Mitgliedsgemeinden die-

selbe Art der Bekanntmachung gewählt haben. ⁴Für die öffentliche Bekanntmachung von Verwaltungsakten, Ladungen und sonstigen Mitteilungen gilt Art. 27 Abs. 2 GO entsprechend.

(2) Soweit nichts anderes bestimmt ist, gelten für die Verwaltungsgemeinschaft die Bestimmungen des Gesetzes über die kommunale Zusammenarbeit entsprechend.

ZWEITER TEIL
Übergangs- und Schlußvorschriften

Art. 11   Übergangsvorschriften

(1) ¹Für Rechtsgeschäfte, die aus Anlaß der Bildung, Erweiterung oder Auflösung einer Verwaltungsgemeinschaft oder der Entlassung von Mitgliedsgemeinden aus einer Verwaltungsgemeinschaft erforderlich werden, werden Abgaben (insbesondere auch die Kosten nach dem Gerichtskostengesetz und der Kostenordnung einschließlich der Beurkundungs- und Beglaubigungsgebühren) nicht erhoben, soweit eine Befreiung landesrechtlich zulässig ist. ²Auslagen werden nicht ersetzt.

(2) Die Behandlung der Verwaltungsgemeinschaften im Finanzausgleich bleibt besonderer gesetzlicher Regelung vorbehalten; die Bildung von Verwaltungsgemeinschaften ist dabei finanziell zu fördern.

Art. 12   Inkrafttreten*

(1) *Art. 4 dieses Gesetzes* tritt am 1. Januar 1976, *Art. 17* am 1. Januar 1970 in Kraft.

(2) Im übrigen tritt das Gesetz am 1. August 1971 in Kraft.

---

* Betrifft die ursprüngliche Fassung – Erstes Gesetz zur Stärkung der kommunalen Selbstverwaltung – vom 27. Juli 1971 (GVBl. S. 247).

Verordnung über Aufgaben der Großen Kreisstädte (GrKrV)

in der Fassung der Bekanntmachung vom 25. März 1991
(GVBl. S. 123; BayRS 2020-1-1-3-I), zuletzt geändert
durch Verordnung vom 14. Dezember 1999 (GVBl. S. 561)

Auf Grund des Art. 9 Abs. 2 Satz 1 der Gemeindeordnung und des § 36 Abs. 2 Satz 1 des Gesetzes über Ordnungswidrigkeiten erläßt die Bayerische Staatsregierung folgende Verordnung:

§ 1

Die Großen Kreisstädte erfüllen im übertragenen Wirkungskreis folgende Aufgaben, die sonst vom Landratsamt als der unteren staatlichen Verwaltungsbehörde wahrzunehmen sind:

1. Aufgaben der unteren Bauaufsichtsbehörde (Art. 59 Abs. 1 und Art. 61 der Bayerischen Bauordnung),

2. Aufgaben der Kreisverwaltungsbehörde (§ 21 des Wasserhaushaltsgesetzes – WHG –, Art. 68, 69 und 75 des Bayerischen Wassergesetzes – BayWG –)

   a) in Verfahren über eine Erlaubnis nach § 7 WHG in Verbindung mit Art. 16, 17 und 17a BayWG für das Einleiten von Abwasser aus Kleinkläranlagen mit einem Anfall häuslicher Abwässer bis zu 8 m^3 je Tag und von Niederschlagswasser, soweit die Einleitung nicht nach § 7 Abs. 1 in Verbindung mit § 10 Abs. 1 Nr. 4 des Abwasserabgabengesetzes abgabepflichtig ist, in Gewässer,

   b) nach §§ 19 g bis 19 l WHG, Art. 37 BayWG und den auf diese Vorschrift gestützten Rechtsverordnungen bei Heizölverbrauchertankanlagen,

   c) nach § 21 WHG und Art. 68 und 69 BayWG in den Fällen der Buchstaben a und b,

§ 1 GrKrV

3. Aufgaben der unteren Straßenverkehrsbehörde (Art. 4 Abs. 1 des Gesetzes über Zuständigkeiten im Verkehrswesen),
4. Aufgaben der Kreisverwaltungsbehörde zum Vollzug des Gaststättengesetzes und der auf Grund des Gaststättengesetzes ergangenen Verordnung (§ 1 Abs. 1 der Gaststättenverordnung) sowie zum Vollzug des § 15 Abs. 2 Satz 1 der Gewerbeordnung, soweit sich diese Vorschrift auf Gewerbebetreibende bezieht, die den Vorschriften des Gaststättengesetzes unterliegen
5. Aufgaben der Kreisverwaltungsbehörde zum Vollzug der §§ 33a und 33i der Gewerbeordnung (GewO) sowie des § 15 Abs. 2 Satz 1 GewO, soweit sich diese Vorschrift auf Gewerbebetriebe bezieht, die den Vorschriften der §§ 33a und 33i GewO unterliegen, und zum Vollzug der §§ 69 bis 69 b sowie § 70 a GewO, auch in Verbindung mit § 60 b Abs. 2 GewO (§ 1 Abs. 2 Satz 1 Nr. 1 der Verordnung zur Durchführung der Gewerbeordnung),
6. Aufgaben der Kreisverwaltungsbehörde zum Vollzug des Bestattungsgesetzes und der auf Grund des Bestattungsgesetzes ergangenen Verordnungen (§ 21 der Verordnung zur Durchführung des Bestattungsgesetzes, § 9 Abs. 1 der Zweiten Verordnung zur Durchführung des Bestattungsgesetzes),
7. Aufgaben der Kreisverwaltungsbehörde zum Vollzug des § 10 des Gesetzes zum Schutz gegen Fluglärm (Art. 2 des Gesetzes zur Ausführung des Gesetzes zum Schutz gegen Fluglärm),
8. Aufgaben der Kreisverwaltungsbehörde zum Vollzug des § 17 Abs. 2 und des § 21 Abs. 1 des Reichsheimstättengesetzes sowie des § 52 Satz 1 der Verordnung zur Ausführung des Reichsheimstättengesetzes (§ 2 der Verordnung über die Zuständigkeit zur Durchführung des Reichsheimstättengesetzes und der Verordnung zur Ausführung des Reichsheimstättengesetzes),
9. Aufgaben der Kreisverwaltungsbehörde zum Vollzug des Art. 19 Abs. 3 und 5 des Landesstraf- und Verordnungsgesetzes,
10. Aufgaben der Kreisverwaltungsbehörde zum Vollzug der Verordnung über das Verbot der Zweckentfremdung von Wohnraum,
11. Aufgaben der Kreisverwaltungsbehörde zum Vollzug des § 4 der Verordnung zur Durchführung des Gesetzes über den Abbau der Fehlsubventionierung im Wohnungswesen in Bayern,

12. Aufgaben der Kreisverwaltungsbehörde zum Vollzug des § 1 Abs. 1 der Verordnung zur Durchführung des Wohnungsbindungsrechts (DVWoBindG),
13. Aufgaben der Kreisverwaltungsbehörde zum Vollzug des § 3 Abs. 1 der Zuständigkeitsverordnung zum Bauproduktengesetz, wenn das Bauprodukt ausschließlich im bauaufsichtlichen Bereich oder in einem Bereich Verwendung findet, für den den Großen Kreisstädten nach den vorstehenden Nummern der Aufgabenvollzug übertragen worden ist.

§ 2

Diese Verordnung tritt am 1. Juli 1972 in Kraft.

Mustergeschäftsordnung des Bayerischen Landkreistages
vom 9. April 1956 in der Fassung vom 1. Januar 1996

Inhaltsübersicht

I. TEIL
Allgemeine Bestimmungen

§ 1	Umfang der Verwaltung des Landkreises	205
§ 2	Organe des Landkreises	205
§ 3	Kreistag	206
§ 4	Zuständigkeiten	206
§ 5	Beschlußfassung	206
§ 6	Allgemeine Pflichten der Kreisräte; Verlust des Amtes	206

II. TEIL
Sitzungen

§ 7	Sitzungszwang, Teilnahme- und Abstimmungspflicht	207
§ 8	Ausschluß wegen persönlicher Beteiligung, beschränktes Vertretungsrecht	208
§ 9	Aufwandsentschädigung	208
§ 10	Zusammensetzung des Kreistags, Anzahl der Sitzungen	208
§ 11	Öffentliche Sitzungen	209
§ 12	Ausschluß der Öffentlichkeit	209
§ 13	Nichtöffentliche Sitzungen	210
§ 14	Form der Sitzung	210

III. TEIL
Geschäftsgang

§ 15	Ladung	210
§ 16	Tagesordnung	211
§ 17	Antragstellung	211
§ 18	Beiziehung von Bediensteten des Landratsamts	212
§ 19	Sitzungsablauf	212
§ 20	Vorsitz, Handhabung der Ordnung	212
§ 21	Beschlußfähigkeit	213
§ 22	Beratung	213
§ 23	Beschlüsse, Wahlen	215
§ 24	Abstimmung	215

MGO–LKr, Inhalt

§ 25	Anfragen	216
§ 26	Niederschrift	216
§ 27	Einsichtnahme durch Kreisräte, Abschriften	217
§ 28	Einsichtnahme durch Kreisbürger	217

IV. TEIL
Kreistag

§ 29	Zuständigkeit des Kreistags; Fraktionen	217

V. TEIL
Ausschüsse

§ 30	Vorarbeit für den Kreistag durch den Kreisausschuß	218
§ 31	Weitere Zuständigkeit des Kreisausschusses	218
§ 32	Einberufung des Kreisausschusses	218
§ 33	Bestellung des Kreisausschusses	218
§ 34	Sozialhilfeausschuß	219
§ 35	Jugendhilfeausschuß	220
§ 36	Rechnungsprüfungsausschuß	221
§ 37	Weitere beschließende oder beratende Ausschüsse (einschließlich Werkausschuß)	221
§ 38	Geschäftsgang der Ausschüsse	222

VI. TEIL
Landrat und Stellvertreter

§ 39	Zuständigkeit des Landrats	222
§ 40	Einzelne Aufgaben des Landrats	223
§ 41	Vollzug des Haushaltsplans; überplanmäßige und außerplanmäßige Ausgaben	224
§ 42	Dringliche Anordnungen und unaufschiebbare Geschäfte	224
§ 43	Delegation auf Personal des Landratsamts	225
§ 44	Vollzug der Staatsaufgaben	225
§ 45	Stellvertreter des Landrats	225

VII. TEIL
Landratsamt

§ 46	Landratsamt	226

VIII. TEIL
Schlußbestimmung

§ 47	Inkrafttreten	226

Geschäftsordnung des Kreistages ...
(zugleich Richtlinien gemäß Art. 34 Abs. 1 LKrO)

Der Kreistag des Landkreises ... erläßt aufgrund des Art. 40 der Landkreisordnung für den Freistaat Bayern (LKrO) die folgende Geschäftsordnung:

I. TEIL
Allgemeine Bestimmungen

§ 1 Umfang der Verwaltung des Landkreises

(1) Die Verwaltung des Landkreises erstreckt sich auf alle auf das Kreisgebiet (Art. 7 LKrO) beschränkten öffentlichen Aufgaben, die über die Zuständigkeit oder das Leistungsvermögen der kreisangehörigen Gemeinden hinausgehen, soweit es sich nicht um Staatsaufgaben handelt (Art. 4 LKrO).

(2) Die Verwaltungstätigkeit im Landkreis muß mit dem Grundgesetz für die Bundesrepublik Deutschland, der Bayerischen Verfassung und den Gesetzen im Einklang stehen. Sie darf nur von sachlichen Gesichtspunkten geleitet sein (Art. 50 LKrO).

§ 2 Organe des Landkreises

(1) Die Verwaltung des Landkreises (Art. 22 LKrO) erfolgt für alle Angelegenheiten des eigenen und des übertragenen Wirkungskreises durch

1. den Kreistag (Art. 23 LKrO),
2. den Kreisausschuß (Art. 26 LKrO),
3. weitere beschließende Ausschüsse (Art. 29 LKrO), ggf. einschließlich Werkausschuß (Art. 82 LKrO),
4. den Sozialhilfeausschuß (Art. 2 AGBSHG),
5. den Jugendhilfeausschuß (§ 70 Abs. 1 und § 71 KJHG, Art. 4 ff. BayKJHG),
6. den Rechnungsprüfungsausschuß (Art. 89 LKrO),
7. den Landrat (Art. 34, 38 Abs. 2 LKrO).

Das Landratsamt ist bei der Verwaltung des Landkreises Kreisbehörde (Art. 37 Abs. 1 S. 1 LKrO).

(2) Die Verwaltung der Aufgaben der unteren staatlichen Verwaltungsbehörde (Kreisverwaltungsbehörde Art. 1 S. 2 LKrO) erfolgt durch das Landratsamt in seiner Eigenschaft als Staatsbehörde (Art. 37 Abs. 1 S. 2 LKrO). Diese Aufgaben sind der Beschlußfassung durch den Kreistag, den Kreisausschuß und die weiteren beschließenden Ausschüsse entzogen.

§ 3 Kreistag

Der Kreistag ist die durch Wahlen berufene Vertretung der Kreisbürger (Art. 23 LKrO). Er überwacht die gesamte Kreisverwaltung in allen Angelegenheiten des eigenen (Art. 5, 51 LKrO) und des übertragenen Wirkungskreises (Art. 6, 53 LKrO).

§ 4 Zuständigkeiten

Die Zuständigkeiten des Kreistags, der Ausschüsse und des Landrats richten sich nach den Gesetzen und den folgenden Bestimmungen dieser Geschäftsordnung.

§ 5 Beschlußfassung

(1) Die Willensbildung des Kreistags und der Ausschüsse erfolgt durch Beschlußfassung.

(2) Jede Beschlußfassung setzt einen Antrag eines stimmberechtigten Mitglieds des Beschlußorgans voraus.

§ 6 Allgemeine Pflichten der Kreisräte; Verlust des Amtes

(1) Die Kreisräte sind ehrenamtlich tätig (Art. 13, 24 Abs. 2 Satz 3 LKrO). Sie sind zur gewissenhaften Wahrnehmung ihrer Obliegenheiten verpflichtet (Art. 14 Abs. 1 LKrO). Sie müssen amtliche Angelegenheiten geheimhalten, wenn die Verschwiegenheit durch Gesetz oder Beschluß vorgeschrieben oder nach der Natur der Sache erforderlich ist (Art. 14 Abs. 2 LKrO). Sie dürfen die Kenntnis geheimzuhaltender Angelegenheiten nicht unbefugt verwerten. Diese Verpflichtungen bestehen auch nach der Beendigung des Amtes als Kreisrat fort.

§ 7 MGO–LKr

(2) Kreisräte dürfen ohne Genehmigung über geheim zu haltende Angelegenheiten weder vor Gericht noch außergerichtlich aussagen oder Erklärungen abgeben (Art. 14 Abs. 3 LKrO).

(3) Schuldhafte Zuwiderhandlungen gegen Verpflichtungen der Absätze 1 und 2 durch den Kreistag im Einzelfall mit Ordnungsgeld bis zu fünfhundert Deutsche Mark, bei unbefugter Offenbarung personenbezogender Daten bis zu eintausend Deutsche Mark, geahndet werden (Art. 14 Abs. 4 LKrO).

(4) Die Kreisräte können außer der Teilnahme an den Beratungen und Abstimmungen Geschäfte nur übernehmen, soweit sie ihnen vom Kreistag oder einem Ausschuß ausdrücklich zur Bearbeitung oder Erledigung übertragen sind (Art. 42 Abs. 1 Satz 1 LKrO).

(5) Ein Kreisrat verliert sein Amt mit dem Zeitpunkt, in dem er die Wählbarkeit in den Kreistag verliert (Art. 45 Abs. 1 des Gemeinde- und Landkreiswahlgesetzes – GLKrWG); im übrigen endet es mit Ablauf der Wahlzeit (Art. 22 GLKrWG).

II. TEIL
Sitzungen

§ 7 Sitzungszwang, Teilnahme- und Abstimmungspflicht

(1) Der Kreistag beschließt nur in Sitzungen (Art. 41 Abs. 1 LKrO).

(2) Die Kreisräte sind verpflichtet, an den Sitzungen und Abstimmungen teilzunehmen und die ihnen zugewiesenen Geschäfte (auch als Verbandsräte in Zweckverbänden) zu übernehmen und auszuüben.

(3) Gegen Kreisräte, die sich ihren Verpflichtungen nach Absatz 2 ohne genügende Entschuldigung entziehen, kann der Kreistag Ordnungsgeld bis zu zweihundert Deutschen Mark im Einzelfall verhängen (Art. 42 LKrO). Die Entscheidung, ob die Entschuldigung genügt, obliegt dem Kreistag.

(4) Im Kreistag, Kreisausschuß und in den weiteren beschließenden Ausschüssen darf sich niemand der Stimme enthalten (Art. 42, 49 LKrO).

§ 8 Ausschluß wegen persönlicher Beteiligung, beschränktes Vertretungsrecht

(1) Kreisräte können an der Beratung und Abstimmng nicht teilnehmen, wenn der Beschluß ihnen selbst, ihren Ehegatten, einem Verwandten oder Verschwägerten bis zum dritten Grade oder einer von ihnen kraft Gesetzes oder Vollmacht vertretenen natürlichen oder juristischen Person einen unmittelbaren Vorteil oder Nachteil bringen kann. Gleiches gilt, wenn ein Mitglied des Kreistags in anderer als öffentlicher Eigenschaft (als Amtsperson) ein Gutachten abgegeben hat (Art. 43 Abs. 1 LKrO).

(2) Ob diese Voraussetzungen vorliegen, entscheidet der Kreistag ohne Mitwirkung des persönlich Beteiligten; er trifft dabei eine Rechtsentscheidung (Art. 43 Abs. 2 LKrO). Die Mitwirkung eines wegen persönlicher Beteiligung ausgeschlossenen Kreisrats an der Abstimmung hat die Ungültigkeit des Beschlusses nur dann zur Folge, wenn sie für das Abstimmungsergebnis entscheidend war (Art. 43 Abs. 3 LKrO).

(3) Die Absätze 1 und 2 gelten nicht bei Wahlen im Sinne des Art. 45 Abs. 3 und 4 LKrO.

(4) Kreisräte dürfen Ansprüche Dritter gegen den Landkreis nur als gesetzliche Vertreter geltend machen (Art. 44 LKrO).

§ 9 Aufwandsentschädigung

(1) Die Kreisräte und sonstigen ehrenamtlich tätigen Kreisbürger haben Anspruch auf angemessene Entschädigung und Ersatzleistungen (Art. 14a LKrO). Sie richten sich nach der Satzung über die Entschädigung der Kreisräte und der sonstigen ehrenamtlich tätigen Kreisbürger.

(2) Soweit die Entschädigung und/oder die Ersatzleistung abhängig ist von einer Teilnahme an einer Sitzung, erfolgt der Nachweis hierüber durch Eintragung in die Anwesenheitsliste, durch Namensaufruf oder Feststellung in die Niederschrift.

§ 10 Zusammensetzung des Kreistags, Anzahl der Sitzungen

(1) Der Kreistag des Landkreises ... besteht aus dem Landrat und den ... Kreisräten (Art. 24 LKrO).

(2) Kreistagssitzungen finden nach Bedarf statt. Es müssen mindestens vier Kreistagssitzungen im Jahr durchgeführt werden (Art. 25 LKrO).

(3) In dringenden Fällen kann der Kreistag zu außerordentlichen Sitzungen einberufen werden. Er ist einzuberufen, wenn es der Kreisausschuß oder ein Drittel der Kreisräte unter Bezeichnung des Verhandlungsgegenstandes beantragt (Art. 25 Abs. 2LKrO).

§ 11 Öffentliche Sitzungen

(1) Die Sitzungen des Keistags sind grundsätzlich öffentlich (Art. 46 LKrO).

(2) Zu den öffentlichen Sitzungen hat jedermann Zutritt, soweit Platz vorhanden ist. Erforderlichenfalls wird die Zulassung durch Ausgabe von Platzkarten geregelt. Für die Presse müssen stets Plätze freigehalten werden.

(3) Zuhörer haben kein Recht, in irgendeiner Form in den Gang der Verhandlungen einzugreifen. Sie können, wenn sie die Ordnung stören, durch den Vorsitzenden ausgeschlossen werden (Art. 47 LKrO).

(4) Aufnahmen in Ton oder Bild sind Medienvertretern nach vorheriger Zustimmung des Vorsitzenden und Information des Kreistags durch den Vorsitzenden nur erlaubt, soweit dadurch die Ordnung nicht gestört wird; Abs. 3 gilt sinngemäß. Der Vorsitzende kann die Aufnahmedauer zur Sicherstellung eines geordneten Sitzungsablaufs beschränken. Sitzungsteilnehmer können verlangen, daß während ihres Redebeitrags Aufnahmen unterblieben.

§ 12 Ausschluß der Öffentlichkeit

(1) Der Kreistag kann die Öffentlichkeit von der Sitzung ausschließen, wenn das Wohl der Allgemeinheit oder berechtigte Ansprüche einzelner der öffentlichen Behandlung entgegenstehen (Art. 46 LKrO).

(2) Über den Ausschluß der Öffentlichkeit wird in nichtöffentlicher Sitzung beraten und beschlossen.

(3) Die in nichtöffentlicher Sitzung gefaßten Beschlüsse gibt der Landrat oder ein von ihm Beauftragter der Öffentlichkeit in einer späteren öffentlichen Kreistagssitzung oder in anderer geeigneter Weise bekannt, sobald die Gründe für die Geheimhaltung weggefallen sind.

§ 13 Nichtöffentliche Sitzungen

Grundsätzlich sind in nichtöffentlicher Sitzung zu behandeln
1. Grundstücksangelegenheiten,
2. Vergabe von Bau- und sonstigen Aufträgen,
3. Personalangelegenheiten,
4. Sparkassenangelegenheiten,
5. Steuerangelegenheiten,

es sei denn, daß im Einzelfall Rücksichten auf das Wohl der Allgemeinheit oder auf berechtigte Ansprüche einzelner nicht entgegenstehen.

§ 14 Form der Sitzung

Die äußere Form der Sitzungen ist würdig zu gestalten. Die Kreisräte sind gehalten, diesem Grundsatz Rechnung zu tragen.

III. TEIL
Geschäftsgang

§ 15 Ladung

(1) Die Einberufung der Kreistagssitzungen erfolgt durch den Landrat (Art. 25 LKrO).

(2) Die Ladung erfolgt grundsätzlich schriftlich. Eine fernmündliche Ladung ist schriftlich zu wiederholen.

(3) Die Ladung hat den Kreisräten spätestens am 7. Tag vor der Sitzung zuzugehen. In dringenden Fällen kann diese Frist bis auf den 3. Tag vor der Sitzung abgekürzt werden.*

(4) Der Ladung ist die Tagesordnung beizufügen. Unterlagen und sonstiges Schriftmaterial sollen den Kreisräten rechtzeitig zur Verfügung gestellt werden, soweit dies für die Vorbereitung der Beratungen notwendig ist.

---

* Ggf. kann dem Abs. 3 noch folgender Satz 3 angefügt werden: „Bei Versendung durch einfachen Brief gilt die Ladung spätestens am 3. Tag nach der Aufgabe zur Post als zugegangen." Diese Regelung dient der Vermeidung von Auslegungsstreitigkeiten über die Einhaltung der Ladungsfrist, jedoch wird dadurch die Ladungsfrist bei Versendung durch einfachen Brief praktisch verlängert.

(5) Ort, Zeitpunkt und Tagesordnung der Kreistagssitzungen sind spätestens am 5. Tag vor der Sitzung öffentlich bekanntzumachen (Art. 46 Abs. 1 LKrO).

§ 16 Tagesordnung

Die Tagesordnung der Kreistagssitzungen wird vom Landrat aufgestellt.

§ 17 Antragstellung

(1) Anträge, die in einer Kreistagssitzung behandelt werden sollen, können nur von Mitgliedern des Kreistages gestellt werden. Sie sind schriftlich beim Landrat einzureichen und ausreichend zu begründen. Sie müssen spätestens bis zum . . . Tag vor der Sitzung beim Landrat eingereicht werden.

(2) Verspätet eigehende oder erst unmittelbar vor oder während der Sitzung gestellte Anträge können nachträglich in die Tagesordnung aufgenommen werden, wenn entweder die Angelegenheit dringlich ist und der Kreistag der Behandlung mehrheitlich zustimmt oder sämtliche Mitglieder des Kreistags anwesend sind und kein Mitglied der Behandlung widerspricht. Anträge nach Satz 1, die noch Ermittlungen und Prüfungen, Beiziehung von Akten oder die Befragung nicht anwesender Sachbearbeiter oder sonstiger Personen notwendig machen, werden bis zur nächsten Sitzung zurückgestellt.

(3) Nicht der Schriftform bedürfen
1. Anträge zur Geschäftsordnung wie z. B.
   a) Schließung der Rednerliste,
   b) Schluß der Beratung und sofortiger Abstimmung,
   c) Vertagung eines Tagesordnungspunktes,
   d) Nichtbehandlung eines Tagesordnungspunkts (Gegenstands),
   e) Verweisung in einen Ausschuß,
   f) Unterbrechung oder Aufhebung der Sitzung,
   g) Verweisung eines Tagesordnungspunktes auf eine nichtöffentliche Sitzung,
   h) Einwendungen zur Geschäftsordnung;
2. einfache Sachanträge wie z. B.
   a) Bildung und Wahl von Ausschüssen oder Delegationen,
   b) Änderungsanträge während der Debatte,

c) Zurückziehung von Anträgen,
d) Wiederaufnahme zurückgezogener Anträge.

(4) Anträge, die im Haushaltsplan nicht vorgesehene Ausgaben verursachen, sollen nur gestellt werden, wenn gleichzeitig Deckungsvorschläge gemacht werden (Art. 60 Abs. 1 LKrO).

§ 18 Beiziehung von Bediensteten des Landratsamtes

(1) Der Landrat kann nach seinem Ermessen Bedienstete des Landratsamts oder sonstige Auskunftspersonen zu den Sitzungen des Kreistags beiziehen, die gehört werden können.

(2) Der juristische Beamte, der den Landrat im Amt vertritt, soll grundsätzlich zu den Sitzungen zugezogen werden (Art. 37 Abs. 3 LKrO).

§ 19 Sitzungsablauf

(1) Der Ablauf der Kreistagssitzungen ist regelmäßig wie folgt:
1. Eröffnung der Sitzung,
2. Feststellung der ordnungsgemäßen Ladung, Feststellung der Anwesenheit und Bekanntgabe vorliegender Entschuldigungen,
3. Feststellung der Beschlußfähigkeit des Kreistags (§ 21),
4. Bekanntgabe amtlicher Mitteilungen, erforderlichenfalls Beratung und Beschlußfassung hierüber,
5. Beratung und Beschlußfassung über die Tagesordnungspunkte unter Zugrundelegung evtl. Ausschußbeschlüsse,
6. Bekanntgabe über Anordnungen oder über die Besorgung unaufschiebbarer Geschäfte durch den Landrat an Stelle des Kreistags gemäß Art. 34 Abs. 3 LKrO,
7. Schließung der Sitzung durch den Vorsitzenden.

(2) Anträge und Anfragen sind im Rahmen der Geschäftsordnung in der Reihenfolge ihres Eingangs zu behandeln.

§ 20 Vorsitz, Handhabung der Ordnung

(1) Den Vorsitz im Kreistag führt der Landrat (Art. 33 LKrO). Ist der Landrat verhindert oder pesönlich beteiligt, so vertritt ihn sein gewählter

Stellvertreter (Art. 32 LKrO). Ist auch dieser verhindert, so gilt § 45 Abs. 3 Buchst. a dieser Geschäftsordnung.

(2) Der Vorsitzende leitet die Verhandlungen und handhabt die Ordnung im Sitzungsraum.

(3) Der Vorsitzende ist berechtigt, Kreisräte mit Zustimmung des Kreistags von der Sitzung auszuschließen, wenn sie die Ordnung fortgesetzt erheblich stören.

(4) Wird durch einen bereits von einer früheren Sitzung ausgeschlossenen Kreisrat die Ordnung innerhalb von zwei Monaten neuerdings erheblich gestört, so kann ihm der Kreistag für zwei weitere Sitzungen die Teilnahme untersagen (Art. 47 LKrO).

(5) Falls die Ruhe und Ordnung im Sitzungssaal nicht anders wiederherzustellen ist, kann der Vorsitzende die Sitzung unterbrechen oder aufheben. Zum äußeren Zeichen der Unterbrechung oder Aufhebung verläßt der Vorsitzende den Sitzungsraum, nachdem er die Sitzung geschlossen oder die Dauer der Unterbrechung angekündigt hat. Eine unterbrochene Sitzung ist spätestens am nächsten Tage fortzuführen; einer neuerlichen Ladung hierzu bedarf es nicht. Die Beratung ist an dem Punkt, an dem die Sitzung unterbrochen wurde, fortzusetzen.

§ 21 Beschlußfähigkeit

(1) Der Kreistag ist beschlußfähig, wenn sämtliche Mitglieder ordnungsgemäß geladen sind und die Mehrheit der Mitglieder anwesend und stimmberechtigt ist (Art. 41 Abs. 2 LKrO).

(2) Wird der Kreistag zum zweiten Male zur Verhandlung über denselben Gegenstand zusammengerufen, so ist er ohne Rücksicht auf die Zahl der Erschienenen beschlußfähig. Bei der zweiten Einladung muß auf diese Bestimmung hingewiesen werden (Art. 41 Abs. 3 LKrO).

§ 22 Beratung

(1) Ein Kreisrat oder ein Bediensteter des Landratsamts darf im Kreistag nur dann sprechen, wenn ihm vom Vorsitzenden das Wort erteilt ist. Der Vorsitzende erteilt das Wort in der Reihenfolge der Wortmeldung, bei gleichzei-

MGO–LKr § 22

tiger Wortmeldung nach seinem Ermessen. Bei Wortmeldung „zur Geschäftsordnung" ist das Wort außer der Reihe sofort zu erteilen. Der Vorsitzende kann in Ausübung seines Amtes jederzeit das Wort ergreifen.

(2) Die Anrede ist an den Vorsitzenden und an die Kreisräte, nicht aber an die Zuhörer zu richten.

(3) Jede Beratung setzt einen Antrag aus der Mitte des Kreistags voraus.

(4) Sachanträge sind stets, Anträge zur Geschäftsordnung bei Bedarf zur Beratung zu stellen.

(5) Es darf nur zu dem zur Beratung stehenden Antrag und mit einer angemessenen Redezeit gesprochen werden. Andernfalls kann der Vorsitzende das Wort entziehen.

(6) Während der Beratung über einen Antrag sind nur zulässig
1. Geschäftsordnungsanträge,
2. Zusatzanträge, Änderungsanträge oder Anträge auf Zurückziehung.

(7) Über Änderungsanträge ist sofort zu beraten und abzustimmen.

(8) Über einen bereits zur Abstimmung gebrachten Antrag kann in derselben Sitzung die Beratung und die Abstimmung nicht mehr aufgenommen werden.

(9) Über Anträge auf Schließung der Rednerliste oder auf Schluß der Beratung ist sofort abzustimmen. Ist der Antrag von Erfolg, haben der Vorsitzende und der Antragsteller zur Sache das Recht zur Schlußäußerung.

(10) Bei Verletzung der vorstehenden Grundregeln für die Beratung ist der Vorsitzende berechtigt, zur Ordnung zu rufen, auf den Verstoß aufmerksam zu machen und bei Nichtbeachtung solcher Warnungen das Wort zu entziehen.

(11) Ist der Landrat der Auffassung, daß ein in die Tagesordnung aufgenommener Antrag rechtlich (z. B. wegen fehlender Zuständigkeit des Kreistags) unzulässig ist, so hat er bei Aufruf des Tagesordnungspunktes auf seine Bedenken hinzuweisen. Jedes Mitglied des Kreistages (einschließlich des Vorsitzenden) kann einen Antrag zur Geschäftsordnung auf Nichtbefassung gem. § 17 Abs. 3 Nr. 1 Buchst. d stellen. Dieser Antrag soll kurz begründet werden. Findet eine Beratung über den Geschäftsordnungsantrag statt, so muß sie sich auf die Zulässigkeit des Hauptantrags beschränken. Über einen Antrag auf Schluß der Beratung über diesen Geschäftsordnungsantrag ist sofort abzustimmen.

§ 23 Beschlüsse, Wahlen

(1) Beschlüsse des Kreistags werden in offener Abstimmung mit Mehrheit der Abstimmenden gefaßt. Bei Stimmengleichheit ist der Antrag abgelehnt (Art. 45 LKrO Abs. 1).

(2) Wahlen werden in geheimer Abstimmung nach Maßgabe des Art. 45 Abs. 3 LKrO vorgenommen. Sie sind nur dann gültig, wenn sämtliche Mitglieder unter Angabe des Gegenstandes geladen sind und die Mehrheit von ihnen anwesend und stimmberechtigt ist. Gewählt ist, wer mehr als die Hälfte der abgegebenen gültigen Stimmen erhält. Neben Neinstimmen und leeren Stimmzetteln gelten auch solche Stimmzettel als ungültig, die den Namen des Gewählten nicht eindeutig erkennen lassen. Ist mindestens die Hälfte der abgegebenen Stimmen ungültig, ist die Wahl zu wiederholen. Ist die Mehrheit der abgegebenen Stimmen gültig und erhält keiner der Bewerber mehr als die Hälfte der abgegebenen gültigen Stimmen, so erfolgt Stichwahl zwischen den beiden Bewerbern mit den höchsten Stimmenzahlen. Bei Stimmengleichheit in der Stichwahl entscheidet das Los.

(3) Ein Verzicht auf das Wahlgeheimnis ist unzulässig.

§ 24 Abstimmung

(1) Stehen mehrere Anträge zur Abstimmung, so gilt folgende Reihenfolge:
1. Anträge zur Geschäftsordnung,
2. Beschlüsse des Kreisausschusses oder der weiteren Ausschüsse zu dem Beratungsgegenstand,
3. weitergehende Anträge; dabei sind nur solche Anträge als weitergehend anzusehen, die einen größeren Aufwand oder eine stärker einschneidende Maßnahme zum Gegenstand haben,
4. zuerst gestellte Anträge, wenn später gestellte nicht unter Nrn. 1 bis 3 fallen.

(2) Vor jeder Abstimmung ist der Antrag, über den abgestimmt werden soll, vom Vorsitzenden zu wiederholen.

(3) Es wird grundsätzlich durch Handaufheben abgestimmt.

(4) Auf Verlangen von mindestens einem Viertel der anwesenden Kreisräte ist namentlich abzustimmen.

(5) Jedes Mitglied des Kreistags kann verlangen, daß in der Niederschrift vermerkt wird, wie es abgestimmt hat (Art. 48 Abs. 1 LKrO).

(6) Die Stimmenzählung ist durch den Vorsitzenden vorzunehmen. Das Abstimmungsergebnis ist dem Kreistag bekanntzugeben und in der Niederschrift festzuhalten (Art. 48 LKrO).

§ 25 Anfragen

(1) Jeder Kreisrat ist berechtigt, während einer Beratung Anfragen zur Sache an den Vorsitzenden und mit dessen Zustimmung an anwesende Bedienstete des Landratsamts zu richten. Solche Anfragen werden nicht zur Beratung gestellt.

(2) Der Befragte kann mit Zustimmung des Vorsitzenden die sofortige Beantwortung einer Anfrage ablehnen, wenn der Gegenstand erst durch Aktenprüfung oder Nachforschungen geklärt werden muß. Die Antwort ist dann dem Anfragenden schriftlich zuzuleiten und der Niederschrift beizugeben.

§ 26 Niederschrift

(1) Über jede Kreistagssitzung ist eine Niederschrift zu fertigen. Für die Niederschrift ist der Vorsitzende verantwortlich. Er bestimmt den Protokollführer.

(2) Die Niederschrift hat den Ablauf der Sitzung in seiner zeitlichen Folge wiederzugeben, wörtlich jedoch nur die Beschlüsse.

(3) Die Niederschrift muß ersehen lassen
1. Tag, Ort und Beginn der Sitzung,
2. Öffentlichkeit oder Nichtöffentlichkeit der Sitzung,
3. Namen der anwesenden Kreisräte,
4. Tagesordnung und behandelte Gegenstände,
5. Wortlaut der Anträge und Beschlüsse,
6. Abstimmungsergebnis,
7. Zeit und Grund des etwaigen Ausschlusses eines Kreisrats,
8. Zeitpunkt der Beendigung der Sitzung.

(4) Die Niederschrift ist nach Fertigstellung durch den Protokollführer und den Vorsitzenden zu unterzeichnen. Die unterzeichnete Niederschrift ist eine öffentliche Urkunde (Art. 48 LKrO).

(5) Zur Erleichterung der Aufnahme der Niederschrift ist es dem Protokollführer gestattet, für Aufzeichnungen einen Tonträger zu verwenden. Nach Fertigstellung und Unterzeichnung der Niederschrift sind die Tonaufnahmen zu löschen.

§ 27 Einsichtnahme durch Kreisräte, Abschriften

Die Kreisräte sind berechtigt, jederzeit die Niederschriften über öffentliche und nichtöffentliche Sitzungen des Kreistags und der Ausschüsse einzusehen. Sie können beim Landrat die Erteilung von Abschriften der Beschlüsse verlangen, die in öffentlicher Sitzung gefaßt wurden (Art. 48, 49 LKrO).

§ 28 Einsichtnahme durch Kreisbürger

Die Einsicht in die Niederschriften über öffentliche Sitzungen steht allen Kreisbürgern frei (Art. 48 Abs. 2 Satz 2 LKrO).

IV. TEIL
Kreistag

§ 29 Zuständigkeit des Kreistags, Fraktionen

(1) Der Kreistag ist für die in Art. 30 Abs. 1 LKrO genannten Angelegenheiten ausschließlich zuständig.

(2) Der Kreistag behält sich ferner vor, über folgende Angelegenheiten zu beschließen:

1. Verhängung von Ordnungsgeld gegen in Kreistagssitzungen säumige Kreisräte (Art. 42 Abs. 2 LKrO),
2. Entscheidung über die persönliche Beteiligung von Kreisräten in Angelegenheiten, die vom Kreistag behandelt werden (Art. 43 Abs. 2 LKrO),
3. Ausschluß von Kreisräten aus einer Kreistagssitzung wegen wiederholter Störung der Ordnung (Art. 47 Abs. 2 LKrO),
4. Umwandlung und Aufhebung kreiskommunaler Stiftungen,
5. Bewilligung über- und außerplanmäßiger Ausgaben, die im Einzelfall einen Betrag von ... DM übersteigen, sowie sonstiger Maßnahmen, durch die im Haushaltsplan nicht vorgesehene Verbindlichkeiten des Landkreises entstehen können (Art. 60 LKrO).

(3) Die im Kreistag vertretenen Parteien und Wählergruppen können Fraktionen bilden, falls sie so stark sind, daß sie mindestens einen Sitz im Kreisausschuß erhalten; die Fraktionen benennen einen Fraktionsvorsitzenden und mindestens einen Stellvertreter.

V. TEIL
Ausschüsse

§ 30 Vorarbeit für den Kreistag durch den Kreisausschuß

(1) Der Kreisausschuß bereitet die Verhandlungen des Kreistags vor (Art. 26 LKrO).

(2) Die Vorbereitung erfolgt durch Vorberatung des Gegenstandes und erforderlichenfalls durch einen Beschlußvorschlag.

§ 31 Weitere Zuständigkeit des Kreisausschusses

Der Kreisausschuß ist in eigener Verantwortung zuständig für alle Verwaltungsaufgaben, die nicht dem Kreistag, weiteren beschließenden Ausschüssen oder dem Landrat vorbehalten sind. Er beschließt im Rahmen seiner Zuständigkeit endgültig (Art. 26 LKrO). Der Kreistag kann Beschlüsse des Kreisausschusses nur unter den gleichen Voraussetzungen ändern oder aufheben, die für die Aufhebung seiner eigenen Beschlüsse gelten.

§ 32 Einberufung des Kreisausschusses

Der Kreisausschuß wird vom Landrat nach Bedarf einberufen. Er muß einberufen werden, wenn es die Hälfte der Mitglieder unter Angabe des Beratungsgegenstandes schrifllich beantragt (Art. 28 LKrO).

§ 33 Bestellung des Kreisausschusses

(1) Dem Kreisausschuß gehören der Landrat und . . . Kreisräte an (Art. 27 LKrO).

(2) Die Mitglieder des Kreisausschusses werden vom Kreistag aufgrund der Vorschläge der Parteien und Wählergruppen nach dem d'Hondtschen Verfahren ermittelt (vgl. Art. 32 Abs. 1 GLKrWG). Bei gleicher Teilungszahl entscheidet das Los. Einzelmitglieder und kleine Gruppen des Kreistags, die aufgrund des Stärkeverhältnisses im Kreisausschuß nicht vertreten waren, können sich zur Entsendung gemeinsamer Vertreter in den Kreisausschuß zusammenschließen (Ausschußgemeinschaften i. S. Art. 27 Abs. 2 Satz 5 LKrO) Ausschußgemeinschaften können einen Sprecher und mindestens einen Stellvertreter benennen.

(3) Die Parteien, Wählergruppen oder Ausschußgemeinschaften, auf die Sitze entfallen sind, schlagen ihre Bewerber vor, die sodann als Mitglieder des Kreisausschusses zu bestellen sind.

(4) Für jeden Kreisrat als Mitglied des Kreisausschusses wird für den Fall seiner Verhinderung ein Stellvertreter namentlich bestellt. Das Ausschußmitglied hat seinen Stellvertreter im Falle der Verhinderung zu verständigen und die ihm zugesandten Ladungsunterlagen zu übergeben. Dem stellvertretenden Ausschußmitglied wird von Amts wegen eine Benachrichtigung von der Sitzung zugeleitet.

(5) Während der Wahlzeit im Kreistag eintretende Änderungen des Stärkeverhältnisses der Parteien und Wählergruppen sind auszugleichen. Scheidet ein Mitglied aus der von ihm vertretenen Partei oder Wählergruppe aus, so verliert es seinen Sitz im Kreisausschuß.

§ 34 Sozialhilfeausschuß

(1) Der Kreistag bestellt für die grundsätzlichen und allgemeinen Angelegenheiten der Sozialhilfe einen Sozialhilfeausschuß als ständigen beschließenden Ausschuß (Art. 2 AGBSHG).

(2) Dem Sozialhilfeausschuß gehören . . . Mitglieder an:
1. als beschließende Mitglieder
   a) der Landrat oder der von ihm bestellte Vertreter als Vorsitzender,
   b) (6 – 12) . . . Kreisräte,
2. als beratende Mitglieder
   . . . (z. B. 8) sozial erfahrene Personen,
   insbesondere Vertreter von
   a) Verbänden der freien Wohlfahrtspflege,
   b) im Landkreis wirkenden Kirchen und sonstigen Religionsgemeinschaften, die Körperschaften des öffentlichen Rechts sind, und
   c) Vereinigungen von Sozialleistungsempfängern,
3. als Sachverständige
   der Leiter des Gesundheitsamtes oder der von ihm bestellte Vertreter.

(3) Beschlüsse des Sozialhilfeausschusses, deren Vollzug eine Änderung der Haushaltsansätze voraussetzt, sind nur rechtswirksam, wenn sie vom Kreistag genehmigt werden (Art. 4 Abs. 2 AGBSHG).

§ 35 Jugendhilfeausschuß

(1) Der Kreistag bestellt gemäß § 69 Abs. 3, § 70 Abs. 1, § 71 SGB VIII (KJHG) und Art. 4 und 5 BayKJHG den Jugendhilfeausschuß als ständigen beschließenden Ausschuß. Ihm gehören stimmberechtigte und beratende Mitglieder an.

1. Stimmberechtigte Mitglieder (§ 71 Abs. 1 SGB VIII, Art. 6 BayKJHG sind*
   a) der Landrat oder das von ihm bestellte Mitglied des Kreistags als Vorsitzender,
   b) ... Mitglieder des Kreistags,**
   c) ... vom Kreistag gewählte, in der Jugendhilfe erfahrene Frauen und Männer,**
   d) ... vom Kreistag gewählte Frauen und Männer auf Vorschlag der im Landkreis wirkenden und anerkannten Jugendverbände**,
   e) ... vom Kreistag gewählte Frauen und Männer auf Vorschlag der im Landkreis wirkenden und anerkannten Wohlfahrtsverbände**.
2. Beratende Mitglieder (Art. 7 BayKJHG) sind
   a) der Leiter oder die Leiterin der Verwaltung des Jugendamts,
   b) ein Arzt oder eine Ärztin des Gesundheitsamts,
   c) ein Mitglied, das als Jugend- oder Familien- oder Vormundschaftsrichter tätig ist,
   d) ein Mitglied aus dem Bereich der Schulen oder der Schulverwaltung,
   e) ein Bediensteter oder eine Bedienstete des zuständigen Arbeitsamts,
   f) eine Fachkraft, die in der Beratung im Sinne des § 28 SGB VIII (Erziehungsberatung) tätig ist,

---

* Die Zahl der stimmberechtigten Mitglieder ist nach Art. 6 Abs. 1 BayKJHG einschließlich des Vorsitzenden auf 15 beschränkt. In Jugendamtsbezirken mit mehr als 150 000 Einwohnern kann die Zahl der stimmberechtigten Mitglieder durch Satzung auf höchstens 20 festgelegt werden.

** Nach § 71 Abs. 1 Nrn. 1 und 2 KJHG gehören dem Jugendhilfeausschuß als stimmberechtigte Mitglieder an: 1. mit drei Fünfteln des Anteils der Stimmen Mitglieder des Kreistages des Landkreises **oder** von ihm gewählte Frauen und Männer, die in der Jugendhilfe erfahren sind, 2. mit zwei Fünfteln des Anteils der Stimmen Frauen und Männder, die auf Vorschlag der im Bereich des Landkreises wirkenden und anerkannten Träger der freien Jugendhilfe vom Kreistag gewählt werden; Vorschläge der Jugendverbände und der Wohlfahrtsverbände sind angemessen zu berücksichtigen.

g) die für den Jugendamtsbezirk zuständig kommunale Gleichstellungsbeauftragte, sofern eine solche bestellt ist,
h) ein Polizeibeamter oder eine Polizeibeamtin,
i) der bzw. die Vorsitzende des Kreisjugendrings oder eine von ihm bzw. ihr beauftrage Person, sofern der oder die Vorsitzende des Kreisjugendringes dem Jugendhilfeausschuß nicht bereits als stimmberechtigtes Mitglied angehört,
j) Mitglieder aus dem Bereich der Kirchen und sonstigen Religionsgemeinschaften des öffentlichen Rechts.

(2) Für jedes Mitglied des Jugendhilfeausschusses ist ein Stellvertreter zu bestellen (Art. 6 Abs. 3 BayKJHG). Scheidet ein stimmberechtigtes Mitglied, das nicht dem Kreistag angehört, vor Ablauf der Wahlzeit aus, so ist ein Ersatzmitglied zu wählen.

(3) Ein beratendes Mitglied kann nicht Stellvertreter eines stimmberechtigten Mitglieds sein. Auf eine ausgewogene Berücksichtigung von Frauen und Männern soll hingewirkt werden.

§ 36 Rechnungsprüfungsausschuß

Der Kreistag bildet aus seiner Mitte einen Rechnungsprüfungsausschuß mit . . . (3 – 7) Mitgliedern und bestimmt ein Ausschußmitglied zum Vorsitzenden (Art. 89 Abs. 2 LKrO). Als Ausschußmitglied und als Ausschußvorsitzender kann auch der Landrat bestellt werden. Ferner bestellt der Kreistag für jedes Ausschußmitglied einen Stellvertreter für den Fall seiner Verhinderung und bestimmt, welches Ausschußmitglied bei Verhinderung des Ausschußvorsitzenden den Vorsitz führen soll.

§ 37 Weitere beschließende oder beratende Ausschüsse (einschließlich Werkausschuß)

(1) Der Kreistag kann im Bedarfsfall weitere beschließende oder vorberatende Ausschüsse bilden (Art. 29 LkrO)*. Für die Erledigung der Angelegenheiten der Eigenbetriebe des Landkreises bestellt der Kreistag den Werkausschuß (Art. 76 Abs. 2 LKrO).

---

* Hier wären ggf. in eigenen Absätzen die vom Kreistag gebildeten Fachausschüsse nebst Aufgabenbeschreibung einzusetzen. Der bisherige Satz 2 (Werkausschuß) würde dann ebenfalls zu einem eigenen Absatz. Die bisherigen Absätze 2 und 3 würden dann entsprechend fortlaufend neu beziffert.

(2) Für die Einberufung und Bestellung der weiteren Ausschüsse und des Werkausschusses gelten die §§ 32, 33 dieser Geschäftsordnung entsprechend.

(3) Den weiteren Ausschüssen und dem Werkausschuß können nur Kreisräte angehören. Andere Personen können als Berater von Fall zu Fall zugezogen werden.

§ 38 Geschäftsgang der Ausschüsse

(1) Für den Geschäftsgang des Kreisausschusses und der sonstigen Ausschüsse mit Ausnahme des Jugendhilfeausschusses gelten die Bestimmungen dieser Geschäftsordnung für den Kreistag, insbesondere die §§ 11 bis 28 entsprechend, soweit nicht besondere gesetzliche Bestimmungen hierfür bestehen.

(2) Kreisräte können an nichtöffentlichen Sitzungen von Ausschüssen, denen sie nicht angehören, nur als Zuhörer teilnehmen.

VI. TEIL
Landrat und Stellvertreter

§ 39 Zuständigkeit des Landrats

(1) Der Landrat vertritt den Landkreis nach außen (Art. 35 LKrO).

(2) Der Landrat führt den Vorsitz im Kreistag, im Kreisausschuß und in allen weiteren Ausschüssen (Art. 33 LKrO; vgl. auch § 20 dieser Geschäftsordnung). Soweit es ihm durch Gesetz gestattet ist (vgl. auch Art. 2 Abs. 2 AGBSHG, Art. 5 Abs. 3 BayKJHG), kann er den Vorsitz auf einen Vertreter übertragen. Für den Rechnungsprüfungsausschuß gilt § 36 S. 2. Der Landrat führt die Geschäfte des Landkreises gemäß den Gesetzen und Beschlüssen der Kreisorgane.

(3) Der Landrat bereitet die Sitzungsgegenstände vor; er vollzieht die Beschlüsse und beanstandet solche Entscheidungen, die er für rechtswidrig hält, setzt ihren Vollzug aus und führt, soweit erforderlich, die Entscheidung der Rechtsaufsichtsbehörde herbei (Art. 54 LKrO); von einer solchen Aussetzung hat er den Kreistag bzw. den beschließenden Ausschuß unverzüglich zu verständigen.

(4) Der Landrat ist zuständig zur Regelung der innerdienstlichen Angelegenheiten des Landratsamts (z. B. Dienstanweisungen und Hausordnungen, Geschäftsverteilungspläne, Zeichnungsbefugnis, Personal- und Material-

einsatz, Arbeitszeitregelung im Rahmen der geltenden Arbeitszeitordnungen, Zahlungsanordnung und deren Übertragung).

(5) Der Landrat ist ferner zuständig für die Angelegenheiten der §§ 40 bis 42 dieser Geschäftsordnung.

(6) Darüber hinaus kann der Kreistag durch Änderung bzw. Ergänzung dieser Geschäftsordnung weitere Verwaltungsaufgaben dem Landrat zur selbständigen Erledigung übertragen, soweit es sich nicht um Angelegenheiten im Sinne von Art. 34 Abs. 2 Satz 2 i. V. m. Art. 30 Abs. 1 LKrO handelt. Für die Übertragung der personalrechtlichen Befugnisse nach Art. 38 Abs. 2 LKrO ist ein Beschluß des Kreistags nötig, der der Mehrheit von zwei Dritteln der stimmberechtigten Kreistagsmitglieder bedarf.

§ 40 Einzelne Aufgaben des Landrats

(1) Der Landrat erledigt in eigener Zuständigkeit

1. die laufenden Angelegenheiten, die für den Landkreis keine grundsätzliche Bedeutung haben und keine erheblichen Verpflichtungen erwarten lassen (Art. 34 Abs. 1 S. 1 Nr. 1 LKrO),
2. die Angelegenheiten des Landkreises, die im Interesse der Sicherheit der Bundesrepublik oder eines ihrer Länder geheimzuhalten sind (Art. 34 Abs. 1 S. 1 Nr. 2 LKrO),
3. weitere Angelegenheiten, die ihm durch Beschluß des Kreistags übertragen sind (Art. 34 Abs. 2 und Art. 38 Abs. 2 LKrO).

(2) Zu den laufenden Angelegenheiten i. S. des Abs. 1 Nr. 1 bzw. zu den nach Abs. 1 Nr. 3 übertragenen Angelegenheiten gehören insbesondere:

1. der Vollzug der Satzungen und Verordnungen des Landkreises,
2. der Abschluß von bürgerlich-rechtlichen und öffentlich-rechtlichen Verträgen (z. B. Kauf-, Miet-, Pacht-, Werk-, Werklieferungsverträge; Straßenbaukosten-, Anschlußgebühren-, Benutzungsverträge) und die Vornahme sonstiger bürgerlich-rechtlicher und öffentlich-rechtlicher Rechtshandlungen (z. B. Stundung, Erlaß, Gewährung von Teilzahlungen, grundbuchrechtliche Erklärungen, Kündigungen, Mahnungen, Rücktritte) bis zu einer Wertgrenze des Rechtsverhältnisses von ... DM einmaliger oder jährlich laufender Belastung, außerdem die Abgabe von Prozeßerklärungen einschließlich Klageerhebung, Einlegung von Rechtsmitteln und Abschluß von Vergleichen, wenn der Rechtsstreit für

den Landkreis keine grundsätzliche Bedeutung hat und der Streitwert voraussichtlich ..... DM nicht übersteigt,
3. die Gewährung von freiwilligen Zuweisungen und Zuschüssen im Rahmen des Haushaltsplans, soweit sie im Einzelfall den Betrag von ..... DM nicht übersteigen.

(3) Soweit Aufgaben nach Abs. 2 nicht unter Art. 34 Abs. 1 Satz 1 Nr. 1 LKrO fallen, werden sie hiermit dem Landrat gemäß Art. 34 Abs. 2 LKrO zur selbständigen Erledigung übertragen.

§ 41 Vollzug des Haushaltsplans; überplanmäßige und außerplanmäßige Ausgaben

(1) Der Landrat vollzieht den Haushaltsplan nach Maßgabe der Beschlüsse des Kreistags, des Kreisausschusses oder der weiteren Ausschüsse sowie seiner eigenen Zuständigkeit, insbesondere nach §§ 39, 40 und 42 der Geschäftsordnung.

(2) Der Landrat ist berechtigt, Kassenkredite im Rahmen des durch die Haushaltssatzung (Art. 67 LKrO) festgelegten Höchstbetrages aufzunehmen.

(3) Überplanmäßige und außerplanmäßige Ausgaben sind nur zulässig, wenn sie unabweisbar sind und die Deckung gewährleistet ist (vgl. Art. 60 Abs. 1 LKrO). Der Landrat ist berechtigt, bis zur Höhe von ... DM Mittel, die durch anderweitige Einsparungen zur Verfügung stehen, Mehreinnahmen und Mittel der Deckungsreserve in Anspruch zu nehmen.

§ 42 Dringliche Anordnungen und unaufschiebbare Geschäfte

(1) Der Landrat ist befugt, an Stelle des Kreistags, des Kreisausschusses und der weiteren Ausschüsse dringliche Anordnungen zu treffen und unaufschiebbare Geschäfte zu besorgen (Art. 34 Abs. 3 LKrO). Dringliche Anordnungen sind solche, die innerhalb eines Zeitraumes erlassen werden müssen, in dem eine Kreistags-, Kreisausschuß- oder sonstige Ausschußsitzung nicht stattfinden kann. Unaufschiebbare Geschäfte sind solche, deren Aufschub bis zur Erledigung durch den Kreistag, Kreisausschuß oder sonstigen zuständigen Ausschuß einen erheblichen Nachteil für die Angelegenheit, den Landkreis oder einen einzelnen zur Folge hätten.

(2) Der Landrat hat dem Kreistag oder dem sonstigen zuständigen Ausschuß in der nächsten Sitzung von Anordnungen und der Besorgung von Geschäften gemäß Abs. 1 Kenntnis zu geben (Art. 34 Abs. 3 S. 2 LKrO).

§ 43   Delegation auf Personal des Landratsamts

(1) Dem Landrat stehen für seine Geschäfte die dem Landratsamt zugewiesenen Staatsbediensteten und die Kreisbediensteten zur Seite. Der Landrat weist ihnen ihre Aufgaben zu. Er kann seine Befugnisse in Angelegenheiten der laufenden Verwaltung teilweise den Staatsbediensteten oder den Kreisbediensteten übertragen und hierbei entsprechende Zeichnungsvollmacht erteilem; eine darüber hinausgehende Übertragung bedarf der Zustimmung des Kreistags (Art. 37 Abs. 4 LKrO). Der Landrat kann Staatsbediensteten Kreisangelegenheiten und Kreisbediensteten Staatsangelegenheiten übertragen, soweit nicht gesetzliche Vorschriften etgegenstehen. Er kann ihnen dabei in Angelegenheiten der laufenden Verwaltung auch das Zeichnungsrecht übertragen (Art. 37 Abs. 4 LKrO). Eine Übereinstimmung zwischen Geschäftsverteilung und Regelung des Zeichnungsrechts ist anzustreben.

(2) Der Landrat führt die Dienstaufsicht über die Staats- und die Kreisbediensteten, er übt ferner die Befugnisse des Dienstvorgesetzten gegenüber den Kreisbeamten aus (Art. 37 Abs. 3, 38 Abs. 3 LKrO).

§ 44   Vollzug der Staatsaufgaben

Im Vollzug der Staatsaufgaben (§ 2 Abs. 2 dieser Geschäftsordnung) wird der Landrat als Organ des Staates tätig und untersteht lediglich den Weisungen seiner vorgesetzten Dienststellen (Art. 37 Abs. 6 LKrO).

§ 45   Stellvertreter des Landrats

(1) Der Stellvertreter des Landrats hat den Landrat für den Fall seiner Verhinderung in allen seinen Obliegenheiten (Staats- und Kreisaufgaben) zu vertreten. Bei kurzdauernder Abwesenheit des Landrats (bis zu . . . Arbeitstagen) bedarf es der Stellvertretung nicht, solange und soweit die laufende Verwaltung des Landratsamts durch die Zeichnungsvollmacht nach Art. 37 Abs. 4 LKrO gewährleistet ist.

(2) Der Landrat soll den Stellvertreter im Hinblick auf den Vertretungsfall laufend über die grundsätzlichen Angelegenheiten des Landratsamts informieren.

(3) Ist auch der gewählte Stellvertreter verhindert, so vertritt den Landrat

a) im Kreistag und in den Ausschüssen der aus der Mitte des Kreistags bestellte weitere Vertreter, bei dessen Verhinderung das älteste anwesende Kreistagsmitglied,

b) im übrigen der juristische Beamte des Landratsamts, den der Landrat bestimmt, bei dessen Verhinderung der dienstälteste juristische Beamte.

(4) Der Landrat hat seinen Stellvertreter schriftlich besonders zu verpflichten, alle Angelegenheiten geheimzuhalten, die im Interesse der Sicherheit oder anderer wichtiger Belange der Bundesrepublik oder eines ihrer Länder Unbefugten nicht bekannt werden dürfen. In gleicher Weise hat der Landrat Kreisbedienstete zu verpflichten, bevor sie mit solchen Angelegenheiten befaßt werden.

VII. TEIL
Landratsamt

§ 46 Landratsamt

(1) Das Landratsamt ist Verwaltungsbehörde des Landkreises (vgl. § 2 Abs. 1 S. 2) und untere staatliche Verwaltungsbehörde (vgl. § 2 Abs. 2). Das Personal des Landratsamtes erhält Anweisungen ausschließlich vom Landrat und nach Maßgabe der Geschäftsverteilung von anderen Vorgesetzten.

(2) Die Geschäftsverteilung richtet sich nach dem vom Landrat zu erlassenden Geschäftsverteilungsplan (Art. 40 Abs. 3 LKrO).

(3) Das Landratsamt ist verpflichtet, in Kreisangelegenheiten jedem Kreisrat Auskunft zu erteilen, der um eine solche Auskunft beim Landrat nachsucht (Art. 23 LKrO). Hierbei kann der Landrat auch im Einzelfall die Akteneinsicht gestatten.

VIII. TEIL
Schlußbestimmung

§ 47 Inkrafttreten

Diese Geschäftsordnung tritt am . . . in Kraft.

Rechtsprechungshinweise

(**Anmerkung:** Nachfolgend sind auch Entscheidungen aufgeführt, die unmittelbar die Gemeindeordnung bzw. Gemeinderat und Bürgermeister betreffen, deren Rechtsgrundsätze wegen gleichlautender Bestimmungen jedoch auch auf die Landkreisordnung bzw. Kreistag und Landrat entsprechend anwendbar sind).

Zu § 1 Abs. 2:
BVerfGE 7, 198: Die gesamte Verwaltungstätigkeit ist nach dem Gleichbehandlungsgrundsatz auszurichten, auch insoweit, als der Landkreis privatrechtlich tätig wird. Wiederholung eines fehlerhaften, sachfremden Verhaltens kann nicht unter Berufung auf den Gleichheitssatz verlangt werden (auch VGH n. F. 5, 7; 12, 58; VerfGH in BayVBl. 1962, 320).

Zu § 6:
VGH in BayVBl. 1989, 81: Die Verschwiegenheitspflicht bezieht sich auf alle einem Gemeinderatsmitglied bekanntgewordenen geheimhaltungsbedürftigen Umstände ohne Rücksicht darauf, wie es hiervon Kenntnis erlangt hat. Die Pflicht zur Verschwiegenheit entfällt nicht deshalb, weil der Gemeinderat einen möglicherweise rechtswidrigen Beschluß faßt; ein Beanstandungsrecht hat allein der Erste Bürgermeister. Die Gemeindeordnung räumt den einzelnen Gemeinderatsmitgliedern kein Recht ein, darüber zu befinden, ob die Geheimhaltungsbedürftigkeit einer Angelegenheit weggefallen ist; hierfür ist der Gemeinderat zuständig. Der Verschwiegenheitsverpflichtung unterfallen alle Umstände, die ihrem Wesen nach geheimhaltungsbedürftig sind; die Behandlung in nichtöffentlicher Sitzung ist ein starkes Indiz für die Vertraulichkeit. Eine „Flucht in die Öffentlichkeit" ist einem Gemeinderatsmitglied jedenfalls dann versagt, wenn ihm die Einschaltung der Aufsichtsbehörde zumutbar ist. Aus Art. 5 Abs. 1 GG ergibt sich grundsätzlich kein Recht, eine geheimhaltungsbedürftige Angelegenheit zu veröffentlichen (vgl. auch Fundstelle 1988, RdN. 200).

Zu § 7:
VGH n. F. 13, 88: Die Mitglieder des Kreistags besitzen gewisse Individualrechte (Rechte auf Anwesenheit, Teilnahme an der Beratung und Stimmabgabe). Darüber hinaus haben sie kein Recht im Sinne des § 42 Abs. 2 VwGO

auf Einhaltung zwingender Verfahrensvorschriften, die das Gesetz für den Geschäftsgang der kommunalen Organe aufstellt.

Es ist davon auszugehen, daß die Nichteinhaltung zwingender Verfahrensvorschriften den nachfolgenden Willensbildungsakt fehlerhaft macht und ein Betroffener den Verwaltungsakt (Vollzug des Willensbildungsaktes) deshalb mit Erfolg anfechten kann.

Zu § 8:

VGH n. F. 8, 42: Art. 43 LKrO gilt nur in Angelegenheiten, über die in offener Abstimmung nach Art. 45 Abs. 1 LKrO zu beschließen ist, nicht dagegen bei Wahlen i. S. des Art. 45 Abs. 3 LKrO.

VGH n. F. 13, 89: Der Willensbildungsakt des Kreistags ist Verwaltungsakt insoweit, als damit implicite über Individualrechte der Kreistagsmitglieder entschieden wird. Im übrigen bleibt der bloße Willensbildungsakt ein Internum des Kreistags ohne Außenwirkung; erst mit dem Vollzug wird dieser Willensbildungsakt zum Verwaltungsakt.

VGH n. F. 8, 42: Die Teilnahme eines wegen persönlicher Beteiligung ausgeschlossenen Mitglieds des Kreistags an der Beratung hat auf die Gültigkeit des vom Kreistag gefaßten Beschlusses keinen Einfluß. Nur die Stimmabgabe des ausgeschlossenen Mitglieds hat nach Maßgabe des Art. 43 Abs. 3 LKrO die Ungültigkeit des Beschlusses zur Folge.

VGH in BayVBl. 1960, 21: Für die Unmittelbarkeit eines Vor- oder Nachteils genügt es, daß der Beschluß Voraussetzung für die Einleitung des Verfahrens ist, in dessen Verlauf der Vor- oder Nachteil eintreten kann.

VGH in BayVBl. 1959, 355: Wenn gleichzeitig mehrere Mitglieder betroffen sind, dann muß grundsätzlich über die Angelegenheit des einzelnen Mitglieds gesondert entschieden werden. Handelt es sich aber um die Bestellung mehrerer Kreisräte zum gleichen Nebenamt, dann ist ein sog. Globalbeschluß zulässig.

VGH n. F. 6, 64; 11, 31: Rechtshandlungen, die gegen das Verbot des Art. 44 LKrO verstoßen, sind nicht schlechthin nichtig.

Zu § 9:

VGH in BayVBl. 1987, 16: Es ist rechtlich nicht geboten, den Pauschalsatz für die Nachteilsentschädigung nach Art. 20 Abs. 2 Nr. 3 GO (entspricht Art. 14a Abs. 2 Nr. 3 LKrO) in derselben Höhe festzusetzen wie den Pauschalsatz für die Verdienstausfallentschädigung bei selbständig Tätigen nach Art. 20a Abs. 2 Nr. 2 GO (entspricht Art. 14a Abs. 2 Nr. 2 LKrO).

Zu § 10:

VGH n. F. 21, 126: Verläßt ein zum Ersatzmann Gewählter nach der Wahl die Partei oder Wählergruppe, auf deren Wahlvorschlag er gewählt wurde, beeinträchtigt dies nicht seine Rechtsstellung; sein Nachrücken hängt nur davon ab, ob er die Wählbarkeitsvoraussetzungen noch oder wieder erfüllt.

Zu § 11:

VGH in Fundstelle 1988, RdN. 322: Ein Gemeinderatsmitglied hat keinen Anspruch darauf, daß Sitzungen von Gemeindegremien öffentlich stattfinden. Der Öffentlichkeitsgrundsatz dient dem Informationsbedürfnis der Öffentlichkeit, gibt dem einzelnen Gemeinderatsmitglied aber keine subjektive Rechtsstellung.

BVerwG in BayVBl. 1991, 89: Das Grundrecht der Pressefreiheit eines Journalisten wird nicht dadurch verletzt, daß ihm der Ratsvorsitzende (Anmerkung: in Bayern der 1. Bürgermeister bzw. Landrat) in Ausführung eines entsprechenden Ratsbeschlusses untersagt, die öffentliche Sitzung des Rates auf Tonband aufzuzeichnen. Folgerungen aus der weiteren Urteilsbegründung für die bayerische Rechtslage: Es besteht kein aus Art. 5 Abs. 1 Satz 2 GG - Grundrecht der Pressefreiheit - herzuleitender Anspruch auf Informationsbeschaffung dergestalt, daß die Redebeiträge von Kreisräten oder Äußerungen Dritter, die im Kreistag zu Wort kommen, ohne Zustimmung des Landrats auf Tonband aufgezeichnet werden dürften. 2. Landesrechtlich - z. B. Art. 47 Abs. 1 LKrO - ist es in die Sitzungsgewalt des Landrats gestellt, ob Tonbandaufnahmen gestattet oder untersagt werden. 3. Die Untersagung von Tonbandaufzeichnungen rechtfertigt sich aus der Gewährleistung eines geordneten Sitzungsbetriebes; sie führt nicht zu einer unverhältnismäßigen Beschränkung der Pressetätigkeit. 4. Ein Rechtsanspruch auf Tonbandaufzeichnungen leitet sich auch nicht aus der Regelung des § 48 Abs. 1 Nr. 2 UrhG ab.

Zu § 13;

VGH in Fundstelle 1989, RdN. 202: In der Geschäftsordnung des Gemeinderats kann bestimmt werden, daß Sitzungen vorberatender Ausschüsse nichtöffentlich sind.

Rechtsprechungshinweise zur MGO–LKr

Zu § 15:

VGH in BayVBl. 1988, 83: Ein Gemeinderatsbeschluß ist mangels Beschlußfähigkeit des Gemeinderats unwirksam, wenn der entsprechende Verhandlungsgegenstand nicht in der schriftlichen Tagesordnung enthalten war und die Geschäftsordnung die Versendung der Tagesordnung mit der Einladung zur Sitzung vorschreibt. Eine Ausnahme gilt, wenn die Angelegenheit dringlich ist oder wenn alle Gemeinderatsmitglieder erschienen sind und sich rügelos auf die Beratung einlassen.

Zu §§ 16 und 17 Abs. 1:

VGH in BayVBl. 1987, 239: (Anm.: Die auf ein Gemeinderatsmitglied bezogene Entscheidung wird nachfolgend im Wortlaut umgesetzt auf ein Mitglied des Kreistags wiedergegeben.) Ein Kreisrat hat grundsätzlich einen Anspruch darauf, daß der Beratungsgegenstand eines von ihm gestellten Antrags in die schriftliche Tagesordnung der Kreistagssitzung wenigstens stichwortartig aufgenommen wird. Dieser Anspruch ist Bestandteil des auch dem einzelnen Kreisrat zustehenden mitgliedschaftlichen Rechts, dem Kreistag Anträge zur Beschlußfassung vorzulegen. Zu den Grenzen eines solchen Anspruchs: Ein Antrag muß nicht auf die Tagesordnung gesetzt werden, wenn die Form- und Fristvorschriften nicht eingehalten sind oder wenn der Antrag rechtsmißbräuchlich, z. B. schikanös ist, einen strafbaren Inhalt hat oder eine ständige Wiederholung bereits gestellter und behandelter Anträge darstellt (und Gesichtspunkte für eine erneute Befassung offenkundig nicht vorliegen); schließlich wenn für die Entscheidung der Angelegenheit ein beschließender Ausschuß oder kraft Gesetzes der Landrat selbst zuständig ist. Der Landrat kann unter Berücksichtigung der Thematik, der Gesamtzahl und der Dringlichkeit der Beratungsgegenstände und unter Berücksichtigung der Funktionsfähigkeit des Kreistags die Beratungsgegenstände ggf. auf verschiedene Sitzungen verteilen, wenn damit eine Überfrachtung der einzelnen Sitzung vermieden wird. Schließlich ist der Landrat nicht an die wörtliche Formulierung des Antrags gebunden, sondern muß der Wortlaut der Tagesordnung nur stichwortartig die Thematik des Antrages erkennen lassen.

Zu § 17:

VGH in BayVBl. 1985, 88, 89: Die Gefahr, daß Anträge mangels Spruchreife bis zur nächsten Sitzung zurückgestellt werden, besteht bei unmittelbar gestellten und bei auf der Tagesordnung befindlichen Anträgen in vergleichbarer Weise. Auch bei den letzteren Anträgen kann das Kollegialorgan ohne Sachbehandlung „geschäftsordnungsmäßig" die Absetzung beschließen.

VGH in BayVBl. 1990, 468: Nach bayerischem Kommunalrecht gibt es keinen gesetzlichen Anspruch darauf, Anträge mündlich zu begründen, wenn der Antragsteller dem damit befaßten Gremium (z. B. einem bestimmten Ausschuß) nicht angehört. Mitgliedschaftsrechte sind Ausfluß der organschaftlichen Zugehörigkeit zu dem jeweiligen Gremium als solchem (Hinweis auf VGH in BayVBl. 1988, 83). Das bedeutet, daß Mitgliedschaftsrechte jedenfalls im Regelfall nur insoweit bestehen, als der kommunale Mandatsträger dem jeweiligen Gremium auch angehört.

Zu § 18 Abs. 2:

VGH n. F. 13, 97: Art. 37 Abs. 3 LKrO unterliegt nicht den Schranken des Art. 37 Abs. 4 LKrO. Art. 37 Abs. 4 LKrO bezieht sich nicht auf die Geschäfte des Landratsamts als Staatsbehörde; Aufgaben der staatlichen Verwaltung können dem juristischen Staatsbeamten darüber hinaus übertragen werden.

Zu § 20:

VGH, Beschl. v. 11. 6. 1986 (Nr. 4 CE 86.00728, nicht veröffentlicht): Dem einzelnen Kreistagsmitglied ist mit der Pflicht zur Mitwirkung im Kreistag in Erfüllung der gestellten Aufgaben zugleich ein Anspruch darauf übertragen, daß im Rahmen des Möglichen solche Störungen der Ordnung in der Sitzung abgewehrt werden, die ihn in der Wahrnehmung der Aufgaben beeinträchtigen. Eine solche Störung kann das Rauchen in der Sitzung darstellen. Es ist weithin anerkannt, daß durch Passivrauchen vor allem bei unzureichender Lüftung erhebliche Belästigungen, negative Auswirkungen auf die körperliche und geistige Leistungsfähigkeit und sogar echte Gesundheitsschäden auftreten können.

VGH in BayVBl. 1988, 16: 1. Bei dem Ausschluß eines Gemeinderatsmitglieds von der Sitzung gem. Art. 53 Abs. 1 Satz 3 GO (Anm.: entspricht Art. 47 Abs. 1 Satz 3 LKrO) handelt es sich nicht um einen Verwaltungsakt. 2. Eine „fortgesetzte erhebliche Störung" liegt vor, wenn das Gemeinderatsmitglied in derselben Sitzung mindestens zweimal die Ursache dafür gesetzt hat, daß der Sitzungsfortgang unmöglich gemacht oder jedenfalls wesentlich erschwert wird. 3. War die Sitzung bereits durch Störungen anderer Gemeinderatsmitglieder beeinträchtigt, kann das beanstandenswerte Verhalten eines Gemeinderatsmitglieds nur dann als „erhebliche Störung" angesehen werden, wenn es sich in bezug auf den bisherigen Sitzungsablauf als besonders gravierend darstellt.

BVerwG in BayVBl. 1988, 407: Zur Frage, ob der Vorsitzende des Gemeinderats zur Aufrechterhaltung der Ordnung in den Sitzungen einem Ratsmitglied das Tragen von Aufklebern zur Demonstration politischer Auffassungen (hier mit der Aufschrift „L./Atomfreie Stadt") während der Ratssitzung untersagen darf. (Aus den Gründen: Auch der Einsatz demonstrativer nichtverbaler Ausdrucksmittel wie z. B. von Plakaten und Transparenten wird im allgemeinen als eine Beeinträchtigung der Sitzungsordnung zu bewerten sein, die durch das Grundrecht des demonstrierenden Ratsmitglieds aus Art. 5 Abs. 1 Satz 1 GG nicht gedeckt ist. Anderseits wird durch das ebenfalls dem Anwendungsbereich des Art. 5 Abs. 1 Satz 1 GG unterfallende Tragen von Anstecknadeln und Plaketten o. ä. die Sitzungsordnung häufig nicht oder nur so geringfügig beeinträchtigt sein, daß mit Blick auf den hohen Rang des Grundrechts der freien Meinungsäußerung die Verhängung von Ordnungsmaßnahmen nicht gerechtfertigt erscheint. Wann der Ratsvorsitzende das Tragen von Plaketten, Aufklebern o. ä. unterbinden darf, läßt sich nicht allgemein, sondern nur aufgrund der Umstände des jeweiligen Einzelfalls beurteilen. – Im vorliegenden Fall hat das BVerwG das Tragen eines nach Größe und Optik aufdringlichen Aufklebers als Störung der Ordnung in der Ratssitzung bewertet.)

Zu § 23:

VGH in BayVBl. 1989, 14: Beschlüsse gemeindlicher Organe zu verteidigungspolitischen Fragen („Atomwaffenfreie Zonen") in Gestalt von sog. Vorratsbeschlüssen, die ohne konkreten, auf das Gemeindegebiet bezogenen Anlaß ergehen, sind mangels kommunaler Zuständigkeit rechtswidrig. Ausnahmsweise sind solche gemeindlichen Beschlüsse dann zulässig, wenn die Gemeinde sich gegen ein konkretes Vorhaben wendet, das unmittelbare Auswirkungen auf das Gemeindegebiet hat. (Anm.: Weitere ähnlich lautende, nichtveröffentlichte Entscheidungen des VGH sind die Urteile v. 15. 2. 1989, Nr. 4 B 86.03253, und v. 6. 9. 1989, Nr. 4 B 87.00493.)

VGH n. F. 11, 18: Ein Dritter kann erst dann durch einen Kreistagsbeschluß in seinen Rechten verletzt sein, wenn er ihm amtlich zur Kenntnis gebracht worden ist und nicht mehr ein Internum des Kreistags ist.

VGH n. F. 13, 85: Der Kreistagsbeschluß, durch den Kreisräte in den Verwaltungsrat der Kreissparkasse berufen werden, ist ein Verwaltungsakt. Die Wahl der „weiteren Verwaltungsratsmitglieder" der Kreissparkasse (Art. 8 SparkG) ist eine Wahl i. S. des Art. 45 Abs. 3 LKrO.

VGH in BayVBl. 1992, 400: Bei der Wahl nach Art. 51 Abs. 3 GO (entspricht Art. 45 Abs. 3 LKrO) sind Stimmzettel, die den Namen des Gewählten nicht eindeutig ersehen lassen, ungültig.

VGH n. F. 6, 193: Für die Stichwahlen gilt auch Art. 42 LKrO. Diese Wahlen (Art. 45 Abs. 3 LKrO) unterliegen der Rechtsaufsicht nach Art. 94ff. LKrO (auch VGH n. F. 8, 42). Wahlen dieser Art sind insbesondere die Wahl des Stellvertreters des Landrats gem. Art. 32 Abs. 1 LKrO.

VGH n. F. 6, 187: Demonstrativer Verzicht eines Teils der Wähler auf das Wahlgeheimnis, um in einem bestimmten Sinne seine Stimme abzugeben, ist unzulässig, da für die übrigen Wähler, die nicht darauf verzichten wollen, eine Zwangslage entsteht; sie sind der Schlußfolgerung ausgesetzt, nicht in dem gleichen Sinne wie die abzustimmen, die auf das Wahlgeheimnis verzichtet haben.

Zu § 31 Satz 3:

VGH in BayVBl. 1982, S. 536: Art. 32 Abs. 4 Satz 1 Halbsatz 2 und Satz 2 der Gemeindeordnung gilt für beschließende Ausschüsse nach der Landkreisordnung nicht entsprechend. Die Geschäftsordnung des Kreistags kann auch keine gleiche oder ähnliche Regelung treffen. Selbst wenn man mit der insoweit einhelligen Auffassung in der Literatur davon ausgeht, daß der Kreistag Beschlüsse von Ausschüssen auch nachträglich unter denselben Voraussetzungen ändern oder aufheben kann, wie seine eigenen Beschlüsse, so folgt daraus nicht die Befugnis, Ausschußbeschlüsse von vornherein und generell unter einen Vorbehalt zu stellen, z. B. unter den Vorbehalt des Zustandekommens einer Zweidrittel-Mehrheit im Ausschuß oder des Fehlens eines Antrags auf Überweisung an den Kreistag.

Zu § 33:

VGH in BayVBl. 1984, 77: Ein für die Ausschußbesetzung erheblicher Anschluß an eine andere Partei liegt nur vor, wenn sich Mandatsträger verbinden, die ansonsten im Ausschuß nicht vertreten wären. Haben mehrere Parteien einen gleichen Anspruch auf einen Ausschußsitz, ist der Rückgriff auf die Zahl der bei der Wahl auf diese Parteien abgegebenen Stimmen zulässig.

Rechtsprechungshinweise zur MGO–LKr

VGH in BayVBl. 1991, 630: Art. 33 Abs. 1 Satz 3 GO (entspricht Art. 27 Abs. 1 Satz 3 LKrO) stellt sich als abschließende Regelung in dem Sinn dar, daß die Verteilung von Sitzen, auf die mehrere Parteien und Wählergruppen gleichen Anspruch haben, nur durch Losentscheid oder Rückgriff auf die – absolute – Zahl der abgegebenen Wählerstimmen erfolgen darf.

VGH in BayVBl. 1986, 466: 1. Art. 27 Abs. 2 Satz 2 LKrO, wonach der Kreistag bei der Bestellung der Mitglieder des (Kreis-)Ausschusses dem Stärkeverhältnis der in ihm vertretenen Parteien und Wählergruppen Rechnung zu tragen hat, ist dahin auszulegen, daß die Fraktionen des Kreistags nach ihrer Stärke im (Kreis-)Ausschuß vertreten sein müssen. 2. Auch Kreistagsmitglieder, die auf verschiedenen Wahlvorschlägen gewählt worden sind, können sich zu einer Fraktion zusammenschließen. 3. Zur Berücksichtigung von „Ausschlußgemeinschaften" bei der Sitzverteilung.

VGH in BayVBl. 1993, 180: 1. Bei der (zulässigen) Anwendung des d'Hondtschen Verfahrens bei der Besetzung des Ausschusses eines Gemeinderats ist an der Stärke im Verhältnis der Parteien und Wählergruppen (Fraktionen) im Gemeinderat, nicht an die in der Gemeinderatswahl erlangten Stimmen anzuknüpfen. 2. Ein Rechtsanspruch auf einen Ausschußsitz besteht nicht allein deswegen, weil eine Parteil oder Wählergruppe 10 % der Gemeinderatssitze erlangt hat. 3. Auch aus Art. Abs. 1 Satz 2 GG (Minderheitenschutz) ergibt sich kein Rechtsanspruch auf einen Ausschußsitz.

VGH in BayVBl. 1988, 432: Die Klage eines kommunalen Mandatsträgers gegen seine Fraktion wegen seines Ausschlusses aus der Fraktion stellt keine öffentlich-rechtliche Streitigkeit dar. (Anm.: Der VGH unterscheidet zwischen den Innenrechtsbeziehungen einer Fraktion – Verhältnis der Fraktionsmitglieder zu ihrer Fraktion – und den Außenrechtsbeziehungen einer Fraktion – Rechtsbeziehungen der Fraktion zum Landkreis. Die Innenrechtsbeziehungen seien nach dem bürgerlichen Recht, die Außenrechtsbeziehungen nach öffentlichem Recht zu beurteilen.)

VGH in BayVBl. 1989, 433: 1. Im Rechtsstreit um die Mitgliedschaft in einem Gemeinderatsausschuß ist die Frage der Wirksamkeit eines Fraktionsausschlusses eine von den Verwaltungsgerichten mit zu entscheidende zivilrechtliche Vorfrage. 2. Zu den formellen Voraussetzungen der Wirksamkeit eines Fraktionsausschlusses gehört neben der Anhörung des Betroffenen, einem Mehrheitsbeschluß und der Mitteilung der Gründe an den Betroffen, daß der Tagesordnungspunkt des Fraktionsausschlusses allen Fraktionsmitgliedern vorher rechtzeitig bekanntgegeben wird.

VGH in BayVBl. 1988, 83: Nach Art. 33 Abs. 1 Satz 4 GO (Anm.: entspricht Art. 27 Abs. 2 Satz 4 LKrO) hat der Gemeinderat weder das Recht noch die Pflicht, Ausschußmitglieder nach Belieben der Fraktion, die sie vorgeschlagen hatte, abzuberufen und durch andere zu ersetzen.

VGH n. F.: 8, 5: Von dem Hauptgrundsatz des Art. 27 Abs. 2 Satz 2 LKrO kann nur insoweit abgewichen werden, als Art. 27 Abs. 2 Satz 5 LKrO es ausdrücklich zuläßt. Jeder Ausschuß muß in seiner Zusammensetzung ein verkleinertes Abbild des Kreistags darstellen.

VGH n. F. 23, 73: Dem Art. 27 Abs. 2 Satz 2 LKrO ist die Begrenzung wesenseigentümlich, daß der Zusammenschluß zur Entsendung gemeinsamer Vertreter in die Ausschüsse nur Einzelgängern oder solchen Fraktionen und Gruppen vorbehalten bleibt, die nicht schon ohne Zusammenschluß einen Sitz im Ausschuß erhalten würden (auch VGH n. F. 8, 5; 15, 82; 20, 57). Art. 9 GG und Art. 114 Abs. 1 BV stehen dieser Auslegung der Vorschrift nicht entgegen.

VGH in BayVBl. 1986, 366: Das Höchstzahlverfahren (nach d'Hondt) ist ein bei der Verteilung von Kreisausschußsitzen zulässiges Verfahren. Ebenso ist das Restverteilungsverfahren (nach Hare-Niemeyer) zulässig. Der Kreistag entscheidet im Rahmen seines Ermessens, welches Verfahren er anwendet.

VGH n. F. 8, 100: Der Gesetzgeber meint mit „Parteien und Wählergruppen" in Art. 27 Abs. 2 Satz 2 LKrO Fraktionen. Dies gilt auch für Art. 27 Abs. 2 Satz 3 und Abs. 3 LKrO.

VGH n. F. 15, 87; 20, 58: Die Kreistagsfraktionen (= Parteien und Wählergruppen) haben ein subjektives Recht auf Vertretung in den Ausschüssen nach ihrem Stärkeverhältnis.

VGH n. F. 15, 82: Ist die Erklärung eines Kreisrats, in eine Fraktion einoder überzutreten, nachweisbar zum Schein abgegeben (oder zum Zweck der Gesetzesumgehung) so ist sie für die Anwendung des Art. 27 LKrO unbeachtlich.

VGH in BayVBl. 1993, 81: Die Bildung einer Fraktionsgemeinschaft (Beitritt eines Mitglieds einer Partei oder Wählergruppe zu einer aus den Mitgliedern einer anderen Partei oder Wählergruppe gebildeten Fraktion) ist im Hinblick auf die Ausschußbesetzung nur dann von Bedeutung, wenn die von der Rechtsprechung entwickelten Grundsätze über einen Fraktionswechsel eingehalten sind (Weiterentwicklung von VGH n. F. 15, 82). Eine für die Ausschußbesetzung beachtliche Änderung des Stärkeverhältnisses der Parteien und Wählergruppen liegt dann vor, wenn der Eintritt oder Übertritt eines Gemeinderats in eine aus den Mitgliedern einer anderen Partei oder Wählergruppe gebildete Fraktion eine Abkehr von bisherigen Positionen und Wählerschaften darstellt (BayVGH, BayVBl. 1986, 466/467). Ob eine solche Abkehr vorliegt, ist anhand aller Umstände des Einzelfalls festzustellen. Dabei geht es weniger um eine inhaltliche Bewertung politischer Überzeugungen als um äußere Umstände, aus denen sich erkennen läßt, daß sich der Betreffende von den Personen gelöst hat, die ihm ursprünglich zu seinem Mandat im Gemeinderat verholfen haben, also der Partei oder Wählergruppe, auf deren Wahlvorschlag er erfolgreich kandidiert hat.

VGH in BayVBl. 1962, 42: Ein Fraktionswechsel von Kreisräten mit der Folge, daß deren Partei im Kreistag nicht mehr vertreten ist, hat Einfluß auf die Besetzung der Ausschüsse des Kreistags.

VGH n. F. 21, 75; Die Auffassung, daß der Kreistagsbeschluß über die Zusammensetzung der Ausschüsse als Verwaltungsakt anzusehen ist (VGH n. F. 8, 97), wird aufgegeben. Ein solcher Beschluß ist eine kommunalverfassungsrechtliche Entscheidung; eine Qualifizierung als Verwaltungsakt ist nicht nötig, da der Rechtsweg nach Art. 19 Abs. 4 GG, § 40 Abs. 1 VwGO auch gegen eine im Gemeindeverfassungsrecht wurzelnde organisationsrechtliche Entscheidung, die eine eigenständige, hoheitliche Maßnahme darstellt, gegeben ist. Rechtsschutz also nicht nach §§ 42, 68ff., 80 VwGO.

Zu § 38 Abs. 2:

VGH n. F. 13, 24: Ein Landkreis kann nicht bestimmen, daß Kreisräte, die einem Ausschuß nicht angehören, gleichwohl ein Recht auf beratende Teilnahme an den Sitzungen dieses Ausschusses haben.

VGH in BayVBl. 1983, 729: Das Recht des ausschußfremden Kreisrats, an nichtöffentlichen Sitzungen des Kreisausschusses als Zuhörer teilzunehmen (Informationsrecht), folgt aus der Mitgliedschaft im Kreistag als Gesamtorgan, in das der Kreisausschuß nach dem System der Landkreisordnung eingeordnet ist. Dieses Zuhörrecht ist jedoch kein Anhör- und Rederecht; ein Mitberatungsrecht ist wegen der Beschlußzuständigkeit des Kreisausschusses ohnehin ausgeschlossen.

VGH in BayVBl 1990, 468 und in Fundstelle 1990, Rd.Nr. 2: Nach bayerischem Kommunalrecht gibt es keinen gesetzlichen Anspruch darauf, Anträge mündlich zu begründen, wenn der Antragsteller dem damit befassten Ausschuss nicht angehört. Ein allgemeines Antragsbegründungsrecht für ausschussfremde Kreisräte folgt weder aus ihrer Stellung als gewählte Mandatsträger noch aus Art. 38 Abs. 1 Satz 2 Grundgesetz.

Zu § 40:
VGH n. F. 10, 64: Bei der Beurteilung einer Angelegenheit als Geschäft der laufenden Verwaltung kommt es nicht auf den Standpunkt dessen an, an den sich der Verwaltungsakt richtet, sondern auf den Standpunkt des Landkreises (auch VGH n. F. 16, 87).

Zu § 42:
VGH n. F. 11, 29: Die Einlegung von Rechtsmitteln mit kurzen Ausschlußfristen ist in aller Regel als unaufschiebbares Geschäft anzusehen, zu dessen Vornahme der Landrat anstelle des Kreistags gemäß Art. 34 Abs. 3 LKrO befugt ist. (Vor allem, wenn innerhalb der laufenden Frist kein Kreistagsbeschluß herbeigeführt werden kann.)

Ein unaufschiebbares Geschäft kann auch dann wirksam vom Landrat vorgenommen werden, wenn er wegen persönlicher Beteiligung an dem von der Rechtsaufsichtsbehörde aufgehobenen Kreistagsbeschluß ausgeschlossen war.

VGH, Urt. v. 25. 5. 1990, Fundstelle 1991, Rd.Nr. 31: Auch wenn es sich bei der Einlegung eines Rechtsmittels durch den Landrat nicht um eine dringliche Anforderung/unaufschiebbares Geschäft und ebenso nicht um eine nach Art. 34 Abs. 2 LKrO übertragene Angelegenheit oder eine laufende Angelegenheit i. S. Art. 34 Abs. 1 LKrO handelt, ist die Einlegung eines Rechtsmittels durch den Landrat rechtsgültig, wenn der Kreistag nachträglich zustimmt.

Zu § 46:
VerfGHE 12, 99: Nach Art. 37 Abs. 1 LKrO ist das ehedem staatliche Landratsamt eine „Behörde mit Doppelcharakter" geworden. Die erforderliche

Einheit des Landratsamts wird durch den Landrat hergestellt, unter dessen Leitung die gesamte Behörde steht. Diese Regelung begegnet keinen verfassungsrechtlichen Bedenken.

VGH Bad.Württ., Urt. v. 30. 3. 1992, DÖV 1992, 838: Das Maß der dem Landrat gegenüber einem Kreisrat obliegenden Auskunftspflicht bestimmt sich nach der Angemessenheit des Aufwands, der zur Beantwortung der Anfrage erforderlich ist. 2. Erfordert die Beantwortung einer Anfrage einen beachtlichen Aufwand, muß der Fragesteller sein hierzu berechtigendes Auskunftsinteresse konkret darlegen, um die Angemessenheit des Beantwortungsaufwands plausibel zu machen. 3. Anfragen eines Kreisrats „ins Blaue hinein", bei denen ein berechtigtes Auskunftsinteresse weder dargelegt noch ersichtlich ist, lösen keine Pflicht des Landrats zu besonderen Ermittlungen aus.

Aufgabengliederungsplan für die Landratsämter

Vorbemerkung

Der vom Bayerischen Staatsministerium des Innern gemeinsam mit dem Bayerischen Landkreistag erarbeitete Aufgabengliederungsplan stellt eine Auflistung der von den Landratsämtern als Staats- und Kreisbehörden zu vollziehenden Aufgaben dar. Aus ihnen sind die Mustergeschäftsverteilungspläne für mittlere und größere Landratsämter ebenfalls gemeinsam vom Bayerischen Staatsministerium des Innern und dem Bayerischen Landkreistag erarbeitet worden. Diese Mustergeschäftsverteilungspläne sehen je nach der Zahl der beim Landratsamt tätigen juristischen Staatsbeamten sowie Amtsärzten und Amtstierärzten eine unterschiedliche Zahl von Abteilungen und Sachgebieten vor. Je ein Organigramm der Mustergeschäftsverteilung für mittlere und größere Landratsämter ist im Anschluß an den Aufgabengliederungsplan abgedruckt.

Hauptgruppe 1
Zentrale Angelegenheiten

1.1 Allgemeine und grundsätzliche Angelegenheiten

Allgemeine und grundsätzliche Angelegenheiten (Kreis- und Staatsangelegenheiten)/Angelegenheiten der Kreisverfassung, Änderung des Kreisgebiets/Mitgliedschaften bei kommunalen Spitzenverbänden, Körperschaften und sonstigen Organisationen/Beziehungen zu anderen Körperschaften und Organisationen, interkommunale Zusammenarbeit/Kreisrechtssammlung

1.2 Angelegenheiten des Kreistages und seiner Ausschüsse

1.3 Organisation (einschließlich zentrale Dienste)

Aufbau- und Ablauforganisation, insbesondere: Verwaltungsgliederung und Geschäftsverteilung, innerer Dienstbetrieb, Dienstordnung/Einrichtungen des inneren Dienstbetriebs (zentrale Dienste): Postein- und -auslauf, Registratur, Mikroverfilmung, Schreibdienst, Vervielfältigung, Kommunikationseinrichtungen, Boten-, Pforten- und Fahrdienst, Hausverwaltung, Kantine, Bücherei, Amtsblatt/Rationalisierung, Organisationsuntersuchungen,

Aufgabengliederungsplan

Arbeitsplatzüberprüfungen/Personalbedarf und organisatorische Fragen des Personaleinsatzes, Personalführung, Stellenbeschreibung und -bewertung/ Verwaltung und Betrieb der Dienstgebäude (z. B. Raumbedarf, räumliche Unterbringung, Reinigung)/Verwaltungsreform, Verwaltungsvereinfachung/Vorschlags- und Vordruckwesen/Beschaffungen (mit 2.1), soweit nicht anderen Aufgabengruppen zugewiesen/Vorbereitung der Organisation für Krisenzeiten und Verteidigungsfall (mit 5.15)/Behördenselbstschutz, Warnstelle

1.4 Arbeitssicherheit

1.5 Datenverarbeitung, Informations- und Kommunikationstechniken

1.6 Presse- und Öffentlichkeitsarbeit
Verkehr mit Presse, Rundfunk und Fernsehen/Nutzung neuer Medien (z. B. Btx)/Bild- und Nachrichtendokumentation/allgemeine Bürgerberatung

1.7 Ehrungen, Auszeichnungen, Partner- und Patenschaften

1.8 Statistik (ohne Fachstatistiken)

1.9 Personalwesen
Personalplanung, Personalbeschaffung, Personaleinsatz, Personalvertretungsangelegenheiten, Mitwirkung bei der Stellenbewertung/Personalangelegenheiten der Beamten, Angestellten, Arbeiter, Versorgungsempfänger, Sonstige/Aus- und Fortbildung/Dienstaufsichtsbeschwerden und Disziplinarangelegenheiten/Soziale Betreuung der Mitarbeiter/Bezüge der Bediensteten (Besoldung, Vergütungen und Löhne einschließlich Sozialversicherung und Steuerrecht) und Entgelt für andere Beschäftigte/Versorgung und Zusatzversorgung/Reisekosten, Umzugskosten, Trennungsgeld, Aufwandsentschädigungen, Fahrtkostenzuschüsse/Unterstützungen, Vorschüsse und sonstige Angelegenheiten der Personalfürsorge

1.10 Beihilfen nach den Beihilfevorschriften

1.11 Verwaltung der Schulen

1.12 Krankenhäuser
Krankenhausplanung, Bau und Erweiterung/Verwaltung und Betrieb der Krankenhäuser/Pflegesatz- und Kostentarifangelegenheiten/Beschaffung Krankenhausbedarf/Berufsfachschulen für Krankenpflege usw./Vorbereitungen auf dem Gebiet der stationären Versorgung für Katastrophen und für Krisenzeiten einschließlich Inbetriebnahme von Hilfskrankenhäusern

1.13 Verwaltung und Betrieb der Altenheime und sonstiger sozialer Einrichtungen

1.14 Verwaltung und Betrieb sonstiger nicht sozialer Einrichtungen

1.15 Wirtschaftliche Unternehmen
Errichtung, Übernahme und Erweiterung/Verwaltung, Betrieb

1.16 Kreisrechnungsprüfung
Örtliche Rechnungs- und Kassenprüfung/Mitwirkung bei der Kassenaufsicht/Mitschreitende Rechnungsprüfung (z. B. vorherige Prüfung von Vergaben)/Prüfung der Abrechnung kreiseigener Bauten/Prüfung von Verwendungsnachweisen bei Zuwendungen des Landkreises/Prüfung der wirtschaftlichen Betätigung des Landkreises/Sonderprüfungen und gutachterliche Stellungnahmen

1.17 Datenschutz

Hauptgruppe 2
Finanzwesen

2.1 Finanzwirtschaft, Rechnungswesen
Finanz- und Investitionsplanung/Haushaltssatzung, Haushaltsplan/Ausführung des Haushaltsplans/Jahresrechnung/Auswertung von Prüfungsberichten

Aufgabengliederungsplan

2.2 Vermögen, Schulden
Erwerb und Veräußerung von Vermögen/Verwaltung und Nachweis des Vermögens und der Rücklagen/Kredite, kreditähnliche Rechtsgeschäfte, Kassenkredite

2.3 Liegenschaften

2.4 Beteiligung an wirtschaftlichen Unternehmen

2.5 Kassenwesen
Zahlungsverkehr/Verwaltung der Kassenmittel/Aufgaben einer Zahlstelle der Staatsoberkassen/Buchführung/Tages- und Zwischenabschlüsse, kassenmäßiger Abschluß/Überwachung der Sonderkassen, soweit mit der Kasse verbunden, der Zahlstellen und Handvorschüsse/Verfahren zur zwangsweisen Einziehung eigener und fremder öffentlich-rechtlicher sowie privatrechtlicher Forderungen/Verwahrung von Wertgegenständen und überwachungspflichtigen Vordrucken

2.6 Zuwendungen, Umlagen und Abgaben
Finanzausgleich, Kreisumlagen und sonstige Umlagen/Finanzielle Zuwendungen des Landkreises/Steuern, Benutzungsgebühren und Beiträge/Konzessionsverträge und -abgaben

2.7 Verwaltungskostenrecht

2.8 Versicherungen des Landkreises

2.9 Wirtschafts- und Verkehrsförderung

Hauptgruppe 3
Kommunale Angelegenheiten, Schulen und Kultur

3.1 Kommunalaufsicht
Recht der Gemeinden, Verwaltungsgemeinschaften, kommunalen Zusammenschlüsse und gemeindefreien Gebiete/Rechtsaufsicht über die Gemeinden, Verwaltungsgemeinschaften und kommunalen Zusammenschlüsse/

Stiftungsaufsicht über die von Gemeinden verwalteten kommunalen Stiftungen/Feldgeschworene/Friedhofswesen (Bestattungseinrichtungen)

3.2 Kommunales Finanzwesen

Gemeindewirtschaftsrecht sowie Wirtschaft der Verwaltungsgemeinschaften und kommunalen Zusammenschlüsse einschließlich Rechtsfragen des Bauvertrags- und Vergabewesens in diesem Bereich/Kommunale Abgaben (einschließlich Erschließungsbeiträge)/Kommunaler Finanzausgleich einschließlich der staatlichen Förderung kommunaler Maßnahmen, auch soweit sie nicht zum Finanzausgleich zählen/Sonstige Förderungen

3.3 Schulangelegenheiten

Schulrecht/Schülerbeförderung, Kostenfreiheit des Schulweges, Ausbildungs- und Begabtenförderung

3.4 Schulfinanzierungsrecht, Bereitstellung des Schulaufwands, Lernmittelfreiheit, Gastschülerbeiträge und Kostenersätze

3.5 Kirchenangelegenheiten

3.6 Kreisbildstelle

3.7 Kultur- und Heimatpflege, Erwachsenenbildung usw.

3.8 Schutz von Kulturgut

3.9 Archivangelegenheiten

3.10 Pflege des Sports

3.11 Wahlen

Europa-, Bundestags- und Landtagswahlen/Kommunalwahlen/Volksbegehren und Volksentscheide

3.12 Staatliche Rechnungsprüfung

Überörtliche Rechnungs- und Kassenprüfungen bei den kreisangehörigen Gemeinden, Verwaltungsgemeinschaften, Zweckverbänden und sonstigen öffentlich-rechtlichen kommunalen Zusammenschlüssen mit eigener Rechtspersönlichkeit, die nicht Mitglied des Bayer. Kommunalen Prüfungs-

Aufgabengliederungsplan

verbandes sind, ferner bei den kommunalen Stiftungen, die von solchen Körperschaften verwaltet werden, und auf Anforderung bei den Waldgenossenschaften/Sonderprüfungen

Hauptgruppe 4
Sozial- und Jugendwesen, Lastenausgleichs- und Vertriebenenwesen

4.1 Sozialhilfe

Aufgaben als örtlicher Träger der Sozialhilfe nach dem Bundessozialhilfegesetz/Aufgaben bei der Heranziehung als örtlicher Träger der Sozialhilfe durch den Bezirk/Fragen der Förderung der Träger der freien Wohlfahrtspflege/Zusammenarbeit mit Trägern der freien Wohlfahrtspflege und anderen Stellen/Sozialmaßnahmen außerhalb des Bundessozialhilfegesetzes (auch Beratung und Auskunftserteilung in sozialen Angelegenheiten)/Krankenversorgung nach dem LAG

4.2 Pflegschaften und Vormundschaften für Volljährige

4.3 Besondere soziale Aufgaben

Schwerbehindertenfürsorge / Kriegsopferfürsorge, Kriegsgefangenenentschädigungs- und Heimkehrergesetz / Unterhaltssicherungsgesetz / Heimgesetz/Gräbergesetz

4.4 Wohngeld

4.5 Jugendhilfe

Präventive Jugendhilfe, Jugendschutz/Aufgaben als örtlicher Träger nach dem Jugendwohlfahrtsgesetz/Pflegschaften und Vormundschaften für Minderjährige/Jugendpflege und Jugenderholung/Fragen der Förderung der Träger der freien Jugendhilfe/Zusammenarbeit mit Trägern der freien Jugendhilfe und anderen Stellen/Heimaufsicht, Schutz von Minderjährigen in Heimen / Jugendgerichtshilfe / Adoptionsvermittlung, Pflegekinderwesen/Unterhaltsvorschußgesetz/Eingliederung jugendlicher Aussiedler, Zuwanderer und gleichgestellter Personen

4.6 Kindergärten

4.7 Beratungsdienste

4.8 Sozialversicherung (Aufgaben des Staatlichen Versicherungsamtes)

4.9 Lastenausgleich und Nebengebiete
Lastenausgleichsgesetz / Feststellungsgesetz / Währungsausgleichsgesetz / Altsparergesetz / Beweissicherungs- und Feststellungsgesetz / Reparationsschädengesetz / Flüchtlingshilfegesetz / Allgemeines Kriegsfolgengesetz/ Gesetz über die zentrale Archivierung von Unterlagen aus dem Bereich des Kriegsfolgenrechts

4.10 Vertriebenenwesen
Bundesvertriebenengesetz / Häftlingshilfegesetz / Bundesevakuiertengesetz / Aussiedler und Zuwanderer

Hauptgruppe 5
Recht, Sicherheit und Ordnung

5.1 Allgemeine Rechtsangelegenheiten
Rechtsberatung für die Verwaltung in allgemeinen verfassungs- und verwaltungsrechtlichen Fragen/Mitwirkung bei Satzungen, Verordnungen, Musterverträgen, Benutzungsordnungen und sonstigen bedeutsamen Rechtsangelegenheiten/Führung von Rechtsstreitigkeiten (soweit nicht anderen Aufgabengruppen zugewiesen)/Bußgeldangelegenheiten nach dem Gesetz über Ordnungswidrigkeiten (soweit nicht anderen Aufgabengruppen zugewiesen)/Gnadensachen

5.2 Öffentliche Sicherheit und Ordnung
Sicherheitsrecht im engeren Sinn (z. B. LStVG)/Vereins- und Versammlungsrecht/Waffenrecht und Sprengstoffwesen/Sammlungsgesetz, Lotterien, Ausspielungen, Glücksspiele/Paß- und Ausweiswesen für Deutsche, Meldewesen, Bundeszentralregistergesetz/Polizei- und Ordnungswidrigkeitenrecht/Presserecht/Feiertagsgesetz

Aufgabengliederungsplan

5.3 Unterbringungsrecht

5.4 Ausländerwesen, Auswanderung

Angelegenheiten der Ausländer einschließlich Paß-, Ausweis- und Sichtvermerksangelegenheiten für Ausländer/Asylverfahrensrecht/Einreise von deutschen Volkszugehörigen aus den Ostblockstaaten/Auswanderung

5.5 Staatsangehörigkeit, Einbürgerungen

5.6 Personenstandsrecht, Standesamtsaufsicht, Namensrecht

5.7 Gewerberecht

Gewerbeordnung, gewerberechtliche Nebengebiete / Gaststättengesetz und Getränkeschankanlagenverordnung / Ladenschlußgesetz / Handwerksordnung / Kaminkehrerwesen / Bekämpfung der Schwarzarbeit

5.8 Wirtschaftssicherstellung

Versorgung mit Waren der gewerblichen Wirtschaft und mit Instandsetzungen (Werkleistungen)/Energieversorgung, Energiesicherungsgesetz/Deckung des Mob-Ergänzungsbedarfs an Bau- und Flurförderzeugen (BLG)/Mitwirkung bei der Stationierungsplanung im Bereich der Wirtschaft (mit 5.15)

5.9 Angelegenheiten der Land- und Forstwirtschaft

Landwirtschaft (Zusammenarbeit mit Verbänden)/Grundstücksverkehr/Forstrecht/Vorbereitung der Ernährungsbewirtschaftung (Ernährungsvorsorge und Ernährungssicherstellung)/Ernährungswirtschafts-Meldeverordnung

5.10 Jagd und Fischerei

5.11 Verkehrswesen (ohne Straßenverkehrsangelegenheiten)

Öffentlicher Nah- und Fernverkehr, auch Personennahverkehr (insbesondere Förderung)/Verkehrssicherstellungsgesetz/Deckung des Mob-Ergänzungsbedarfs an Kraftfahrzeugen (BLG)/Gewerbliche und wirtschaftliche Angelegenheiten der Binnenschiffahrt (soweit nicht 6.6)/Post- und Fernmeldewesen/Angelegenheiten der Deutschen Bundesbahn (ohne Planfeststellungsverfahren)

Aufgabengliederungsplan

5.12 Straßenverkehrsangelegenheiten

Straßenverkehrsrecht (StVG, StVO)/Mitwirkung bei der Verkehrsplanung/Verkehrslenkung, Verkehrssicherung/Fahrschulen, Fahrlehrer/Fahrerlaubnisse/Zulassung von Kraftfahrzeugen/gewerbsmäßiger Kraftfahrzeugverkehr, gefährliche Güter/Verkehrserziehung, Jugendverkehrsschulen/Verkehrssicherheitsberatung

5.13 Straßen- und Wegerecht

5.14 Enteignung (einschließlich Entschädigung auch nach BLG)

5.15 Brand- und Katastrophenschutz, Rettungsdienst

Vorbeugender Brandschutz/Feuerwehrwesen/Allgemeiner Katastrophenschutz, Katastrophen-Einsatzleitung, Angelegenheiten der im Katastrophenschutz mitwirkenden Hilfsorganisationen/Katastrophenschutzpläne/Katastrophenschutzübungen / Erweiterter Katastrophenschutz / Rettungsdienst, Rettungszweckverband/Lawinenwarndienst, Sturmwarndienst für Seen, Hochwasserwarndienst/Notruftelefone

5.16 Zivile Verteidigung

Koordinierung der zivilen Verteidigung/Zivil-militärische Zusammenarbeit und Pflege der Beziehungen zur Bundeswehr und zu den Stationierungsstreitkräften/Objekterfassung (Anlegung und Fortführung des Objektverzeichnisses) und Stationierungsplanung/Verwaltung von ZS-Sanitätslagern und Einrichtungsgegenständen und Geräten für Hilfskrankenhäuser/Vorbereitung von Aufenthaltsregelungen (insbesondere Evakuierungen)/Warndienst, Schutzbau, Selbstschutz/Vorbereitung der Einsatzleitung des Melde- und Lagewesens und der Sonderausstattung/Alarm- und Einsatzpläne/Bundesleistungsrecht (soweit nicht anderen Aufgabengruppen zugewiesen und ausgenommen Entschädigung)/Ausnahmen von Einschränkungen des Telefonverkehrs/UK-Stellungen (soweit nicht 1.9)/Fortbildung (Lehrgänge und Übungen)

5.17 Wehrwesen und Wehrrecht

Wehrpflichtgesetz, Zivildienstgesetz, Kriegsdienstverweigerungs-Neuordnungsgesetz/UK-Stellungen (soweit nicht 1.9)/Manöverangelegenheiten

5.18 Staats- und Verfassungsschutz, Geheimschutz

Aufgabengliederungsplan

Hauptgruppe 6
Umweltfragen, Wasserrecht

6.1 Abfallwirtschaft, Entsorgungsaufgaben

Abfallvermeidung, -verwertung und -entsorgung/Errichtung und Betrieb von Abfallentsorgungsanlagen

6.2 Abfallwirtschaft, Vollzugsaufgaben

Planfeststellung oder Genehmigung von Bauschuttdeponien, Autowrackplätzen und bestimmten weiteren Abfallentsorgungsanlagen sowie deren Überwachung/Genehmigung der Abfallentsorgung außerhalb von zugelassenen Abfallentsorgungsanlagen/Anordnung zur Beseitigung wilder Abfallablagerungen und herrenloser Autowracks/Überwachung der Besitzer von Sondermüll/Vollzug von Verordnungen nach § 14 AbfG (künftig §§ 22 ff. KrW-/AbfG)/Genehmigung des Einsammelns oder Beförderns von Abfällen/Überwachung der Altölentsorgung/Vollzug der Klärschlammverordnung

6.3 Immissionsschutz (Luftreinhaltung und Lärmschutz, Anlagensicherheit, Reststoffvermeidung und -verwertung) und Strahlenschutzvorsorge

Genehmigung, Überwachung und Anordnung bei genehmigungsbedürftigen Anlagen/Überwachung und Anordnungen bei nichtgenehmigungsbedürftigen Anlagen/Messungen und Anordnungen zur Ermittlung von Emissionen und Immissionen/Regelungen des verhaltensbezogenen Immissionsschutzes/Umweltgefährdende Stoffe und Ereignisse (Störfall-Verordnung, Chemikaliengesetz, Mitwirkung beim Transport gefährlicher Güter mit Ausnahme radioaktiver Stoffe)/Mitwirkung bei Raumordnungs-, Planfeststellungs-, Bauleitplanungs- und Baugenehmigungsverfahren/Überwachung der Umweltradioaktivität (diskontinuierliche Messungen der Gamma-Ortsdosisleistung) einschließlich Beratung der Bevölkerung über Fragen der Strahlenschutzvorsorge

6.4 Naturschutz und Landschaftspflege

Biotop- und Artenschutzkartierungen/Mitwirkung bei Bauleit-, Landschafts- und Regionalplanung/Fachplanungen des Naturschutzes und der Landschaftspflege/Schutzgebiete (Naturschutzgebiete, Naturdenkmäler, Landschaftsbestandteile, Landschaftsschutzgebiete, Naturparke)/Schutz von Feuchtflächen sowie Mager- und Trockenstandorten/Beurteilung naturschutzrechtlich relevanter Einzelvorhaben und Anordnungen nach dem Naturschutzrecht/Artenschutz-Maßnahmen/Landschaftspflegerische Maßnahmen/Förderprogramme des Naturschutzes und der Landschaftspflege/Sicherung ökologisch wertvoller Grundstücke (Ankauf, Pacht)/Betreuung von Naturschutzbeirat und Naturschutzwacht/Erholung in der freien Natur

6.5 Kreisfachberatung für Gartenbau und Landschaftspflege

6.6 Wasserrecht

Wasserhaushaltsgesetz und Bayerisches Wassergesetz/Indirekteinleiterverordnung (VGS)/Recht der Wasser- und Bodenverbände/Recht der kommunalen Zusammenschlüsse auf wasserwirtschaftlichem Gebiet/Wassersicherstellungsgesetz/Anlagen- und Fachbetriebsverordnung/Schiffahrtsordnung (soweit nicht 5.11)/Abwasserabgabenrecht/Wassernutzungsgebührenordnung/Waschmittelgesetz/Bundeswasserstraßen

Hauptgruppe 7
Bauwesen und Raumordnung

7.1 Raumordnung und Landesplanung

Staatliche Aufgaben der Raumordnung und Landesplanung (Mitwirkung bei Raumordnungsverfahren, Anpassung der Bauleitpläne, Mitteilung raumbedeutsamer Planungen und Maßnahmen, Raumbeobachtung, allgemeine Einwirkungspflicht)/Kreisaufgaben im Bereich der Landes- und Regionalplanung (Mitwirkung bei der Aufstellung, der Fortschreibung und der Verwirklichung von Zielen der Raumordnung und Landesplanung sowie sonstiger Erfordernisse der Raumordnung und Landesplanung/Stellungnahmen zu Planfeststellungs- und sonstigen Verwaltungsverfahren/Kreisentwicklungsplan

7.2 Bauleitplanung, städtebauliche Erneuerung, Städtebauförderung

Flächennutzungs- und Bebauungspläne/Regelung der baulichen und sonstigen Nutzung/Städtebauliche Sanierungs-, Erneuerungs- und Entwicklungsmaßnahmen (Städtebauförderung) sowie Dorferneuerung

Aufgabengliederungsplan

7.3 Bauaufsicht und Bodenverkehr

Bauordnung/Immissionsschutz, Wasserversorgung und Abwasserbeseitigung im baurechtlichen Vollzug/Bodenverkehr/Grundstücksbewertung (Gutachterausschuß), Kaufpreissammlung

7.4 Denkmalschutz und Denkmalpflege

7.5 Wohnungsbau

Wohnungsbauförderung (einschließlich Wohnungsmodernisierungsförderung)/Förderung von Hausschutzräumen/Wohnungsbindungsrecht, Fehlbelegungsabgabe/Wohnungsaufsicht/Zweckentfremdung von Wohnraum/Abgeschlossenheitsbescheinigung nach dem Wohnungseigentumsgesetz/Reichsheimstättenrecht/Kleingartenrecht

7.6 Hochbau

Planung und Durchführung von Hochbauten/Bautechnische Angelegenheiten des Schutzraumbaus/Unterhaltung der Gebäude und baulichen Anlagen (soweit nicht anderen Aufgabengruppen zugewiesen)/Bauliche Unterhaltung eigener Denkmäler/Planung, Entwurf, Bau, Betrieb und Unterhaltung von haus- und betriebstechnischen Anlagen und Einrichtungen/Mitwirkung beim Kulturgutschutz (3.8)/Beratung kreisangehöriger Gemeinden

7.7 Tiefbau

Straßen- und Brückenbau, -unterhaltung/Betrieb von Bauhöfen/Straßenverzeichnisse und Brückenbücher, Straßen- und Brückenkartei/Verwaltung von Straßen anderer Straßenbaulastträger

Hauptgruppe 8
Gesundheitswesen, Veterinärwesen, gesundheitlicher Verbraucherschutz

8.1 Gesundheitsförderung

- gemeindenahe Gesundheitskonferenzen und andere Abstimmungsgremien (z. B. PSAG, Suchtarbeitskreis)
- gesundheitliche Aufklärung und Beratung, insbesondere
  - – – Familienberatung und Beratung bei der Familienplanung einschließlich der Schwangerenberatung, Mütterberatung

– – Jugendgesundheitspflege
– – Beratung für Menschen, die an einer Sucht oder einer psychischen Krankheit oder an einer Behinderung leiden oder davon bedroht sind
– – Beratung für Menschen, die an einer übertragbaren Krankheit leiden oder von ihr bedroht sind

8.2 Seuchenhygiene
- Verhütung und Bekämpfung übertragbarer Krankheiten
- Hygieneüberwachung einschließlich Bestattungsrecht
- Trink-, Badewasser- und Badegewässerhygiene
- Mitwirkung beim Zivil- und Katastrophenschutz
- Mitwirkung in Verwaltungsverfahren (z. B. bau- und wasserrechtliche Verfahren)

8.3 Umwelthygiene
- Beobachtung und Bewertung der Auswirkungen von Umwelteinflüssen auf die Gesundheit

8.4 Medizinisches Gutachtenwesen
- Erstellung von Gutachten und Zeugnissen aufgrund von Rechts- und Verwaltungsvorschriften
- Erstellung von Gutachten und Zeugnissen im gerichtsärztlichen Dienst

8.5 Heilpraktiker- und Hebammenrecht, Aufsicht über die Berufe des Gesundheitswesens

8.6 Apothekenwesen

8.7 Mitwirkung bei der Überwachung des Betäubungsmittelverkehrs bei Ärzten, Zahnärzten, in Apotheken und in Krankenhäusern

8.8 Chemikaliengesetz (Giftwesen)

8.9 Gesundheitsberichterstattung

8.10 Vollzugsärztlicher Dienst bei den Justizvollzugsanstalten

Aufgabengliederungsplan

8.11 Tierseuchenbekämpfung
- Bekämpfungsmaßnahmen im Seuchenfall (Tierseuchenrecht), einschließlich Entschädigungen und Beihilfen
- Durchführung von systematischen Bekämpfungsprogrammen
- Überwachung des Viehverkehrs
- Verbringen, Ein-, Aus- und Durchfuhr von lebenden Tieren und Waren
- Beratung der Tierhalter und Tierärzte

8.12 Tierkörperbeseitigung

8.13 Tierschutz
- Überwachung von Nutztierhaltungen und sonstigen nach Tierschutzrecht überwachungspflichtigen Einrichtungen und Betrieben
- Beseitigung und Ahndung tierschutzwidriger Zustände
- Beratung von Tierhaltern

8.14 Tiergesundheit und Tierarzneimittel
- Erhaltung und Verbesserung der Tiergesundheit durch Beratung bei Aufzucht, Haltung und Zucht und Überwachung der Futtermittelherstellung
- Mitwirkung bei der Überwachung des Tierarzneimittelverkehrs
- Mitwirkung bei der Überwachung des Betäubungsmittelverkehrs bei Tierärzten, in tierärztlichen Hausapotheken und in Tierkliniken

8.15 Aufsicht über die Berufe des Veterinärwesens

8.16 Fleisch- und Geflügelfleischhygiene
- Amtliche Untersuchungen
- Fleisch-, Geflügelfleischhygieneüberwachung
- Überwachung des Warenverkehrs (innergemeinschaftliches Verbringen, Ein- und Ausfuhr, Durchfuhr)

8.17 Lebensmittelüberwachung
- Lebensmittelrecht einschließlich Weinrecht und lebensmittelrechtlicher Nebengebiete

Aufgabengliederungsplan

- Überwachung von Lebensmitteln, Tabakwaren, kosmetischen Mitteln, Bedarfsgegenständen und sonstigen Gegenständen im Sinne des LMBG
- Hygieneüberwachung von Lebensmittelbetrieben
- Lebensmittel-Monitoring
- Mitwirkung bei der Überwachung der Preisangabenverordnung
- Mitwirkung bei der Überwachung von Getränkeschankanlagen in hygienischer Hinsicht
- Mitwirkung bei Erhebungen nach der Ernährungswirtschaftsmeldeverordnung
- Vollzug des Strahlenschutzvorsorgegesetzes, soweit Aufgaben der Lebensmittelüberwachung betroffen sind

Organigramm der Mustergeschäftsverteilung für größere Landratsämter

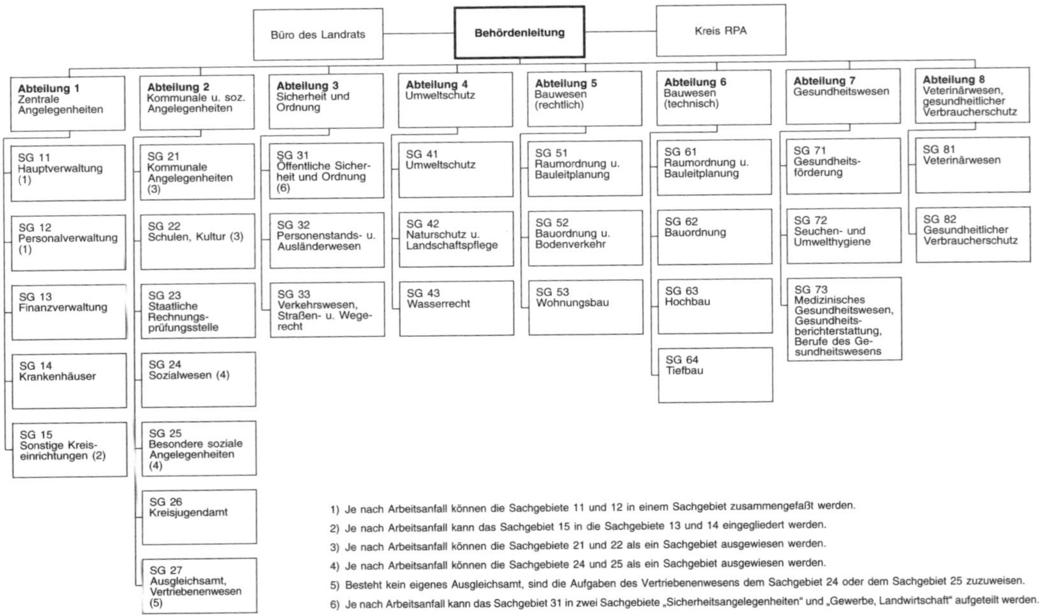

- Büro des Landrats
- **Behördenleitung**
- Kreis RPA

Abteilung 1 Zentrale Angelegenheiten
- SG 11 Hauptverwaltung (1)
- SG 12 Personalverwaltung (1)
- SG 13 Finanzverwaltung
- SG 14 Krankenhäuser
- SG 15 Sonstige Kreiseinrichtungen (2)

Abteilung 2 Kommunale u. soz. Angelegenheiten
- SG 21 Kommunale Angelegenheiten (3)
- SG 22 Schulen, Kultur (3)
- SG 23 Staatliche Rechnungsprüfungsstelle
- SG 24 Sozialwesen (4)
- SG 25 Besondere soziale Angelegenheiten (4)
- SG 26 Kreisjugendamt
- SG 27 Ausgleichsamt, Vertriebenenwesen (5)

Abteilung 3 Sicherheit und Ordnung
- SG 31 Öffentliche Sicherheit und Ordnung (6)
- SG 32 Personenstands- u. Ausländerwesen
- SG 33 Verkehrswesen, Straßen- u. Wegerecht

Abteilung 4 Umweltschutz
- SG 41 Umweltschutz
- SG 42 Naturschutz u. Landschaftspflege
- SG 43 Wasserrecht

Abteilung 5 Bauwesen (rechtlich)
- SG 51 Raumordnung u. Bauleitplanung
- SG 52 Bauordnung u. Bodenverkehr
- SG 53 Wohnungsbau

Abteilung 6 Bauwesen (technisch)
- SG 61 Raumordnung u. Bauleitplanung
- SG 62 Bauordnung
- SG 63 Hochbau
- SG 64 Tiefbau

Abteilung 7 Gesundheitswesen
- SG 71 Gesundheitsförderung
- SG 72 Seuchen- und Umwelthygiene
- SG 73 Medizinisches Gesundheitswesen, Gesundheitsberichterstattung, Berufe des Gesundheitswesens

Abteilung 8 Veterinärwesen, gesundheitlicher Verbraucherschutz
- SG 81 Veterinärwesen
- SG 82 Gesundheitlicher Verbraucherschutz

1) Je nach Arbeitsanfall können die Sachgebiete 11 und 12 in einem Sachgebiet zusammengefaßt werden.
2) Je nach Arbeitsanfall kann das Sachgebiet 15 in die Sachgebiete 13 und 14 eingegliedert werden.
3) Je nach Arbeitsanfall können die Sachgebiete 21 und 22 als ein Sachgebiet ausgewiesen werden.
4) Je nach Arbeitsanfall können die Sachgebiete 24 und 25 als ein Sachgebiet ausgewiesen werden.
5) Besteht kein eigenes Ausgleichsamt, sind die Aufgaben des Vertriebenenwesens dem Sachgebiet 24 oder dem Sachgebiet 25 zuzuweisen.
6) Je nach Arbeitsanfall kann das Sachgebiet 31 in zwei Sachgebiete „Sicherheitsangelegenheiten" und „Gewerbe, Landwirtschaft" aufgeteilt werden.

Organigramm der Mustergeschäftsverteilung für mittlere Landratsämter

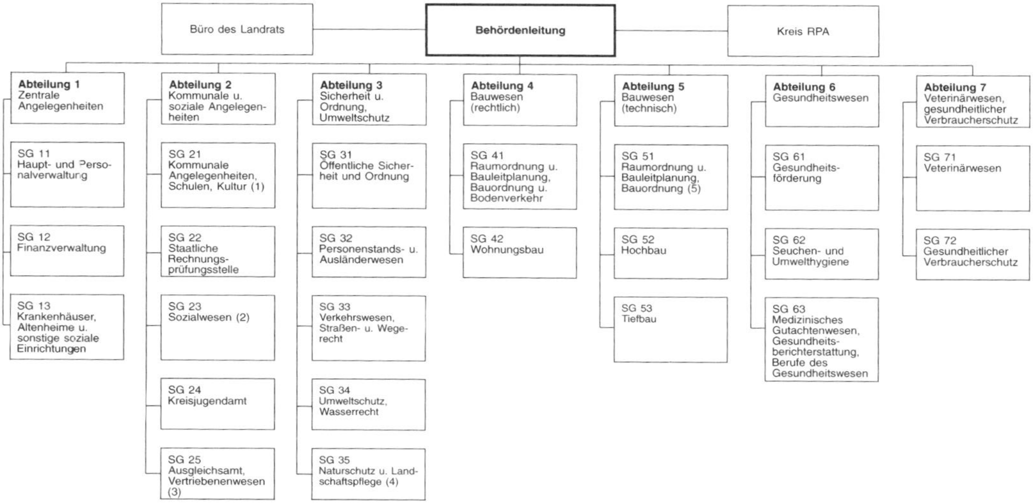

Behördenleitung

- Büro des Landrats
- Kreis RPA

Abteilung 1 Zentrale Angelegenheiten
- SG 11 Haupt- und Personalverwaltung
- SG 12 Finanzverwaltung
- SG 13 Krankenhäuser, Altenheime u. sonstige soziale Einrichtungen

Abteilung 2 Kommunale u. soziale Angelegenheiten
- SG 21 Kommunale Angelegenheiten, Schulen, Kultur (1)
- SG 22 Staatliche Rechnungsprüfungsstelle
- SG 23 Sozialwesen (2)
- SG 24 Kreisjugendamt
- SG 25 Ausgleichsamt, Vertriebenenwesen (3)

Abteilung 3 Sicherheit u. Ordnung, Umweltschutz
- SG 31 Öffentliche Sicherheit und Ordnung
- SG 32 Personenstands- u. Ausländerwesen
- SG 33 Verkehrswesen, Straßen- u. Wegerecht
- SG 34 Umweltschutz, Wasserrecht
- SG 35 Naturschutz u. Landschaftspflege (4)

Abteilung 4 Bauwesen (rechtlich)
- SG 41 Raumordnung u. Bauleitplanung, Bauordnung u. Bodenverkehr
- SG 42 Wohnungsbau

Abteilung 5 Bauwesen (technisch)
- SG 51 Raumordnung u. Bauleitplanung, Bauordnung (5)
- SG 52 Hochbau
- SG 53 Tiefbau

Abteilung 6 Gesundheitswesen
- SG 61 Gesundheitsförderung
- SG 62 Seuchen- und Umwelthygiene
- SG 63 Medizinisches Gutachterwesen, Gesundheitsberichterstattung, Berufe des Gesundheitswesens

Abteilung 7 Veterinärwesen, gesundheitlicher Verbraucherschutz
- SG 71 Veterinärwesen
- SG 72 Gesundheitlicher Verbraucherschutz

1) Je nach Arbeitsanfall kann das Sachgebiet 21 in zwei Sachgebiete „Kommunale Angelegenheiten" und „Schulen, Kultur" aufgeteilt werden.
2) Je nach Arbeitsanfall kann das Sachgebiet 23 in zwei Sachgebiete „Sozialwesen" und „Besondere soziale Angelegenheiten" aufgeteilt werden.
3) Besteht kein eigenes Ausgleichsamt, sind die Aufgaben des Vertriebenenwesens dem Sachgebiet 23 zuzuweisen.
4) Je nach den örtlichen Verhältnissen kann das Sachgebiet 35 auch der Abteilung 4 zugeordnet werden.
5) Das Sachgebiet 51 kann auch in die Abteilung 4 eingegliedert werden, in diesem Fall ist es zweckmäßig, die Sachgebiete 52 und 53 der Abteilung 1 zuzuweisen.

Grundgesetz
für die Bundesrepublik Deutschland

vom 23. Mai 1949 (BGBl. I S. 1) mit späteren Änderungen

– Auszug –

Art. 28 (Landesverfassungen: Homogenitätsklauseln, Garantie der kommunalen Selbstverwaltung, Gewährleistungspflicht des Bundes)

(1) Die verfassungsmäßige Ordnung in den Ländern muß den Grundsätzen des republikanischen, demokratischen und sozialen Rechtsstaates im Sinne dieses Grundgesetzes entsprechen. In den Ländern, Kreisen und Gemeinden muß das Volk eine Vertretung haben, die aus allgemeinen, unmittelbaren, freien, gleichen und geheimen Wahlen hervorgegangen ist. Bei Wahlen in Kreisen und Gemeinden sind auch Personen, die die Staatsangehörigkeit eines Mitgliedstaates der Europäischen Gemeinschaft besitzen, nach Maßgabe von Recht der Europäischen Gemeinschaft wahlberechtigt und wählbar. In Gemeinden kann an die Stelle einer gewählten Körperschaft die Gemeindeversammlung treten.

(2) Den Gemeinden muß das Recht gewährleistet sein, alle Angelegenheiten der örtlichen Gemeinschaft im Rahmen der Gesetze in eigener Verantwortung zu regeln. Auch die Gemeindeverbände haben im Rahmen ihres gesetzlichen Aufgabenbereiches nach Maßgabe der Gesetze das Recht der Selbstverwaltung. Die Gewährleistung der Selbstverwaltung umfaßt auch die Grundlagen der finanziellen Eigenverantwortung; zu diesen Grundlagen gehört eine den Gemeinden mit Hebesatzrecht zustehende wirtschaftsbezogene Steuerquelle.

(3) Der Bund gewährleistet, daß die verfassungsmäßige Ordnung der Länder den Grundrechten und den Bestimmungen der Absätze 1 und 2 entspricht.

Art. 105 (Spezielle Regelung der Gesetzgebungskompetenzen)

(1) Der Bund hat die ausschließliche Gesetzgebung über die Zölle und Finanzmonopole.

(2) Der Bund hat die konkurrierende Gesetzgebung über die übrigen Steuern, wenn ihm das Aufkommen dieser Steuern ganz oder zum Teil zusteht oder die Voraussetzungen des Artikels 72 Abs. 2 vorliegen.

(2a) Die Länder haben die Befugnis zur Gesetzgebung über die örtlichen Vebrauch- und Aufwandsteuern, solange und soweit sie nicht bundesgesetzlich geregelten Steuern gleichartig sind.

(3) Bundesgesetze über Steuern, deren Aufkommen den Ländern oder den Gemeinden (Gemeindeverbänden) ganz oder zum Teil zufließt, bedürfen der Zustimmung des Bundesrates.

Art. 106 (Verteilung des Ertrags der Finanzmonopole und des Steueraufkommens zwischen Bund und Ländern einschließlich der Gemeinden)

(1) Der Ertrag der Finanzmonopole und das Aufkommen der folgenden Steuern stehen dem Bund zu:
1. die Zölle,
2. die Verbrauchsteuern, soweit sie nicht nach Absatz 2 den Ländern, nach Absatz 3 Bund und Ländern gemeinsam oder nach Absatz 6 den Gemeinden zustehen,
3. die Straßengüterverkehrsteuer,
4. die Kapitalverkehrsteuern, die Versicherungsteuer und die Wechselsteuer,
5. die einmaligen Vermögensabgaben und die zur Durchführung des Lastenausgleichs erhobenen Ausgleichsabgaben,
6. die Ergänzungsabgabe zur Einkommensteuer und zur Körperschaftsteuer,
7. Abgaben im Rahmen der Europäischen Gemeinschaften.

(2) Das Aufkommen der folgenden Steuern steht den Ländern zu:
1. die Vermögensteuer,
2. die Erbschaftsteuer,
3. die Kraftfahrzeugsteuer,
4. die Verkehrsteuern, soweit sie nicht nach Absatz 1 dem Bund oder nach Absatz 3 Bund und Ländern gemeinsam zustehen,
5. die Biersteuer,
6. die Abgabe von Spielbanken.

(3) Das Aufkommen der Einkommensteuer, der Körperschaftsteuer und der Umsatzsteuer steht dem Bund und den Ländern gemeinsam zu (Gemeinschaftsteuern), soweit das Aufkommen der Einkommensteuer nicht nach Absatz 5 und das Aufkommen der Umsatzsteuer nicht nach Absatz 5 a den

Gemeinden zugewiesen wird. Am Aufkommen der Einkommensteuer und der Körperschaftsteuer sind der Bund und die Länder je zur Hälfte beteiligt. Die Anteile von Bund und Ländern an der Umsatzsteuer werden durch Bundesgesetz, das der Zustimmung des Bundesrates bedarf, festgesetzt. Bei der Festsetzung ist von folgenden Grundsätzen auszugehen:

1. Im Rahmen der laufenden Einnahmen haben der Bund und die Länder gleichmäßig Anspruch auf Deckung ihrer notwendigen Ausgaben. Dabei ist der Umfang der Ausgaben unter Berücksichtigung einer mehrjährigen Finanzplanung zu ermitteln.
2. Die Deckungsbedürfnisse des Bundes und der Länder sind so aufeinander abzustimmen, daß ein billiger Ausgleich erzielt, eine Überbelastung der Steuerpflichtigen vermieden und die Einheitlichkeit der Lebensverhältnisse im Bundesgebiet gewahrt wird.

(4) Die Anteile von Bund und Ländern an der Umsatzsteuer sind neu festzusetzen, wenn sich das Verhältnis zwischen den Einnahmen und Ausgaben des Bundes und der Länder wesentlich anders entwickelt. Werden den Ländern durch Bundesgesetz zusätzliche Ausgaben auferlegt oder Einnahmen entzogen, so kann die Mehrbelastung durch Bundesgesetz, das der Zustimmung des Bundesrates bedarf, auch mit Finanzzuweisungen des Bundes ausgeglichen werden, wenn sie auf einen kurzen Zeitraum begrenzt ist. In dem Gesetz sind die Grundsätze für die Bemessung dieser Finanzzuweisungen und für ihre Verteilung auf die Länder zu bestimmen.

(5) Die Gemeinden erhalten einen Anteil an dem Aufkommen der Einkommensteuer, der von den Ländern an ihre Gemeinden auf der Grundlage der Einkommensteuerleistungen ihrer Einwohner weiterzuleiten ist. Das Nähere bestimmt ein Bundesgesetz, das der Zustimmung des Bundesrates bedarf. Es kann bestimmen, daß die Gemeinden Hebesätze für den Gemeindeanteil festsetzen.

(5 a) Die Gemeinden erhalten ab dem 1. Januar 1998 einen Anteil an dem Aufkommen der Umsatzsteuer. Er wird von den Ländern auf der Grundlage eines orts- und wirtschaftsbezogenen Schlüssels an ihre Gemeinden weitergeleitet. Das Nähere wird durch Bundesgesetz, das der Zustimmung des Bundesrates bedarf, bestimmt.

(6) Das Aufkommen der Grundsteuer und Gewerbesteuer steht den Gemeinden, das Aufkommen der örtlichen Verbrauch- und Aufwandsteuern steht den Gemeinden oder nach Maßgabe der Landesgesetzgebung den Gemeindeverbänden zu. Den Gemeinden ist das Recht einzuräumen, die Hebe-

sätze der Grundsteuer und Gewerbesteuer im Rahmen der Gesetze festzusetzen. Bestehen in einem Land keine Gemeinden, so steht das Aufkommen der Grundsteuer und Gewerbesteuer sowie der örtlichen Verbrauch- und Aufwandsteuern dem Land zu. Bund und Länder können durch eine Umlage an dem Aufkommen der Gewerbesteuer beteiligt werden. Das Nähere über die Umlage bestimmt ein Bundesgesetz, das der Zustimmung des Bundesrates bedarf. Nach Maßgabe der Landesgesetzgebung können die Grundsteuer und Gewerbesteuer sowie der Gemeindeanteil vom Aufkommen der Einkommensteuer und der Umsatzsteuer als Bemessungsgrundlagen für Umlagen zugrunde gelegt werden.

(7) Von dem Länderanteil am Gesamtaufkommen der Gemeinschaftsteuern fließt den Gemeinden und Gemeindeverbänden insgesamt ein von der Landesgesetzgebung zu bestimmender Hundertsatz zu. Im übrigen bestimmt die Landesgesetzgebung, ob und inwieweit das Aufkommen der Landessteuern den Gemeinden (Gemeindeverbänden) zufließt.

(8) Veranlaßt der Bund in einzelnen Ländern oder Gemeinden (Gemeindeverbänden) besondere Einrichtungen, die diesen Ländern oder Gemeinden (Gemeindeverbänden) unmittelbar Mehrausgaben oder Mindereinnahmen (Sonderbelastungen) verursachen, gewährt der Bund den erforderlichen Ausgleich, wenn und soweit den Ländern oder Gemeinden (Gemeindeverbänden) nicht zugemutet werden kann, die Sonderbelastungen zu tragen. Entschädigungsleistungen Dritter und finanzielle Vorteile, die diesen Ländern oder Gemeinden (Gemeindeverbänden) als Folge der Einrichtungen erwachsen, werden bei dem Ausgleich berücksichtigt.

(9) Als Einnahmen und Ausgaben der Länder im Sinne dieses Artikels gelten auch die Einnahmen und Ausgaben der Gemeinden (Gemeindeverbände).

Art. 106a (Öffentlicher Personennahverkehr)

Den Ländern steht ab 1. Januar 1996 für den öffentlichen Personennahverkehr ein Betrag aus dem Steueraufkommen des Bundes zu. Das Nähere regelt ein Bundesgesetz, das der Zustimmung des Bundesrates bedarf. Der Betrag nach Satz 1 bleibt bei der Bemessung der Finanzkraft nach Artikel 107 Abs. 2 unberücksichtigt.

Art. 107 (Finanzausgleich, Ergänzungszuweisungen)

(1) Das Aufkommen der Landessteuern und der Länderanteil am Aufkommen der Einkommensteuer und der Körperschaftsteuer stehen den ein-

zelnen Ländern insoweit zu, als die Steuern von den Finanzbehörden in ihrem Gebiet vereinnahmt werden (örtliches Aufkommen). Durch Bundesgesetz, das der Zustimmung des Bundesrates bedarf, sind für die Körperschaftsteuer und die Lohnsteuer nähere Bestimmungen über die Abgrenzung sowie über Art und Umfang der Zerlegung des örtlichen Aufkommens zu treffen. Das Gesetz kann auch Bestimmungen über die Abgrenzung und Zerlegung des örtlichen Aufkommens anderer Steuern treffen. Der Länderanteil am Aufkommen der Umsatzsteuer steht den einzelnen Ländern nach Maßgabe ihrer Einwohnerzahl zu; für einen Teil, höchstens jedoch für ein Viertel dieses Länderanteils, können durch Bundesgesetz, das der Zustimmung des Bundesrates bedarf, Ergänzungsanteile für die Länder vorgesehen werden, deren Einnahmen aus den Landessteuern und aus der Einkommensteuer und der Körperschaftsteuer je Einwohner unter dem Durchschnitt der Länder liegen.

(2) Durch das Gesetz ist sicherzustellen, daß die unterschiedliche Finanzkraft der Länder angemessen ausgeglichen wird; hierbei sind die Finanzkraft und der Finanzbedarf der Gemeinden (Gemeindeverbände) zu berücksichtigen. Die Voraussetzungen für die Ausgleichsansprüche der ausgleichsberechtigten Länder und für die Ausgleichsverbindlichkeiten der ausgleichspflichtigen Länder sowie die Maßstäbe für die Höhe der Ausgleichsleistungen sind in dem Gesetz zu bestimmen. Es kann auch bestimmen, daß der Bund aus seinen Mitteln leistungsschwachen Ländern Zuweisungen zur ergänzenden Deckung ihres allgemeinen Finanzbedarfs (Ergänzungszuweisungen) gewährt.

Art. 108 (Finanzverwaltung, bundesgesetzliche Regelung der Finanzgerichtsbarkeit)

(1) Zölle, Finanzmonopole, die bundesgesetzlich geregelten Verbrauchsteuern einschließlich der Einfuhrumsatzsteuer und die Abgaben im Rahmen der Europäischen Gemeinschaften werden durch Bundesfinanzbehörden verwaltet. Der Aufbau dieser Behörden wird durch Bundesgesetz geregelt. Die Leiter der Mittelbehörden sind im Benehmen mit den Landesregierungen zu bestellen.

(2) Die übrigen Steuern werden duch Landesfinanzbehörden verwaltet. Der Aufbau dieser Behörden und die einheitliche Ausbildung der Beamten können durch Bundesgesetz mit Zustimmung des Bundesrates geregelt werden. Die Leiter der Mittelbehörden sind im Einvernehmen mit der Bundesregierung zu bestellen.

(3) Verwalten die Landesfinanzbehörden Steuern, die ganz oder zum Teil dem Bund zufließen, so werden sie im Auftrage des Bundes tätig. Artikel 85 Abs. 3 und 4 gilt mit der Maßgabe, daß an die Stelle der Bundesregierung der Bundesminister der Finanzen tritt.

(4) Durch Bundesgesetz, das der Zustimmung des Bundesrates bedarf, kann bei der Verwaltung von Steuern ein Zusammenwirken von Bundes- und Landesfinanzbehörden sowie für Steuern, die unter Absatz 1 fallen, die Verwaltung durch Landesfinanzbehörden und für andere Steuern die Verwaltung durch Bundesfinanzbehörden vorgesehen werden, wenn und soweit dadurch der Vollzug der Steuergesetze erheblich verbessert oder erleichtert wird. Für die den Gemeinden (Gemeindeverbänden) allein zufließenden Steuern kann die den Landesfinanzbehörden zustehende Verwaltung durch die Länder ganz oder zum Teil den Gemeinden (Gemeindeverbänden) übertragen werden.

(5) Das von den Bundesfinanzbehörden anzuwendende Verfahren wird durch Bundesgesetz geregelt. Das von den Landesfinanzbehörden und in den Fällen des Absatzes 4 Satz 2 von den Gemeinden (Gemeindeverbänden) anzuwendende Verfahren kann durch Bundesgesetz mit Zustimmung des Bundesrates geregelt werden.

(6) Die Finanzgerichtsbarkeit wird durch Bundesgesetz einheitlich geregelt.

(7) Die Bundesregierung kann allgemeine Verwaltungsvorschriften erlassen, und zwar mit Zustimmung des Bundesrates, soweit die Verwaltung den Landesfinanzbehörden oder Gemeinden (Gemeindeverbänden) obliegt.

XI. Übergangs- und Schlußbestimmungen

Artikel 116 (Deutscher im Sinne des Grundgesetzes, deutsche Staatsangehörigkeit)

(1) Deutscher im Sinne dieses Grundgesetzes ist vorbehaltlich anderweitiger gesetzlicher Regelung, wer die deutsche Staatsangehörigkeit besitzt oder als Flüchtling oder Vertriebener deutscher Volkszugehörigkeit oder als dessen Ehegatte oder Abkömmling in dem Gebiete des Deutschen Reiches nach dem Stande vom 31. Dezember 1937 Aufnahme gefunden hat.

Verfassung des Freistaates Bayern

vom 2. Dezember 1946 in der Fassung der Bekanntmachung
v. 15. Dezember 1998 (GVBl. S. 991, BayRS 100-1-5).

– Auszug –

Art. 9 (Gliederung des Staatsgebiets)

(1) Das Staatsgebiet gliedert sich in Kreise (Regierungsbezirke); die Abgenzung erfolgt durch Gesetz.

(2) ¹Die Kreise sind in Bezirke eingeteilt; die kreisunmittelbaren Städte stehen den Bezirken gleich. ²Die Einteilung wird durch Rechtsverordnung der Staatsregierung bestimmt; hierzu ist die vorherige Genehmigung des Landtags einzuholen.

Art. 10 (Gemeindeverbände)

(1) Für das Gebiet jedes Kreises und jedes Bezirks besteht ein Gemeindeverband als Selbstverwaltungskörper.

(2) Der eigene Wirkungskreis der Gemeindeverbände wird durch die Gesetzgebung bestimmt.

(3) ¹Den Gemeindeverbänden können durch Gesetz weitere Aufgaben übertragen werden, die sie namens des Staates zu erfüllen haben. ²Sie besorgen diese Aufgaben entweder nach den Weisungen der Staatsbehörden oder kraft besonderer Bestimmung selbständig.

(4) Das wirtschaftliche und kulturelle Eigenleben im Bereich der Gemeindeverbände ist vor Verödung zu schützen.

Art. 11 (Gemeinden)

(1) ¹Jeder Teil des Staatsgebiets ist einer Gemeinde zugewiesen. ²Eine Ausnahme hiervon machen bestimmte unbewohnte Flächen (ausmärkische Gebiete).

(2) ¹Die Gemeinden sind ursprüngliche Gebietskörperschaften des öffentlichen Rechts. ²Sie haben das Recht, ihre eigenen Angelegenheiten im Rahmen der Gesetze selbst zu ordnen und zu verwalten, insbesondere ihre Bürgermeister und Vertretungskörper zu wählen.

(3) Durch Gesetz können den Gemeinden Aufgaben übertragen werden, die sie namens des Staates zu erfüllen haben.

(4) Die Selbstverwaltung der Gemeinden dient dem Aufbau der Demokratie in Bayern von unten nach oben.

(5) Für die Selbstverwaltung in der Gemeinde gilt der Grundsatz der Gleichheit der politischen Rechte und Pflichten aller in der Gemeinde wohnenden Staatsbürger.

Art. 12 (Kommunalwahlen; kommunales Vermögen)

(1) Die Grundsätze für die Wahl zum Landtag gelten auch für die Gemeinden und Gemeindeverbände.

(2) ¹Das Vermögen der Gemeinden und Gemeindeverbände kann unter keinen Umständen zum Staatsvermögen gezogen werden. ²Die Vergabung solchen Vermögens ist unzulässig.

(3) ¹Die Staatsbürger haben das Recht, Angelegenheiten des eigenen Wirkungskreises der Gemeinden und Landkreise durch Bürgerbegehren und Bürgerentscheid zu regeln. ²Das Nähere regelt ein Gesetz.

Art. 83 (Wirkungskreis der Gemeinden)

(1) In den eigenen Wirkungskreis der Gemeinden (Art. 11 Abs. 2) fallen insbesondere die Verwaltung des Gemeindevermögens und der Gemeindebetriebe; der örtliche Verkehr nebst Straßen- und Wegebau; die Versorgung der Bevölkerung mit Wasser, Licht, Gas und elektrischer Kraft; Einrichtungen zur Sicherung der Ernährung; Ortsplanung, Wohnungsbau und Wohnungsaufsicht; örtliche Polizei, Feuerschutz; örtliche Kulturpflege; Volks- und Berufsschulwesen und Erwachsenenbildung; Vormundschaftswesen und Wohlfahrtspflege; örtliches Gesundheitswesen; Ehe- und Mütterberatung sowie Säuglingspflege; Schulhygiene und körperliche Ertüchtigung der Jugend; öffentliche Bäder; Totenbestattung; Erhaltung ortsgeschichtlicher Denkmäler und Bauten.

(2) ¹Die Gemeinden sind verpflichtet, einen Haushaltsplan aufzustellen. ²Sie haben das Recht, ihren Bedarf durch öffentliche Abgaben zu decken.

(3) Bei Übertragung staatlicher Aufgaben an die Gemeinden sind gleichzeitig die notwendigen Mittel zu erschließen.

(4) ¹Die Gemeinden unterstehen der Aufsicht der Staatsbehörden. ²In den Angelegenheiten des eigenen Wirkungskreises der Gemeinden wacht der Staat nur über die Erfüllung der gesetzlichen Pflichten und die Einhaltung der gesetzlichen Vorschriften durch die Gemeinden. ³In den Angelegenheiten des übertragenen Wirkungskreises sind die Gemeinden überdies an die Weisungen der übergeordneten Staatsbehörden gebunden. ⁴Der Staat schützt die Gemeinden bei Durchführung ihrer Aufgaben.

(5) Verwaltungsstreitigkeiten zwischen den Gemeinden und dem Staate werden von den Verwaltungsgerichten entschieden.

(6) Die Bestimmungen der Abs. 2 mit 5 gelten auch für die Gemeindeverbände.

(7) Die kommunalen Spitzenverbände sollen durch die Staatsregierung rechtzeitig gehört werden, bevor durch Gesetz oder Rechtsverordnung Angelegenheiten geregelt werden, welche die Gemeinden oder die Gemeindeverbände berühren.

Stichwortverzeichnis

Die Zahlen bedeuten die Artikel bzw. die Paragraphen, die zwischen Klammern stehenden Zahlen deren Absätze. Bei der Einführung (E) ist auf die Seiten verwiesen.

E 8 = Einführung Seite 8, GO 34 (1) = Art. 34 Abs. 1 Gemeindeordnung, LKrO 17 = Art. 17 Landkreisordnung, VGemO 6 (1) = Art. 6 Abs. 1 Verwaltungsgemeinschaftsordnung, MGO 28 = § 28 Mustergeschäftsordnung, BV 83 (1) = Art. 83 Abs. 1 Bayerische Verfassung, GG 28 (2) = Art. 28 Abs. 2 Grundgesetz, GrKrV 1 = § 1 Verordnung über Aufgaben der Großen Kreisstädte.

A

Abfallentsorgung GO 24 (1)
Abführungspflicht von Entschädigungen GO 20a (4); LKrO 14a (3)
Abgaben E 21; GO 22 (2), 62 (1); LKrO 16 (2), 56 (1); GG 106 (6); BV 83 (2)
Abgabesätze GO 63 (2); LKrO 57 (2)
Ablehnung
    von Ehrenämtern E 8; GO 19 (2); LKrO 13 (2)
Ablösung
    von Nutzungsrechten GO 82
Abschlussprüfung GO 107; LKrO 93
Abschriften
    von Sitzungsniederschriften E 18; GO 54 (3); LKrO 48 (2); MGO 27
Abstimmung
    bei Gebietsänderung GO 11; LKrO 8
    in den Gemeindeorganen (Kreisorganen) E 18; GO 51; LKrO 45; MGO 24
Abstimmungszwang E 18; GO 48; LKrO 42; MGO 7
Änderung
    des Gebietes GO 11; LKrO 8, 9
    der Haushaltssatzung GO 68 (1); LKrO 62 (1)
    des Namens GO 2 (2)
    im Bestand LKrO 8, 9
    von Namen und Sitz einer Verwaltungsgemeinschaft VGemO 3 (2)
    von Wappen und Fahnen GO 4 (1); LKrO 3 (1)
Aktenvorlage GO 111; LKrO 97

Die Zahlen bedeuten die Artikel bzw. die Paragraphen, die zwischen Klammern
stehenden Zahlen deren Absätze. Bei der Einführung (E) ist auf die Seiten verwiesen.

Allseitiger Wirkungskreis E 9; GO 6; LKrO 4
Alter
    als Ablehnungsgrund für ein Ehrenamt E 8; GO 19 (2); LKrO 13 (2)
    als Voraussetzung für das Wahlrecht und die Wählbarkeit E 8
Amtsblatt
    der Gemeinde GO 26 (2)
    des Landkreises, Landratsamts GO 26 (2); LKrO 20 (2); VGemO 10 (1)
    der Regierung, des Bezirks GO 14 (1); LKrO 10 (1)
    für Verwaltungsgemeinschaften GO 26 (2); VGemO 10 (1)
Amtsdauer
    des ersten Bürgermeisters (Landrats) GO 34 (5); LKrO 31 (1)
    des Gemeinderats (Kreistags) E 17; GO 31 (2); LKrO 12
    des Gemeinschaftsvorsitzenden E 29; VGemO 6 (3)
Amtsgeheimnis GO 20, 56a; LKrO 14, 50a
Amtshaftung LKrO 35 (3), 37 (5)
Amtsniederlegung E 8; GO 19 (4); LKrO 13 (4)
Amtsverlust
    des ersten Bürgermeisters (Landrats) GO 34 (6); LKrO 31 (2)
Amtszeit
    des ersten Bürgermeisters (Landrats) GO 34 (5); LKrO 31 (1)
    des Gemeinderats (Kreistags) E 17; GO 31 (2); LKrO 12
Anfechtung
    von aufsichtlichen Verfügungen E 25; GO 120; LKrO 106
    von Verwaltungsakten der Gemeinde (des Landkreises) GO 119;
    LKrO 105
Anfragen im Kreistag (Ausschuß) MGO 25
Angelegenheiten
    eigene E 11; GO 7, 57; LKrO 4, 5, 51, 52; BV 83 (1)
    laufende E 13, 30; GO 37 (1); LKrO 34 (1); VGemO 4 (2)
    örtliche E 9; GO 7, 57; BV 83 (1)
    überörtliche E 10; LKrO 4, 5, 51, 52
    übertragene E 11, 27; GO 8, 9, 37 (2), 58; LKrO 6, 34 (2), 53;
    VGemO 4 (1); GrKrV 1; BV 83
    unaufschiebbare E 14; GO 37 (3); LKrO 34 (3); MGO 42
Angemessenheit
    der Arbeitsbedingungen, Löhne und Gehälter GO 43 (4); LKrO 38 (4)
    der Entschädigung für ehrenamtlich Tätige GO 20a; LKrO 14a

Die Zahlen bedeuten die Artikel bzw. die Paragraphen, die zwischen Klammern stehenden Zahlen deren Absätze. Bei der Einführung (E) ist auf die Seiten verwiesen.

Angestellte
siehe Gemeindebedienstete (Kreisbedienstete)
der Rechtsaufsichtsbehörde GO 31 (4); LKrO 24 (3)

Anordnungen
dringliche E 14; GO 37 (3); LKrO 34 (3); MGO 41
der Staatsbehörden GO 59 (1); LKrO 54 (1)

Anschlusszwang E 20; GO 24 (1); LKrO 18 (1)
nicht zum Nachteil von Kirchen GO 24 (3)

Anstellung
siehe Gemeindebedienstete (Kreisbedienstete)
siehe Bedienstete

Anträge
auf Nachprüfung GO 32 (4)
für Kreistagssitzungen MGO 17

Anwesenheit
als Voraussetzung der Beschlußfähigkeit E 18; GO 47 (2); LKrO 41 (2)

Arbeiter
siehe Gemeindebedienstete (Kreisbedienstete)

Aufgaben
des Ausschusses E 15; GO 32, 95 (1); LKrO 26, 29, 82 (1)
der Gemeinde E 9; GO 6, 7, 8, 57, 58; BV 11, 83
des Gemeinderats (Kreistags) E 13; GO 29, 30; LKrO 22, 23
der Großen Kreisstädte GrKrV 1, 2
des Landkreises E 10; LKrO 4, 5, 6, 51, 52, 53; BV 10
des Rechnungsprüfungsausschusses GO 103 (1); LKrO 89 (1)
der Rechtsaufsicht GO 109 (1); LKrO 95 (1)
der Verwaltungsgemeinschaften E 27; VGemO 4
des Werkausschusses GO 88 (4); LKrO 76 (4)

Auflegung
der Haushaltssatzung GO 65 (3); LKrO 59 (3)

Auflösung
von Ausschüßen GO 32 (5); LKrO 29 (2)
des Gemeinderats (Kreistags) GO 114 (3); LKrO 100 (3)
von Verwaltungsgemeinschaften VGemO 9

Aufsaugung selbständiger Betriebe GO 95 (2); LKrO 83 (2)

Die Zahlen bedeuten die Artikel bzw. die Paragraphen, die zwischen Klammern stehenden Zahlen deren Absätze. Bei der Einführung (E) ist auf die Seiten verwiesen.

Aufsicht
siehe Fachaufsicht, Rechtsaufsicht, Staatsaufsicht
Auftragsangelegenheiten
der Gemeinde (des Landkreises) E 9, 10; GO 8, 9, 58; LKrO 6, 53; VGemO 4 (1); GrKrV 1, 2
Aufwandsentschädigung GO 20a; LKrO 14a; MGO 9
Auseinandersetzung
bei Gebietsänderung GO 13 (2); LKrO 9 (2); VGemO 9 (4)
Ausführung
der Beschlüsse der Gemeindeorgane (Kreisorgane) E 13; GO 36; LKrO 33; MGO 39 (3)
der Beschlüsse der Gemeinschaftsversammlung E 29
Ausführungsvorschriften GO 123; LKrO 109
Ausgaben
außerplanmäßige GO 66; LKrO 60
im Haushaltsplan GO 64 (1); LKrO 58 (1)
überplanmäßige GO 66; LKrO 60; MGO 41 (3)
Ausgleich des Haushalts GO 64 (3); LKrO 58 (3)
Auskunftspflicht des Landratsamts LKrO 23 (2); MGO 46 (3)
Ausmärkische Gebiete
siehe gemeindefreie Gebiete
Ausschluss
von Mitgliedern des Gemeinderats (Kreistags) wegen persönlicher Beteiligung E 18; GO 49; LKrO 43; MGO 8
der Öffentlichkeit GO 52 (2), 55; LKrO 46 (2), 49; MGO 12
Ausschüsse des Gemeinderats (Kreistags)
beschließende E 15; GO 32 (2), 88 (2); LKrO 26, 29, 76 (2); MGO 31, 34, 35, 36, 37
vorberatende E 15; GO 32 (1); LKrO 26, 29; MGO 30, 37
Zusammensetzung E 18; GO 33 (1); LKrO 27, 29 (1); MGO 33, 34 (2), 35, 36, 37 (2)
Ausschussgemeinschaft MGO 33 (2)
Außerplanmäßige Ausgaben GO 66; LKrO 60
Aussetzung des Vollzugs
durch den ersten Bürgermeister (Landrat) E 13; GO 59 (2); LKrO 54 (2)
Auswärtige Personen GO 21 (2); LKrO 15 (2)

Die Zahlen bedeuten die Artikel bzw. die Paragraphen, die zwischen Klammern stehenden Zahlen deren Absätze. Bei der Einführung (E) ist auf die Seiten verwiesen.

B

Bankunternehmen GO 87 (4); LKrO 75 (4)
Beamte
 siehe auch Gemeindebedienstete (Kreisbedienstete)
 der Rechtsaufsichtsbehörde GO 31 (4); LKrO 24 (3)
 der Verwaltungsgemeinschaft VGemO 7 (1)
 des Staates im Landratsamt LKrO 37
Beanstandungsrecht
 des ersten Bürgermeisters (Landrats) E 13; GO 59 (2); LKrO 54 (2)
 der Rechtsaufsichtsbehörde E 25; GO 112; LKrO 98
Bedienstete
 siehe Gemeindebedienstete (Kreisbedienstete)
 von Verwaltungsgemeinschaften E 30; VGemO 7
Beförderung
 siehe Gemeindebedienstete (Kreisbedienstete)
Begriff
 der Gemeinde (des Landkreises) E 7; GO 1; LKrO 1
 der Verwaltungsgemeinschaft E 26; VGemO 1
Beiträge E 21
Beiziehung von Sachbearbeitern zu Sitzungen MGO 18
Bekanntmachung
 der Auflegung von Haushaltssatzung GO 65 (3); LKrO 59 (3)
 von Gebietsänderungen GO 14 (1); LKrO 10 (1)
 von Gemeinderecht (Kreisrecht) E 20; GO 26 (2); LKrO 20 (2)
 von Rechtsvorschriften der Verwaltungsgemeinschaft VGemO 10 (1)
 von Sitzungen GO 52 (1); LKrO 46 (1); MGO 15 (5)
Benutzung der Einrichtungen E 8; GO 21 (1); LKrO 15 (1)
Benutzungsgebühren GO 24 (1); LKrO 18 (1)
Benutzungszwang E 20; GO 24 (1); LKrO 18 (1)
 nicht zum Nachteil von Kirchen GO 24 (3)
Beratung
 in den Gemeindeorganen (Kreisorganen) GO 47 ff.; LKrO 41 ff.; MGO 22
 durch die Rechtsaufsichtsbehörde GO 108; LKrO 94
Berichtsanforderung
 durch die Rechtsaufsichtsbehörde GO 111; LKrO 97
Berufsmäßiger Bürgermeister GO 34 (1)
Berufsmäßiges Gemeinderatsmitglied E 17; GO 40, 41

Die Zahlen bedeuten die Artikel bzw. die Paragraphen, die zwischen Klammern stehenden Zahlen deren Absätze. Bei der Einführung (E) ist auf die Seiten verwiesen.

Berufsverhältnisse
  als Ablehnungsgrund für ein Ehrenamt E 8; GO 19 (2); LKrO 13 (2)
Beschließende Ausschüsse
  des Gemeinderats (Kreistags) E 15; GO 32 (2), 88 (4); LKrO 26, 29, 76 (4); MGO 33 ff.
Beschlüsse
  Abstimmung GO 51; LKrO 45; MGO 23, 24
  Abstimmungszwang E 19; GO 48; LKrO 42; MGO 7
  Änderung und Aufhebung E 25; GO 112; LKrO 98
  Ausführung E 13; GO 36; LKrO 33
  Aussetzung des Vollzugs E 13; GO 59 (2); LKrO 54 (2)
  Beanstandung E 26; GO 112; LKrO 98
  Beratung MGO 22
  Beschlussfähigkeit E 18; GO 47 (2); LKrO 41 (2); MGO 21
  Genehmigung GO 117 (2); LKrO 103 (2)
  Niederschrift E 19; GO 54; LKrO 48; MGO 26 ff.
  Sitzungszwang E 18; GO 48; LKrO 42; MGO 7
  Stimmberechtigung E 18; GO 49 (1); LKrO 43 (1)
  Stimmengleichheit GO 51 (1); LKrO 45 (1)
Beschlussfähigkeit E 18; GO 47 (2); LKrO 41 (2); MGO 21
Besoldung
  siehe Gemeindebedienstete (Kreisbedienstete)
  der kommunalen Wahlbeamten GO 34 (6), 35 (3), 41 (2); LKrO 31 (2)
Bestandsgarantie GO 10 (2); LKrO 8
Bestellung
  von Ausschüssen E 15; GO 33; LKrO 27, 29 (1); MGO 33, 37 (2)
  eines Beauftragten als staatsaufsichtliche Maßnahme GO 114; LKrO 100
  von Sicherheiten GO 72; LKrO 66
Beteiligung
  an Banken und Sparkassen GO 87 (4); LKrO 75 (4)
  an Kreditgenossenschaften GO 87 (4)
  persönliche E 18; GO 49; LKrO 43; MGO 8
  an Unternehmen GO 87 (3); LKrO 75 (3)
Betriebssatzung GO 88 (5); LKrO 76 (5)
Bewehrte Satzung E 20; GO 24 (2); LKrO 18 (2)
Bewirtschaftung der Haushaltsmittel GO 61 ff.; LKrO 55 ff.

Die Zahlen bedeuten die Artikel bzw. die Paragraphen, die zwischen Klammern stehenden Zahlen deren Absätze. Bei der Einführung (E) ist auf die Seiten verwiesen.

Bezeichnung
der Gemeinde (des Landkreises) GO 2 (4); LKrO 2 (2)
der Verwaltungsgemeinschaft VGemO 3 (1)
Bezüge
siehe Gemeindebedienstete (Kreisbedienstete)
der kommunalen Wahlbeamten GO 34 (6), 35 (3), 41 (2); LKrO 31 (2)
Bildung von Verwaltungsgemeinschaften E 26; VGemO 2
Bürger siehe Gemeindebürger (Kreisbürger)
Bürgerantrag GO 18b; LKrO 12b
Bürgerbegehren, Bürgerentscheid
E 16; GO 18a; LKrO 12a
Bürgermeister
als Gemeinschaftsvorsitzender E 29; VGemO 6 (3)
erster E 13; GO 34 ff.
weiterer E 14; GO 35, 39 (2)
Bürgerversammlung GO 18
Bürgschaftsverträge GO 72 (2); LKrO 66 (2)

D

Darlehen GO 71 ff.; LKrO 65 ff.
Deckungsvorschläge GO 66 (1); LKrO 60 (1); MGO 17 (4)
Demokratie E 11; GO 1; BV 11 (4)
Dienstaufsicht
des ersten Bürgermeisters (Landrats) GO 37 (4), 43, (3); LKrO 38 (3); MGO 43 (2)
des Gemeinschaftsvorsitzenden E 29
Dienstsiegel GO 4 (2); LKrO 3 (2)
Dienstverhältnis
der kommunalen Wahlbeamten GO 34 (6), 35 (3), 41 (2); LKrO 31 (2), 32
Dienstvorgesetzter E 29; GO 37 (4), 43 (3); LKrO 38 (3); MGO 43 (2)
Dringliche Anordnungen E 14; GO 37 (3); LKrO 34 (3); MGO 42

E

Ehegatte
Ausschluss wegen persönlicher Beteiligung GO 49; LKrO 43; MGO 8
Hindernis für Amtsausübung GO 31 (3)

Die Zahlen bedeuten die Artikel bzw. die Paragraphen, die zwischen Klammern stehenden Zahlen deren Absätze. Bei der Einführung (E) ist auf die Seiten verwiesen.

Ehrenamt E 8; GO 19; LKrO 13
Ehrenbürger GO 16
Eidesleistung GO 31 (5); LKrO 24 (4)
Eigenbetrieb GO 95; LKrO 82
Eigenbetriebsverordnung GO 123; LKrO 109
Eigene Angelegenheiten E 11; GO 7, 57; LKrO 4, 5, 51, 52; BV 10 (2), 83
Eigentum
    der Gemeinde (des Landkreises) GO 24 (1); LKrO 18 (1)
Einberufung
    der Gemeindeorgane (Kreisorgane) E 18; GO 46 (2); LKrO 25, 28; MGO 15, 32
Eingliederung in den Landkreis GO 5a
Einladung
    zu Sitzungen E 18; GO 46 (2); LKrO 25, 28; MGO 15, 32
Einnahmen
    des Haushaltsplanes E 21; GO 64 (1); LKrO 58 (1)
    Grundsätze der Beschaffung GO 62; LKrO 56
Einrichtungen
    der Gemeinde (Landkreises) E 8; GO 21 (1), 24 (1); LKrO 15 (1), 18 (1)
    auf Veranlassung des Bundes G 106 (8)
Einsicht
    in Sitzungsniederschriften GO 54 (3); LKrO 48 (2); MGO 27, 28
Einwohner
    der Gemeinde (des Landkreises) E 8; GO 15; LKrO 11
Einwohnerzahl GO 122; LKrO 107
Einwendungen
    gegen Haushaltssatzung GO 65 (3); LKrO 59 (3)
Einzelgenehmigung
    GO 71; LKrO 65
Eltern
    Ausschluss wegen persönlicher Beteiligung GO 49; LKrO 43; MGO 8
    Hindernis für Amtsausübung GO 31 (3)
Entgelt als Einnahme GO 62 (2); LKrO 56 (2)
Entlassung
    siehe Gemeindebedienstete (Kreisbedienstete)
Entschädigung
    Abführungspflicht GO 20a (4); LKrO 14a (3)

> Die Zahlen bedeuten die Artikel bzw. die Paragraphen, die zwischen Klammern stehenden Zahlen deren Absätze. Bei der Einführung (E) ist auf die Seiten verwiesen.

ehrenamtlich Tätiger GO 20a; LKrO 14a; MGO 9
für öffentliche Nutzungsrechte GO 83
Erhaltung
des Vermögens GO 75; LKrO 69
Erklärungen
verpflichtende GO 38 (2); LKrO 35 (2)
Ermächtigung
zur Rechtssetzung E 20 f.; GO 23 ff.; LKrO 17 ff.
Ermessen E 11, 27
Errichtung
von Unternehmen GO 87 ff.; LKrO 75 ff.
Ersatzvornahme
durch die Rechtsaufsichtsbehörde E 25; GO 113; LKrO 99
Erster Bürgermeister E 12; GO 34 ff.
Erwachsenenbildung GO 57 (1)
Erweiterung
von Verwaltungsgemeinschaften VGemO 2
von Unternehmen GO 87 ff.; LKrO 75 ff.
Erwerb
von Vermögensgegenständen E 22; GO 74; LKrO 68

F

Fachaufsicht E 25; GO 109 (2); LKrO 95 (2); BV 83 (4)
Behörden GO 115; LKrO 101
Befugnisse GO 116; LKrO 102
Fahnen
der Gemeinde (des Landkreises) GO 4; LKrO 3
Ferienausschuss GO 32 (3)
Feuerschutz GO 57 (1); LKrO 51 (2); BV 83 (1)
Finanzausgleich E 22
Finanzbedarf
der Verwaltungsgemeinschaften E 29; VGemO 8
Finanzhoheit E 11; GO 22 (2); LKrO 16 (2)
Finanzplanung GO 70; LKrO 64
Form
der Kreistagssitzungen MGO 14

Die Zahlen bedeuten die Artikel bzw. die Paragraphen, die zwischen Klammern stehenden Zahlen deren Absätze. Bei der Einführung (E) ist auf die Seiten verwiesen.

Fraktionen
    des Gemeinderats (Kreistags) E 17; GO 33 (1); LKrO 27 (2); MGO 29 (3)

G

Gebiet
    Änderungen GO 11
    der Gemeinde (des Landkreises) E 9; GO 10 (1); LKrO 7; BV 11 (1)
Gebietshoheit E 9; GO 22; LKrO 16
Gebietskörperschaft E 7, 12, 30; GO 1; LKrO 1; BV 11 (2)
Gebühren E 21; GO 24 (1); LKrO 18 (1)
Gehälter
    siehe Gemeindebedienstete (Kreisbedienstete)
Geheime
    Abstimmung GO 51 (3); LKrO 45 (3)
    Angelegenheiten GO 37 (1), 56a; LKrO 34 (1), 50a
    Sitzung, nichtöffentliche GO 52; LKrO 46
Geheimhaltungspflicht GO 20, 56a; LKrO 14, 50a; MGO 6
Geldbuße GO 24 (2), 28; LKrO 18 (2), 21 (3)
Gemeinde
    Begriff E 7; GO 1
    Bezeichnung GO 2 (4)
    Große Kreisstadt siehe dort
    kreisangehörige E 9; GO 5; LKrO 4; VGemO 1 (1)
    kreisfreie E 10; GO 5, 9
    Name GO 2, 3
Gemeindeangehörige GO 15, 21
Gemeindeaufgaben E 9; GO 6 ff.; 57 ff.
Gemeindebedienstete GO 43
Gemeindebürger E 8; GO 15 (2)
Gemeindefreie Gebiete E 9; GO 10a, 11 (1), 13a; BV 11 (1)
Gemeindehaushalt E 22; GO 61 ff.
Gemeindehoheit E 11; GO 22 (1)
Gemeindekasse GO 100
Gemeindelasten GO 21
Gemeindenutzungsrechte GO 80 ff.
Gemeinderat Aufgaben E 13; GO 29, 30
    Zusammensetzung E 16; GO 31

Die Zahlen bedeuten die Artikel bzw. die Paragraphen, die zwischen Klammern stehenden Zahlen deren Absätze. Bei der Einführung (E) ist auf die Seiten verwiesen.

Gemeinderatsmitglied
E 16; GO 31 (2)
berufsmäßiges E 17; GO 40, 41
Gemeindesenat GO 32 (2)
Gemeindevermögen E 21; GO 74 ff.; BV 12 (2)
Gemeindewahlen GO 17, 31 (2), 34, 35, 40, 51 (3); BV 12 (1)
Gemeingebrauch GO 21 (4); LKrO 15 (4)
Gemeinschaftsversammlung E 29; VGemO 6
Gemeinschaftsvorsitzender E 29; VGemO 6 (3)
Genehmigung
von Beschlüssen GO 117; LKrO 103
von Krediten GO 71 ff.; LKrO 65 ff.
der Sitzungsniederschrift GO 54 (2)
Gesamtgenehmigung GO 71 (2); LKrO 65 (2)
Geschäfte
der laufenden Verwaltung E 13; GO 37, 39 (2); LKrO 34 (1), 37 (4); MGO 40
unaufschiebbare E 14; GO 37 (3); LKrO 34 (3)
Geschäftsgang
E 18; GO 45 ff., 56 (2); LKrO 40 ff.; VGemO 7 (1); MGO 19, 38
Geschäftsleitung GO 46 (1); LKrO 40 (3)
Geschäftsordnung E 18; GO 45; LKrO 40
Geschäftsstelle
Leiter E 29; VGemO 7 (2)
Geschäftsverteilung
GO 39 (2), 46 (1); LKrO 37 (4); MGO 43, 46
Gesetzmäßigkeit
der Verwaltung GO 56 (1); LKrO 50; MGO 1 (2)
Gesundheitswesen GO 24 (1), 57 (1); LKrO 18 (1), 51; BV 83 (1)
siehe auch Krankenhäuser
Gewährverträge GO 72 (2); LKrO 66 (2)
Gewerbesteuer E 21; GG 106
Grenzänderungen GO 11 ff.; LKrO 8 ff.
Große Kreisstadt E 10; GO 5a, 9 (2), 34 (1), 115 (2)
Aufgaben GrKrV 1, 2
Grundsteuer E 21; GG 106
Gruppen
im Gemeinderat (Kreistag) E 17; GO 33 (1); LKrO 27 (2); MGO 33

Die Zahlen bedeuten die Artikel bzw. die Paragraphen, die zwischen Klammern stehenden Zahlen deren Absätze. Bei der Einführung (E) ist auf die Seiten verwiesen.

H

Haftung
  Verteilung zwischen Landkreis und Staat LKrO 35 (3), 37 (5)
  siehe auch Amtshaftung
Haftungsbeschränkung
  bei Beteiligung an Unternehmen GO 93 (3); LKrO 81 (3)
Hand- und Spanndienste GO 24 (1); LKrO 18 (1)
Haushalt E 22; GO 61 ff.; LKrO 55 ff.
Haushaltsausgleich GO 64 (3), 68 (2); LKrO 58 (3), 62 (2)
Haushaltsführung
  vorläufige GO 69; LKrO 63
Haushaltsgrundsätze GO 61; LKrO 55
Haushaltsjahr GO 63 (4); LKrO 57 (4)
Haushaltsplan E 22; GO 63 (2), 64; LKrO 57 (2), 58
Haushaltssatzung E 22; GO 63, 65; LKrO 57, 59
Haushaltsvollzug MGO 41
Haushaltswirtschaft GO 61 ff.; LKrO 55 ff.
Hausrecht GO 53 (1); LKrO 47 (1)
Hebammenhilfe LKrO 51 (3)
Hebesätze GO 63; LKrO 57; GG 106 (2)
Hoheitsgewalt GO 22; LKrO 16
D'Hondtsches System MGO 33 (2)

I, J

Informationsrecht
  bei Unternehmen GO 94 (3); LKrO 82 (3)
  der Aufsichtsbehörden GO 111, 116; LKrO 97, 102
  der Kreistagsmitglieder LKrO 23 (2); MGO 46 (3)
Inkompatibilität GO 31 (4); LKrO 24 (3)
In-Kraft-Treten
  von Gemeindeordnung (Landkreisordnung) GO 121 (1); LKrO 108 (1)
  von Satzungen GO 26 (1); LKrO 20 (1)
Investitionen E 22; 66 (4), 67 (1); LKrO 60 (4), 61 (1)
Investitionsprogramm GO 70 (2); LKrO 64 (2)
Jugendwohlfahrtsausschuss MGO 35

Die Zahlen bedeuten die Artikel bzw. die Paragraphen, die zwischen Klammern stehenden Zahlen deren Absätze. Bei der Einführung (E) ist auf die Seiten verwiesen.

Juristische Personen
  GO 1, 21 (3), 49 (1), 89, 92; LKrO 1, 15 (3), 43 (1), 77
Juristischer Beamter LKrO 37 (3); MGO 18 (2), 45 (3)

K

Kassenkredit E 23; GO 63 (2), 73; LKrO 57 (2), 67; MGO 41 (2)
Kassenprüfung
  Inhalt GO 106; LKrO 92
Kassenverwalter GO 100; LKrO 86
Kassenwesen GO 100 ff.; LKrO 86 ff.
Kaufpreisrecht
  Bestellung von Sicherheiten GO 72 (3); LKrO 66 (3)
Körperschaft
  des öffentlichen Rechts GO 1; LKrO 1; VGemO 1 (2)
Kommunaler Wahlbeamter
  GO 34 (6), 35 (3), 41 (2); LKrO 31 (2), 32 (3)
Kommunalunternehmen
  selbständiges E 23; GO 89 ff.; LKrO 77 ff.
Konkurs GO 77 (3); LKrO 71 (3)
Kontrollrecht des Kreistags LKrO 23 (2); MGO 3
Krankenversorgung E 10; GO 57 (1); LKrO 51 (3)
Kreditähnliches Rechtsgeschäft GO 72; LKrO 66
Kreditaufnahme GO 62 (3), 71; LKrO 56 (3), 65
Kreditermächtigung GO 63 (2), 71 (3); LKrO 57 (2), 65
Kreditgenossenschaft GO 87 (4)
Kreditwesen GO 71 ff.; LKrO 65 ff.
Kreisabgaben siehe Abgaben
Kreisangehörige Gemeinde E 9; GO 5; LKrO 7
Kreisangehörige LKrO 11, 15
Kreisangestellte siehe Kreisbedienstete
Kreisarbeiter siehe Kreisbedienstete
Kreisaufgaben E 9; LKrO 4, 5, 6, 51, 52, 53
Kreisausschuss E 16; LKrO 26; MGO 30 ff.
  Stellvertretung MGO 33 (4)
  Zusammensetzung E 17; LKrO 27; MGO 33
Kreisbeamte siehe Kreisbedienstete
Kreisbedienstete LKrO 38; MGO 43

Die Zahlen bedeuten die Artikel bzw. die Paragraphen, die zwischen Klammern stehenden Zahlen deren Absätze. Bei der Einführung (E) ist auf die Seiten verwiesen.

Kreisbürger E 8; LKrO 11 (2); MGO 28
Kreiseinrichtungen E 8; LKrO 15 (1)
Kreiseinwohner LKrO 11(1)
Kreisfreie Gemeinde GO 5, 5a, 9; BV 9 (2)
Kreisgebiet LKrO 7
Kreishaushalt E 23; LKrO 55 ff.
Kreishoheit LKrO 16 (1)
Kreiskasse LKrO 86
Kreislasten LKrO 15
Kreisorgane E 16; LKrO 22; MGO 2
Kreisräte E 17; LKrO 24; MGO 6
Kreissatzung E 19; LKrO 17
   siehe auch Satzungen
Kreistag
   Aufgaben E 15; LKrO 22, 23, 30; MGO 2, 29
   Einberufung LKrO 25
   Zusammensetzung E 17; LKrO 24; MGO 10 (1)
Kreisumlage E 23; LKrO 57 (2)
Kreisunmittelbare Stadt
   siehe kreisfreie Gemeinde
Kreisvermögen LKrO 68 ff.; BV 12 (2)
Kreisverwaltungsbehörde GO 9; LKrO 1; MGO 2 (2)
Kreiswahlen
   LKrO 9 (1), 11 (2), 12, 24 (2), 31 (1), 32 (1), 45 (3); BV 12
Kulturelles Wohl GO 57; LKrO 51; BV 10 (4)

L

Ladung
   E 18; GO 27 (2), 45 (2), 47 (2); LKrO 21 (2), 40 (2), 41 (2); VGemO 10 (1); MGO 15, 32
Landkreis
   Begriff E 7; LKrO 1
   Name, Bezeichnung LKrO 2
Landrat LKrO 31 ff.; MGO 39
Landratsamt LKrO 37; MGO 46
   Geschäftsverteilungsplan (Muster) MGO 46 (2)
Landtag GO 5 (3); LKrO 2 (1), 8 (2), 8 (3)

Die Zahlen bedeuten die Artikel bzw. die Paragraphen, die zwischen Klammern stehenden Zahlen deren Absätze. Bei der Einführung (E) ist auf die Seiten verwiesen.

Lasten der Gemeinde (des Landkreises) GO 21; LKrO 15
Laufende Geschäfte
 E 13, 28; GO 37 (1), 39 (2); LKrO 34 (1), 37 (4); MGO 40
Lebensalter
 als Ablehnungsgrund für ein Ehrenamt E 8; GO 19 (2); LKrO 13 (2)
Leistungsfähigkeit
 der Gemeinde (des Landkreises) E 9; GO 57; LKrO 51, 52
Leitung der Geschäfte GO 46 (1); LKrO 40 (3)
Lohnausfallentschädigung GO 20a; LKrO 14a
Löhne siehe Gemeindebedienstete (Kreisbedienstete)

M

Märkte GO 3
Mehrheit E 18; GO 51 (1); LKrO 45 (1)
Mitberatungsrecht
 des Gemeindebürgers GO 18
 des Leiters der Geschäftsstelle E 29; VGemO 7 (2)
Mitglied
 eines Ausschusses GO 33; LKrO 27, 29; MGO 33
 des Gemeinderats GO 31
 des Kreistags LKrO 24
Mitgliedsgemeinde VGemO 2, 4, 5, 8, 9, 11

N

Nachtragshaushaltssatzung GO 68; LKrO 62
Name
 der Gemeinde (des Landkreises) GO 2, 3; LKrO 2
 der Verwaltungsgemeinschaft VGemO 3
Nebenbeamter siehe juristischer Staatsbeamter
Neuwahl GO 13 (1), 114 (3); LKrO 9 (1), 100 (3)
Nichtöffentliche Sitzung GO 52; LKrO 46; MGO 13
Niederlassung
 gewerbliche GO 21 (2); LKrO 15 (2)
Niederlegung
 von Ehrenämtern E 8; GO 19 (4); LKrO 13 (4)

Die Zahlen bedeuten die Artikel bzw. die Paragraphen, die zwischen Klammern stehenden Zahlen deren Absätze. Bei der Einführung (E) ist auf die Seiten verwiesen.

Niederschrift
über Sitzungen E 18; GO 54; LKrO 48; MGO 26 ff.
Notstand LKrO 18 (1)
Nutzungsrechte
öffentliche GO 80 ff.

O

Oberbürgermeister GO 34 (1)
Öffentliche Bekanntmachung siehe Bekanntmachung
Öffentliche Einrichtung E 8; GO 21 (1); LKrO 15 (1)
Öffentliche Nutzungsrechte GO 80 ff.
Öffentliche Sicherheit und Ordnung GO 57 (1)
Öffentlicher Notstand LKrO 18 (1)
Öffentlicher Personennahverkehr
E 10; GG 106a
Öffentliches Wohl
beim Anschluss- und Benutzungszwang GO 24 (1); LKrO 18 (1)
bei Bildung, Auflösung von Verwaltungsgemeinschaften VGemO 2 (1), 9 (1)
bei Gebietsänderung GO 11; LKrO 8
Öffentlichkeit
der Sitzungen der Gemeindeorgane (Kreisorgane) E 18; GO 52 (2); LKrO 46 (2); MGO 11, 12, 13
Örtliche Gemeinschaft E 9; GO 7, 57; GG 28 (2); BV 83 (1)
Örtliche Prüfung GO 103; LKrO 89
Offene Abstimmung GO 51; LKrO 45
Ordnung
in Sitzungen GO 53; LKrO 47; MGO 20
Ordnungsgeld
GO 19 (3), 20 (3), 48 (2); LKrO 13 (3), 14 (3), 42 (2)
Ordnungswidrigkeit
bei Verstoß gegen Satzungen E 20; GO 24 (2); LKrO 18 (2)
Organe
der Gemeinde (des Landkreises) E 12; GO 29; LKrO 22
eines Kommunalunternehmens GO 90; LKrO 78
der Verwaltungsgemeinschaft E 29; VGemO 6
Ortsrecht GO 23

> Die Zahlen bedeuten die Artikel bzw. die Paragraphen, die zwischen Klammern stehenden Zahlen deren Absätze. Bei der Einführung (E) ist auf die Seiten verwiesen.

Ortssprecher GO 60a
Ortsversammlung GO 60a (1)

P

Parteien GO 33; LKrO 27; MGO 33
Persönliche Beteiligung E 18; GO 49; LKrO 43
Personalausschuss GO 43 (1); LKrO 38 (1)
Personalwesen GO 43; LKrO 38
Personennahverkehr öffentlicher
    E 10; GG 106a
Pflegeeinrichtungen E 10
Pflichtaufgaben
    der Gemeinde (des Landkreises) GO 57 (2), 58; LKrO 51 (3), 52, 53
Pflichten
    der ehrenamtlich Tätigen GO 20; LKrO 14
    der Gemeindebürger (Kreisbürger) E 8; GO 21 (1); LKrO 15 (1)
    der Gemeindeeinwohner (Kreiseinwohner) E 8; GO 21 (1); LKrO 15 (1)
    der Mitglieder des Gemeinderats (Kreistags) E 18; GO 48; LKrO 42; MGO 6, 7
    der Mitgliedsgemeinden VGemO 5
Privatrechtsform kommunaler Unternehmen E 23; GO 92; LKrO 80
Protokoll siehe Niederschrift
Prüfung
    durch die Aufsichtsbehörde GO 111, 116; LKrO 97, 102
    örtliche, der Rechnung GO 103; LKrO 89
    überörtliche, der Rechnung GO 105; LKrO 91
Prüfungsverband GO 105, 107; LKrO 91, 93

R

Realsteuern E 21; GG 106
Rechnungslegung GO 102; LKrO 88
Rechnungsprüfung Inhalt GO 106; LKrO 92
Rechnungsprüfungsamt GO 104; LKrO 90
Rechnungsprüfungsausschuss GO 103 (2); LKrO 89 (2); MGO 36
Rechnungswesen GO 100 f.; LKrO 86 ff.

Die Zahlen bedeuten die Artikel bzw. die Paragraphen, die zwischen Klammern stehenden Zahlen deren Absätze. Bei der Einführung (E) ist auf die Seiten verwiesen.

Rechte
 der Aufsichtsbehörden GO 108 ff.; LKrO 94 ff.
 ehrenamtlich Tätiger GO 19, 20a; LKrO 13, 14a
 der Gemeindebürger (Kreisbürger) E 8; GO 15 (2), 17, 18, 19; LKrO 11 (2), 12, 13
 der Gemeindeeinwohner (Kreiseinwohner) E 8; GO 21; LKrO 15
Rechtsaufsicht E 25; GO 109 (1); LKrO 95 (1); BV 83 (4)
 Behörden GO 110; LKrO 96
 Befugnisse GO 111 – 114; LKrO 97 – 100
Rechtsform
 kommunaler Unternehmen E 23; GO 86; LKrO 74
 der Verwaltungsgemeinschaft E 26; VGemO 1
Rechtsgeschäfte
 darlehensähnliche GO 72; LKrO 66
 Unwirksamkeit vor Erteilung der Genehmigung GO 117 (2); LKrO 103 (2)
Rechtssetzung
 durch Gemeinde (Landkreis) E 19
 siehe Satzungen; siehe Verordnungen
Rechtsstaat GG 28 (1)
Rechtswidrige Beschlüsse
 GO 59 (2), 112, 116; LKrO 54 (2), 98, 102
Rechtswirksamkeit
 bei Genehmigungspflicht GO 117 (2); LKrO 103 (2)
Regierung
 als Rechtsaufsichtsbehörde GO 110; LKrO 96
Regierungsbezirk BV 9 (1)
Richtlinien
 des Gemeinderats (Kreistags) E 14; GO 37 (1), 66 (5); LKrO 34 (1), 60 (5)
Rücklagen GO 76; LKrO 70
Rückwirkung der Genehmigung E 20

S

Sachverständiger
 Ausschluss wegen persönlicher Beteiligung GO 49; LKrO 43; MGO 8
 juristischer LKrO 37 (3)

Die Zahlen bedeuten die Artikel bzw. die Paragraphen, die zwischen Klammern stehenden Zahlen deren Absätze. Bei der Einführung (E) ist auf die Seiten verwiesen.

Satzungen E 19; GO 23 ff.; LKrO 17 ff.
    bewehrte E 20; GO 24 (2); LKrO 18 (2)
    im eigenen Wirkungskreis E 20; GO 23, 24; LKrO 17, 18
    im übertragenen Wirkungskreis E 20; GO 23; LKrO 17
Schiedsgericht GO 13 (2); LKrO 9 (2)
Schlüsselzuweisungen E 22
Schriftform GO 38 (2); LKrO 35 (2)
Schulden GO 71 ff.; LKrO 65 ff.
Schutz
    des Namens GO 2; LKrO 2
Schwägerschaft
    Ausschluss wegen persönlicher Beteiligung siehe Verwandtschaft
Selbständige Besorgung
    von Aufgaben durch den ersten Bürgermeister (Landrat) E 13, 16; GO 37; LKrO 34; MGO 39, 40
    übertragener Angelegenheiten E 11; GO 8, 9, 37 (2), 58; LKrO 6, 34 (2), 53
Selbstorganisation
    der Gemeinde (des Landkreises) E 11; GO 45 (1); LKrO 40 (1)
Selbstverwaltungsrecht
    E 11; GO 1; LKrO 1; GG 28 (2); BV 10 (1), 11
Sicherheit
    Bestellung bei Darlehensaufnahme GO 72; LKrO 66
    öffentliche GO 57; LKrO 18 (1)
Siegel GO 4 (2); LKrO 3 (2)
Sitz
    im Ausschuss GO 33; LKrO 27
    der Verwaltungsgemeinschaft VGemO 3
Sitzungen
    des Gemeinderats (Kreistags) und der Ausschüsse E 18; GO 47 (1); LKrO 41 (1); MGO 10 ff.
    der Gemeinschaftsversammlung E 29; VGemO 7 (2)
    Beiziehung von Sachbearbeitern MGO 18
    Niederschrift E 18; GO 54; LKrO 48; MGO 26 ff.
    Ordnung GO 53; LKrO 47; MGO 20
    Unterrichtung der Öffentlichkeit E 18; GO 52 (1); LKrO 46 (1)
Sitzungszwang E 18; GO 48; LKrO 42

Die Zahlen bedeuten die Artikel bzw. die Paragraphen, die zwischen Klammern stehenden Zahlen deren Absätze. Bei der Einführung (E) ist auf die Seiten verwiesen.

Sonderbelastungen GG 106 (8)
Sorgfaltspflicht GO 20; LKrO 14
Sozialhilfeausschuss MGO 34
Sparkassenwesen GO 87 (4); LKrO 75 (4)
Staatsanzeiger GO 2 (5); LKrO 20 (2)
Staatsaufgaben
 des Landratsamts LKrO 37; MGO 44
 siehe auch übertragene Angelegenheiten
Staatsaufsicht E 24; GO 108 ff.; LKrO 94 ff.; BV 83 (4)
(Staats)beamter
 juristischer LKrO 37 (3); MGO 18 (2), 45 (3)
Staatsbeauftrater GO 114; LKrO 100
Staatsbedienstete LKrO 37
Staatsbehörde
 Landratsamt LKrO 37
Staatsgebiet BV 9 (1), 11 (1)
Staatsministerium
 des Innern als Rechtsaufsichtsbehörde GO 110; LKrO 96
Staatswappen GO 4 (2); LKrO 3 (2)
Stadtbezirk GO 60
Städte GO 3
Stärkeverhältnis
 in Ausschüssen GO 33; LKrO 27, 29; MGO 33
Stellenplan GO 64 (2), 68 (2); LKrO 58 (2), 62 (2)
Stellvertreter
 des Landrats LKrO 32, 36; MGO 45
 des Bürgermeisters GO 35, 39
Steuern
 der Kommunen E 21; GO 22 (2), 62 (2); LKrO 16 (2), 56 (2); GG 105, 106; BV 83 (2)
Steuersätze GO 63 (2); LKrO 57 (2)
Steuerverbund E 21; GG 106
Stiftungen GO 84; LKrO 72
Stimmberechtigung E 18; GO 49 (1); LKrO 43 (1)
Stimmengleichheit GO 51 (1); LKrO 45 (1)
Stimmenthaltung GO 48; LKrO 42; MGO 7 (4)
Störung der Sitzungsordnung GO 53; LKrO 47
Straßenverwaltung LKrO 51

Die Zahlen bedeuten die Artikel bzw. die Paragraphen, die zwischen Klammern stehenden Zahlen deren Absätze. Bei der Einführung (E) ist auf die Seiten verwiesen.

T

Tagegeld GO 20a; LKrO 14a
Tagesordnung E 18; GO 52 (1); LKrO 46 (1); MGO 16
Tarifverträge GO 43; LKrO 38
Teilnahmepflicht
    von Gemeinderatsmitgliedern (Kreistagsmitgliedern) E 18; GO 48; LKrO 42, MGO 7
Tonträger MGO 26 (5)
Treuepflicht
    der Gemeinderatsmitglieder (Kreistagsmitglieder) GO 50; LKrO 44

U

Übergangsvorschriften
    GO 121 ff.; LKrO 107 ff.; VGemO 11
Überörtliche Angelegenheiten E 9; LKrO 4, 5, 51, 52
Überörtliche Prüfung GO 105; LKrO 91
Überplanmäßige Ausgaben GO 66; LKrO 60; MGO 41 (3)
Übertragung
    von Befugnissen des ersten Bürgermeisters (Landrats) E 14; GO 39 (2); LKrO 37 (4)
    von Gemeinderat (Kreistag) auf Ausschüsse E 15; GO 32; LKrO 26, 29; MGO 31
    von Kassen- und Rechnungsgeschäften GO 101; LKrO 87
Übertragene Angelegenheiten E 11, 27; GO 8, 9, 37 (2), 58; LKrO 6, 34 (2), 53; VGemO 7 (2); BV 10 (3), 83
Überwachung
    der Verwaltung LKrO 23 (3)
    siehe auch Staatsaufsicht
Umlage E 29; LKrO 57 (2); VGemO 8
Umlagesätze LKrO 57 (2)
Umsatzsteuer E 21
Unaufschiebbare Geschäfte E 14; GO 37 (3); LKrO 34 (3); MGO 42
Ungültigkeit
    von Beschlüssen E 18; GO 49 (3); LKrO 43 (3)
Unparteilichkeit der Verwaltung GO 56; LKrO 50
Unterhaltung von Einrichtungen GO 57; LKrO 51

Die Zahlen bedeuten die Artikel bzw. die Paragraphen, die zwischen Klammern stehenden Zahlen deren Absätze. Bei der Einführung (E) ist auf die Seiten verwiesen.

Unternehmen
selbständige Kommunalunternehmen E 23; GO 89; LKrO 77
der Gemeinde, des Landkreises GO 86 ff.; LKrO 74 ff.
Unterrichtsanstalten GO 57; LKrO 51
Unterzeichnung
von Schriftstücken GO 38 (2); LKrO 35 (2), 37 (4); MGO 43
von Verpflichtungserklärungen GO 38 (2); LKrO 35 (2)
Unwirksamkeit
von Beschlüssen ohne Genehmigung GO 117 (2); LKrO 103 (2)
Ursprüngliche Gebietskörperschaft E 7; GO 1; BV 11 (2)

V

Veräußerung
von Vermögensgegenständen E 22; GO 75; LKrO 69
Verwertung des Erlöses GO 75; LKrO 69
Vereidigung GO 31 (5); LKrO 24 (4)
Verdienstausfallentschädigung GO 20a; LKrO 14a
Verfassungsmäßigkeit und Ordnung GG 28 (11), 28 (3)
Verfolgung wegen Abstimmung GO 51 (2); LKrO 45 (2)
Vergleichsverfahren GO 77 (3); LKrO 71 (3)
Verhinderung
des ersten Bürgermeisters (Landrats) GO 39 (1); LKrO 32, 36; MGO 45
Verkehr öffentlicher GO 57
Verlangen
nach Einberufung einer Sitzung GO 46 (2); LKrO 25 (2), 28
Vermögen siehe Gemeindevermögen (Kreisvermögen)
Vermögenshaushalt E 23; GO 64 (2); LKrO 58 (2)
Vermögenswirtschaft GO 74 ff.; LKrO 68 ff.
Verordnungen E 19; GO 23; LKrO 17
Verpflichtungserklärung GO 38 (2); LKrO 35 (2)
Verpflichtungsermächtigung GO 63 (2), 67; LKrO 57 (2), 61
Verschenkung von Vermögen E 22; GO 75; LKrO 69; BV 12 (2)
Verschwiegenheitspflicht
ehrenamtlich Tätiger GO 20, 56a; LKrO 14, 50a
Verteilung
der Geschäfte GO 39 (2), 46 (1); LKrO 37 (4); MGO 43 (1)

Die Zahlen bedeuten die Artikel bzw. die Paragraphen, die zwischen Klammern stehenden Zahlen deren Absätze. Bei der Einführung (E) ist auf die Seiten verwiesen.

Vertretung
    des Bürgermeisters GO 39 (1)
    der Eigenbetriebe GO 88; LKrO 76
    der Gemeinde (des Landkreises) in Unternehmen GO 93; LKrO 81
    der Gemeinde (des Landkreises) E 12; GO 38 (1); LKrO 35 (1); GG 28 (1)
    des Landrats LKrO 32, 36; MGO 45
    der Verwaltungsgemeinschaft E 30; VGemO 6

Vertretungsverbot
    für Gemeinderatsmitglieder (Kreistagsmitglieder) GO 50; LKrO 44; MGO 8 (4)

Verwaltung
    der Eigenbetriebe GO 88; LKrO 76
    der Gemeinde GO 29 ff.
    des Landkreises LKrO 22 ff.; MGO 1, 2
    des Vermögens GO 74; LKrO 68
    der Verwaltungsgemeinschaft E 29; VGemO 4 (2), 6 (1)
    des selbständigen Kommunalunternehmens GO 90; LKrO 78

Verwaltungsakte bei aufsichtlichen Maßnahmen E 26; GO 119, 120; LKrO 105, 106

Verwaltungsbehörde untere staatliche LKrO 1, 37 (1)

Verwaltungsgemeinschaft
    Aufgaben E 27; VGemO 4
    Auflösung VGemO 9
    Bedienstete E 29; VGemO 7
    Bildung E 27; VGemO 2
    Entlassung VGemO 9
    Erweiterung VGemO 2
    Finanzbedarf E 29; VGemO 8
    Organe E 29; VGemO 6
    Rechtsform VGemO 1
    Umlage E 29; VGemO 8
    Unterstützung VGemO 5
    Wirkungskreis, übertragener, eigener VGemO 4
    Vertretung VGemO 6
    Wesen E 26; VGemO 1

Verwaltungshaushalt E 23; GO 64 (2); LKrO 58 (2)

Verwaltungshoheit GO 22; LKrO 16

Die Zahlen bedeuten die Artikel bzw. die Paragraphen, die zwischen Klammern stehenden Zahlen deren Absätze. Bei der Einführung (E) ist auf die Seiten verwiesen.

Verwaltungsgrundsätze G 56 ff.; LKrO 50 ff.; MGO 1
Verwandtschaft
  Ausschluss wegen persönlicher Beteiligung GO 49; LKrO 43; MGO 8
Verwendung von Fahnen und Wappen GO 4 (3); LKrO 3 (3)
Verwertung der Veräußerungserlöse GO 75; LKrO 69
Vollmacht
  bewirkt Ausschluss wegen persönlicher Beteiligung GO 49; LKrO 43
  für Unterschriftsleistungen GO 38 (2), 39 (2); LKrO 35 (2), 37 (4); MGO 43 (1)
  für Verpflichtungserklärungen GO 38 (2); LKrO 35 (2)
Vollzug
  von Beschlüssen der Gemeindeorgane (Kreisorgane) E 13; GO 36; LKrO 33; MGO 39 (3)
  von Beschlüssen der Gemeinschaftsversammlung E 29
  von Gesetzen GO 27; LKrO 21
  des Haushaltsplans MGO 41
Vorberatende Ausschüsse
  E 15; GO 32 (1), 55 (1); LKrO 26, 29, 49; MGO 30
Vorbereitung
  der Sitzung des Gemeinderates (Kreistags) E 18; GO 46 (2); LKrO 26; MGO 30
Vorlagepflicht
  für Berichte und Akten GO 111, 116; LKrO 97, 102
  für Satzungen kreisangehöriger Gemeinden E 20; GO 25
Vorläufige Haushaltsführung GO 69; LKrO 63
Vorsitz
  im Ausschuss GO 33 (2); LKrO 33
  im Gemeinderat (Kreistag) GO 36; LKrO 33; MGO 20
  der Gemeinschaftsversammlung VGemO 6 (3)

W

Wählergruppen E 17; GO 33 (1); LKrO 27 (2), 27 (3); MGO 33
Wahl GO 17, 31 (2), 34, 35, 40, 51 (3); LKrO 12, 24 (2), 31 (1), 32 (1), 45 (3); VGemO 6; MGO 23 (2); GG 28 (1); BV 11 (2), 12
Wahlbeamter siehe Kommunaler Wahlbeamter
Wahlzeit siehe Amtsdauer
Wappen GO 4; LKrO 3

Die Zahlen bedeuten die Artikel bzw. die Paragraphen, die zwischen Klammern stehenden Zahlen deren Absätze. Bei der Einführung (E) ist auf die Seiten verwiesen.

Wasserversorgung E 10; GO 57 (2); LKrO 51 (3)
Weisungen
  in Auftragsangelegenheiten E 25; GO 8 (2), 116 (1); LKrO 6 (2), 102 (1)
Weitere Ausschüsse LKrO 29; MGO 37 ff.
Weiterer Bürgermeister GO 35, 39
Weiteres Gemeinderatsmitglied VGemO 6 (2)
Weiterer Stellvertreter des Landrats LKrO 36
Werkausschuss, Werkleitung GO 88 (4); LKrO 76 (4)
Wesen
  der Gemeinde E 7 ff.; GO 1
  des Landkreises E 7 ff.; LKrO 1
  der Verwaltungsgemeinschaft E 26; VGemO 1
Wichtiger Grund
  bei Ablehnung von Ehrenämtern E 8; GO 19 (2); LKrO 13 (2)
Widerspruch E 26; GO 119, 120; LKrO 105, 106
Wirkungskreis der Gemeinde (des Landkreises)
  allseitiger E 9; GO 6; LKrO 4
  eigener E 11; GO 7, 57; LKrO 5, 51, 52; BV 10 (2), 11 (2), 83
  übertragener E 11, 27; GO 8, 9, 37 (2), 58; LKrO 6, 34 (2), 53; BV 10 (3), 11 (3), 83
  siehe auch Verwaltungsgemeinschaft
Wirtschaftliches Wohl GO 57; LKrO 51; BV 10 (4)

Z

Zahl
  der Ausschussmitglieder GO 33; LKrO 27 (1), 29 (1)
  der Gemeinderatsmitglieder (Kreistagsmitglieder) GO 31 (2); LKrO 24 (2)
Zeichnungsbefugnis
  GO 38 (2), 39 (2); LKrO 35 (2), 37 (4); MGO 43, 45
Zeitpunkt
  des Inkrafttretens von Satzungen GO 26 (1); LKrO 20 (1)
Zuhörer
  in Sitzungen GO 53 (1); LKrO 47 (1); MGO 11

Die Zahlen bedeuten die Artikel bzw. die Paragraphen, die zwischen Klammern stehenden Zahlen deren Absätze. Bei der Einführung (E) ist auf die Seiten verwiesen.

Zusammensetzung
    von Ausschüssen des Gemeinderats (Kreistags) E 16 ff.; GO 33; LKrO 27, 29 (1); MGO 33

Zuwiderhandlung gegen Satzungen GO 24 (2); LKrO 18 (2)

Zwangsmaßnahmen GO 27; LKrO 21

Zwangsvollstreckung
    gegen die Gemeinde (den Landkreis) GO 77; LKrO 71